中国石油天然气集团公司统编培训教材

天然气与管道业务分册

# 管道工程建设项目管理

《管道工程建设项目管理》编委会　编

石油工业出版社

## 内 容 提 要

本书内容涵盖了项目管理的基本知识，对管道工程建设项目全过程的管理进行了全面介绍，注重突出管道工程建设项目管理的系统性、实用性和针对性，是一本全面反映石油管道工程建设项目管理理论和实践经验的书籍。

本书可作为中国石油天然气集团公司所属各管道分公司关于管道工程建设管理方面培训的专用教材，也可作为油气管道行业的工程技术人员和技术管理人员的工作参考手册，并可供相关专业院校师生学习参考。

**图书在版编目（CIP）数据**

管道工程建设项目管理/《管道工程建设项目管理》编委会编．
北京：石油工业出版社，2011.12
中国石油天然气集团公司统编培训教材
ISBN 978 - 7 - 5021 - 8776 - 7

Ⅰ. 管…

Ⅱ. 管…

Ⅲ. 管道工程-项目管理-技术培训-教材

Ⅳ. U172

中国版本图书馆 CIP 数据核字（2011）第 225126 号

出版发行：石油工业出版社
　　　　　（北京安定门外安华里 2 区 1 号　100011）
　　　　　网　址：www.petropub.com
　　　　　编辑部：(010)64253579　图书营销中心：(010)64523633
经　　销：全国新华书店
印　　刷：北京中石油彩色印刷有限责任公司

2011 年 12 月第 1 版　2018 年 1 月第 3 次印刷
710×1000 毫米　开本：1/16　印张：17.25
字数：296 千字

定价：60.00 元

# 《管道工程建设项目管理》
# 编　委　会

# 序

　　企业发展靠人才，人才发展靠培训。当前，集团公司正处在加快转变增长方式，调整产业结构，全面建设综合性国际能源公司的关键时期。做好"发展"、"转变"、"和谐"三件大事，更深更广参与全球竞争，实现全面协调可持续，特别是海外油气作业产量"半壁江山"的目标，人才是根本。培训工作作为影响集团公司人才发展水平和实力的重要因素，肩负着艰巨而繁重的战略任务和历史使命，面临着前所未有的发展机遇。健全和完善员工培训教材体系，是加强培训基础建设，推进培训战略性和国际化转型升级的重要举措，是提升公司人力资源开发整体能力的一项重要基础工作。

　　集团公司始终高度重视培训教材开发等人力资源开发基础建设工作，明确提出要"由专家制定大纲、按大纲选编教材、按教材开展培训"的目标和要求。2009年以来，由人事部牵头，各部门和专业分公司参与，在分析优化公司现有部分专业培训教材、职业资格培训教材和培训课件的基础上，经反复研究论证，形成了比较系统、科学的教材编审目录、方案和编写计划，全面启动了《中国石油天然气集团公司统编培训教材》（以下简称"统编培训教材"）的开发和编审工作。"统编培训教材"以国内外知名专家学者、集团公司两级专家、现场管理技术骨干等力量为主体，充分发挥地区公司、研究院所、培训机构的作用，瞄准世界前沿及集团公司技术发展的最新进展，突出现场应用和实际操作，精心组织编写，由集团公司"统编培训教材"编审委员会审定，集团公司统一出版和发行。

　　根据集团公司员工队伍专业构成及业务布局，"统编培训教材"按"综合管理类、专业技术类、操作技能类、国际业务类"四类组织编写。综合管理类侧重中高级综合管理岗位员工的培训，具有石油石化管理特色的教材，以自编方式为主，行业适用或社会通用教材，可从社会选购，作为指定培训教材；专业技术类侧重中高级专业技术岗位员工的培训，是教材编审的主体，按照《专业培训教材开发目录及编审规划》逐套编审，循序推进，计划编审300余门；操作技能类以国家制定的操作工种技能鉴定培训教材为基础，侧重主体专业（主要工种）骨干岗位的培训；国际业务类侧重海外项目中外员工的培训。

"统编培训教材"具有以下特点：

一是前瞻性。教材充分吸收各业务领域当前及今后一个时期世界前沿理论、先进技术和领先标准，以及集团公司技术发展的最新进展，并将其转化为员工培训的知识和技能要求，具有较强的前瞻性。

二是系统性。教材由"统编培训教材"编审委员会统一编制开发规划，统一确定专业目录，统一组织编写与审定，避免内容交叉重叠，具有较强的系统性、规范性和科学性。

三是实用性。教材内容侧重现场应用和实际操作，既有应用理论，又有实际案例和操作规程要求，具有较高的实用价值。

四是权威性。由集团公司总部组织各个领域的技术和管理权威，集中编写教材，体现了教材的权威性。

五是专业性。不仅教材的组织按照业务领域，根据专业目录进行开发，且教材的内容更加注重专业特色，强调各业务领域自身发展的特色技术、特色经验和做法，也是对公司各业务领域知识和经验的一次集中梳理，符合知识管理的要求和方向。

经过多方共同努力，集团公司首批39门"统编培训教材"已按计划编审出版，与各企事业单位和广大员工见面了，将成为首批集团公司统一组织开发和编审的中高级管理、技术、技能骨干人员培训的基本教材。首批"统编培训教材"的出版发行，对于完善建立起与综合性国际能源公司形象和任务相适应的系列培训教材，推进集团公司培训的标准化、国际化建设，具有划时代意义。希望各企事业单位和广大石油员工用好、用活本套教材，为持续推进人才培训工程，激发员工创新活力和创造智慧，加快建设综合性国际能源公司发挥更大作用。

《中国石油天然气集团公司统编培训教材》

编审委员会

2011 年 4 月 18 日

# 前 言

随着经济全球化、区域一体化的发展，以及我国加入 WTO 和市场经济体制的逐步完善，项目管理日益受到人们的重视。项目作为我国当前经济发展的重要构成因素，它的成败成为国家、企业和社会最为关心的问题之一。项目管理又对项目的发展与成功起到至关重要的作用。中国石油管道工程建设自 20 世纪东北"八三"输油管道，到新世纪以西气东输为代表的多项大规模油气管道工程，项目管理受到了前所未有的重视，这必将促进中国石油天然气管道工程的建设工作。中国石油天然气集团公司规划建设将形成西北、东北、西南和海上四大油气战略通道，管道建设任务极其繁重。面对新的管道工程建设高潮，如何使项目建设全过程得到有效控制，实现项目目标，并加快各管理层面实现由过去单项目管理向现在多项目管理的转变，已成为管道工程建设的重要问题。

本教材结合管道工程项目管理实际情况，多方总结项目管理经验，参阅有关专家的项目管理书籍，针对石油管道项目建设特点编制成本，本教材涵盖项目全周期管理内容，是一本为管道工程建设项目管理提供参考与指导作用的教材。

本教材由中油朗威工程项目管理有限公司组织编写，共分十五章，由赵爱锋任主编。参与编写人员有：李海鹏、叶可仲、张卫魏、张浩良、梁春芳、李传哲、曹静轶、杨庆山、李维恒、唐丽萍、薛东煜、林强、代炳涛、关键、伍再友、黄莉、郭立雄、刘砚涛、周井刚。

感谢编写过程中有关领导的关心和支持，感谢专家对本教材内容的审阅和提出的宝贵意见。

由于编者水平有限，教材中难免有不当之处，敬请读者指正。

编者
2011 年 6 月

# 目　录

# 第一章　项目管理概述

## 第一节　项目与项目管理

### 一、项目

#### 1. 项目的定义

项目源于人类有组织的活动。随着人类社会的发展，人类有组织的活动逐步分化为两大类型：一类是连续不断、周而复始的活动，人们称之为"作业或运作"（Operations），如企业流水线生产大批产品的活动；另一类是临时性、一次性的活动，人们称之为"项目"（Projects），如中国古代的都江堰水利工程、现代的西气东输管道工程、三峡工程、神舟飞船工程、2008 年奥运会等。

美国《项目管理知识体系指南》（PMBOK 第 3 版）指出，项目是为提供某项独特产品、服务或成果而做的临时性努力。

《中国项目管理知识体系》（CPMBOK 2006）指出，项目是一个特殊的将被完成的有限任务，它是在一定时间内，满足一系列特定目标的多项相关工作的总称。此定义实际包含三层含义：

（1）项目是一项有待完成的任务，有特定的环境与要求，即项目指的是一个过程，而不是指过程终结后所形成的成果。

（2）在一定的组织机构内，利用有限资源（人力、物力、财力等）在规定的时间内完成任务。任何项目的实施都会受到一定条件的约束，这些条件是来自多方面的，如环境、资源、理念等。这些约束条件成为项目管理者必须努力促其实现的项目管理的具体目标。

（3）任务要满足一定性能、质量、数量、技术指标等要求。项目是否实现，能否交付用户，必须达到事先规定的目标要求。

#### 2. 工程建设项目

工程建设项目是最典型的项目类型，它属于投资项目中最重要的一类，是

1

一种既有投资行为又有建设行为的决策与实施活动。它是以建筑物或构筑物为目标产出物的、由有开工时间和竣工时间的相互关联活动所组成的特定过程。该过程要达到的最终目标应符合预定的使用要求，并满足标准（或业主）要求的时间、费用、质量和资源约束条件等。工程建设项目具有以下特性：

（1）目标的明确性。任何工程建设项目都具有明确的建设目标，包括宏观目标和微观目标。政府有关部门主要审核项目的宏观经济效益、社会效益和环境效益。企业则较多重视项目的盈利能力等微观财务目标。

（2）目标的约束性。工程建设项目实现其目标，要受到多方面条件的制约：①时间约束，即工程要有合理的工期时限；②资源约束，即工程要在一定的人力、财力、物力条件下完成建设任务；③质量约束，即工程要达到预期的生产能力、技术水平、产品等级要求；④空间约束，即工程要在一定的施工空间范围内通过科学合理的方法组织完成。

（3）具有一次性和不可逆性。工程建设项目的建设地点一次性确定，建成后不可移动，设计的单一性，施工的单件性，使得它不同于一般商品的批量生产，一旦建成，想要改变非常困难。

（4）影响的长期性。工程建设项目一般建设周期长，投资回收期长，工程寿命周期长，工程质量好坏影响面大，作用时间长。

（5）投资的风险性。由于工程建设项目是一次性的，建设过程中各种不确定性因素很多，因此，投资的风险性很大。

（6）管理的复杂性。工程建设项目的内部结构存在许多结合部，是项目管理的薄弱环节，使得参加建设各单位之间的沟通、协调困难重重，也是工程实施中容易出现事故和质量问题的地方。

## 二、项目管理

### 1. 项目管理的概念

"项目管理"一词通常是指一种管理活动，即一种有意识地按照项目的特点和规律，对项目进行组织管理的活动；"项目管理"有时也指一种管理学科，即以项目管理活动为研究对象的一门学科，它是探求项目活动科学组织管理的理论与方法。前者是一种客观实践活动，后者是前者的理论总结；前者以后者为指导，后者以前者为基础。就其本质而言，二者是统一的。

《美国项目管理知识体系指南》（PMBOK 第 3 版）指出，项目管理就是把各种知识、技能、手段和技术应用于项目活动之中，以达到项目的要求。项目管理是通过应用和综合，如启动、规划、实施、监控和收尾等项目管理过程来进行的。项目经理是负责实现项目目标的个人。

《中国项目管理知识体系》（CPMBOK 2006）指出，项目管理就是以项目为对象的系统管理方法，通过一个临时性的专门的柔性组织，对项目进行高效率的计划、组织、指导和控制，以实现项目全过程的动态管理和项目目标的综合协调与优化。实现项目全过程的动态管理是指在项目的生命期内，不断进行资源的配置和协调，不断作出科学决策，从而使项目执行的全过程处于最佳的运行状态，产生最佳的效果。项目目标的综合协调与优化是指项目管理应综合协调好时间、费用及功能等约束性目标，在相对较短的时期内，成功地达到一个特定的成果性目标。

2. 项目管理的特点

项目管理与传统的部门管理相比，其最大的特点是项目管理注重于综合性管理，并且有严格的时间期限，因此，项目管理既有一般管理共有的内涵，又有自己的特点，主要表现在：

（1）项目管理对象是项目生命周期内全过程、完成项目所涉及的各项工作。

（2）项目管理是大团队管理，项目管理需要项目利益相关方共同努力和各尽其责才能完成。

（3）项目管理的目的是实现项目目标。

（4）项目管理组织不同于其他管理组织，有其组织的特殊性，如围绕项目组织资源、组织临时性、组织模式多样性、强调协调控制职能等。

（5）项目管理体制是基于团队管理的项目经理负责制。

（6）项目管理的方式是目标管理，将项目的目标进行层层分解，按相关利益方进行分解，并明确完成目标的要求及责任。

（7）项目管理任务的要点是适应项目不同的环境和条件，更需要创造性地利用和改造项目的环境条件，进行项目特定环境条件的规划、执行和控制，实现项目的目标。

（8）项目管理采用的是科学先进的管理理论和方法，如采用网络图编制项目进度计划、关键路径控制方法、赢得值法、目标管理、全面质量管理、价值工程、计算机处理技术等。

（9）项目管理的性质具有两重性，即自然属性和社会属性。其自然属性指项目运作要遵守其自然规律，如项目生命周期、项目建设程序等；其社会属性是指项目管理要遵守项目所在地的法律、法规，并具有社会制度下的特征。

### 3. 工程建设项目管理

工程建设项目管理是项目管理的一大类，是指项目管理者为了使项目取得成功（实现所要求的功能和质量、所规定的时限、所批准的费用预算），对工程建设项目采用系统的观念、理论和方法进行有序、全面、科学、目标明确地管理，发挥计划职能、组织职能、控制职能、协调职能、监督职能的作用。其管理对象是各类工程建设项目，既可以是建设项目管理，又可以是设计项目管理或施工项目管理等。工程建设项目管理应符合以下条件：

（1）在预定时间内完成项目的建设，同时实现投资目的，达到预定的项目要求。

（2）在预算费用（成本或投资）范围内完成，尽可能地降低费用消耗，减少资金占用，保证项目经济性。

（3）满足预期的使用功能（包括使用性能、建设规模等），达到预定的生产能力或使用性能、用途及相应的各种指标要求。

（4）能为使用者（业主）接受、认可，同时又照顾到社会各方面积极参与方的利益，使得各方面都感到满意。

（5）能合理、充分、有效地利用各种资源。

（6）项目实施按计划、有秩序地进行，变更较少，没有发生事故或其他损失，较好地解决项目过程中出现的风险、困难和干扰。

（7）与环境协调一致，即项目必须为它的上层系统所接受，这里包括：

①与自然环境的协调，没有破坏生态或恶化自然环境，具有好的审美效果；

②与人文环境的协调，没有破坏或恶化优良的人文氛围和风俗习惯；

③项目的建设与运行和社会环境有良好的接口，为法律允许，有助于社会就业、社会经济发展。

# 第二节　项目管理模式与承发包模式

## 一、项目管理模式

为了提高项目管理的水平，各国及一些国际组织都对工程项目的管理模式和方法进行不断地研究、创新和完善。下面介绍一下管道工程建设项目主要采用的项目管理组织模式。

## 1. 业主自行组织项目管理团队（PMT 模式）

业主为了更好地实现项目目标，在自己有力量的情况下，自行组建项目管理团队（简称项目部）直接进行项目管理，并任命项目经理，授权项目经理全权代表业主对工程项目全过程实施管理。这种工程建设项目管理模式在国际上最为通用，世界银行、亚洲开发银行贷款项目和采用国际咨询工程师联合会（FIDIC）土木工程施工合同条件的项目均采用这种模式。这种模式的各方关系如图 1-1 所示。

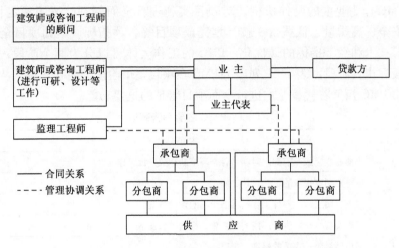

图 1-1　PMT 模式的各方关系图

这种模式由业主委托建筑师或咨询工程师（以下用工程师）进行前期的可行性研究等各项有关工作，待项目评估立项后再进行设计，编制施工招标文件，随后通过招标选择承包商。业主和承包商签订工程施工合同，有关工程部位的分包和设备、材料的采购一般都由承包商与分包商和供应商单独订立合同并组织实施。业主单位一般指派业主代表与咨询方和承包商联系，负责有关的项目管理工作。在国外，大部分项目实施阶段有关管理工作均授权建筑师或工程师进行。建筑师或工程师和承包商没有合同关系，但承担业主委托的项目管理和协调工作。

PMT 模式的优点是：由于这种模式长期、广泛地在世界各地采用，因而管理方法较成熟，各方都对有关程序熟悉；业主可自由选择咨询设计人员，对设计要求可控制；可自由选择监理人员监理工程；可采用各方均熟悉的标准合同文本，有利于合同管理、风险管理和减少投资。

PMT 模式的缺点是：项目周期较长，业主管理费较高，前期投入较高；变更时容易引起较多的索赔。

## 2. 项目管理承包（PMC 模式）

近年来，由于业主的投资需求不断扩大，工程建设项目逐渐向大型化、复杂化与多元化方向发展，但同时业主自身的融资与项目管理能力出现不足，业主的项目管理人力资源缺乏，项目管理经验不足以承担该项目管理标准的最低要求。为了弥补业主的管理缺陷，满足业主的各项需求，PMC（Project Management Contracting）模式应运而生。

PMC 作为业主的延伸机构，对项目实施进行全面管理，按照预定目标，实现安全、高质量、低造价、按计划完成项目等各项指标，达到项目全寿命期中，技术和经济指标的最优化。PMC 的工作大体可以分为两个阶段——定义阶段和执行阶段。表 1-1 列出了 PMC 在项目整个阶段的主要职责，从中可以看出 PMC 担负着代替业主进行全面项目管理的重要功能。

表 1-1　PMC 主要职责列表

| 阶　段 | 主　要　职　责 |
|---|---|
| 定义阶段 | 协助业主完成政府部门对项目各个环节的相关审批工作 |
| | 审查专利商提供的工艺设计文件 |
| | 提出公用工程、界外工程、辅助设施的设计方案 |
| | 提出设备、材料供货厂商的短名单、提出进口设备、材料清单 |
| | 提出项目统一遵循的标准、规范 |
| | 完成项目总体设计、项目初步设计 |
| | 提出项目实施方案，完成项目投资估算 |
| | 编制 EPC（或 EP）招标文件，对 EPC（或 EP）投标商进行资格预审，完成招标、评标。 |
| | 提供融资方案，并协助业主完成融资工作 |
| 执行阶段 | 编制并发布工程统一规定 |
| | 设计管理、协调技术条件，负责项目总体中某些部分的详细设计 |
| | 采购管理并为业主的国内采购提供采购服务 |
| | 在 EP＋C 方案条件下，负责施工招标、评标并直接管理施工，同业主配合进行生产准备、组织试运、考核、验收 |
| | 向业主移交项目全部资料 |

PMC 模式组织形式如图 1-2 所示。

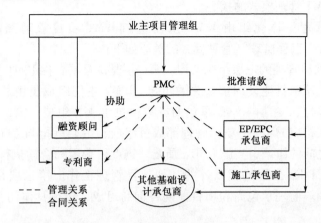

图 1-2　PMC 模式组织形式

在 PMC 管理方式下，项目定义阶段和执行阶段是两个不同的阶段，定义阶段以确定最终投资决策为终点。在各个阶段，PMC 应及时向业主报告工作，业主则派出少量人员对 PMC 的工作进行监督和检查。

业主与 PMC 之间的合同形式使双方的利益高度一致。PMC 按项目管理体系一管理项目全过程的承包商和分包商，对项目实施负全部责任，承担相应风险，实现工程的安全和质量目标、投资控制目标、项目时间目标、现金流量目标。

### 3. BOT 模式

BOT 模式即建造—运营—移交模式，东道国政府开放本国基础设施建设和运营市场，吸收国外资金，授予项目公司特许权，由该项目公司负责融资和组织建设，建成后负责运营及偿还贷款，在特许期满时将项目移交给东道国政府。

### 4. IPMT 模式

1）IPMT 管理模式的定义

IPMT 即 Integrated Project Management Team，指"一体化项目管理团队"。"一体化项目管理"是指投资方与受托方（监理）按照合作协议，共同组建一体化项目部，实施工程项目全过程管理的项目管理模式。"一体化"即组织机构和人员配置的一体化、项目程序体系的一体化、工程各个阶段和环节的一体化，以及管理目标的一体化。采用 IPMT 管理模式一般是综合采用

"IPMT + 监理 + EPC"的综合管理模式。

2）IPMT 管理模式的核心

项目管理一体化组由 IPMT 主任组和 IPMT 项目管理部两部分组成。"IPMT + EPC 工程监理"管理模式的核心如下：

（1）项目管理的三层组织架构。第一层是决策层，由 IPMT 主任组成员组成，授权决策项目建设的重大关键问题。IPMT 主任组成员由总部有关部门、业主建设单位、参建的 EPC 承包商等单位主管领导组成。第二层是管理层，由矩阵方式构成的 IPMT 项目管理部成员组成，主要承担与 EPC 单位、工程监理单位之间的协调，实施 HSE、质量、进度、费用和合同执行的有效控制，并承担除 EPC、工程监理以外的其他项目管理工作。第三层是执行层，由 EPC 承包商、监理承包商和项目前期咨询商组成，执行具体的工程管理与建设任务。

（2）IPMT 项目管理部的矩阵式架构。IPMT 项目管理部由从事项目管理工作的专业人员组成，项目经理由总部或业主单位派出，总部予以授权。在项目管理部的职能组成上，采取纵向以项目管理为主，横向以专业管理为主，形成纵横交叉的矩阵式管理架构。这个组织构架，吸取了 PMC 管理模式的专业化管理的优点，避免了聘请 PMC 承包商支付高额项目管理成本的弊病；实施合同约束加行政协调的管理机制，有利于克服国内承包商合同意识不强出现的过程控制失控局面；聘请 EPC 承包商，避免了业主自营管理模式出现的大批管理人员项目结束后难以安置以及大量复杂的界面管理工作的弊端，使 IPMT 项目管理部人员数量大大减少；吸取业主自营管理模式的监理机制，引入被国内工程建设业普遍接受的监理承包商，从而在质量控制上减少了国内外 EPC 承包商、施工分包商和制造分包商因自我约束机制不健全造成的质量问题等通病。

（3）采用合同约束加过程协调的管理机制。在项目执行过程中，既严格跟踪监督合同执行，发挥合同约束作用，又加强工程建设全过程的协调管理。实施定期和不定期相结合的调度会议制度，严格防止过程失控。

（4）慎重选择 EPC 工程承包商和监理承包商，充分发挥承包商的作用。业主牵头组织成立招标委员会，严格执行招投标制度，公开、公平、公正地选择工程承包商和监理商。明确要求 EPC 工程承包商按照相应的组织架构与 IPMT 项目管理部的架构相配套，目的是使工程项目管理协调畅通。要求监理承包商设置总监理工程师、各专业监理工程师，对 EPC 工程承包商的设计采购施工等阶段和安全、质量、进度、费用、合同执行等方面进行过程监督，从而实现了项目管理层和项目执行层的专业技术及管理相衔接，接口明晰顺畅，整个工程项目的管理上下左右协调、畅通。

3）采用 IPMT 模式的优点

（1）IPMT 模式可最好地优化组合工程项目的管理和技术人才。

（2）IPMT 模式可使监理和业主思想高度统一，减少争议。IPMT 模式的组成，由于利益一致，目标一致，人员思想高度一致，对解决施工问题能更好地统一认识，保证程序文件和作业文件有效运行。

（3）IPMT 模式可使监理和业主资源共享。电话、传真、信息平台、人员岗位安置、工程迎检等均可有效调控。

（4）IPMT 模式可降低成本，节省投资，提高效率。

（5）IPMT 模式可确保工程进度、安全和质量。

（6）IPMT 模式可使 EPC 交工技术文件更加规范和完整。

# 二、工程建设项目承发包模式

## 1. 平行承发包模式

平行承发包，是指业主将建设工程的设计、施工以及材料设备采购的任务经过分解分别发包给若干个设计单位、施工单位和材料设备单位，并分别与各方签订合同。各设计单位之间的关系是平行的，各施工单位之间的关系、各材料供应商单位之间的关系也是平行的，如图 1-3 所示。

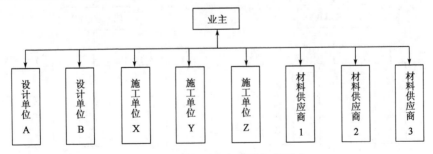

图 1-3　平行承发包模式组织形式

平行承发包模式的主要优点如下：

（1）有利于缩短工期。由于设计和施工任务经过分解分别发包，设计阶段和施工阶段有可能形成搭接关系，从而缩短整个建设工程工期。

（2）有利于质量控制。整个工程经过分解分别发包给各承建单位，合同约束与相互制约使每一部分都能够较好地实现质量要求。

（3）有利于业主选择承建单位。在大多数国家的建筑市场中，专业性强、规模小的承建单位一般占较大比例。这种模式的合同内容比较单一、合同价值小、风险小，使他们有可能参与竞争。因此，无论大型承建单位还是中小型承建单位都有机会竞争。业主可以在很大范围内选择承建单位，为提高择优性创造了条件。

平行承发包模式的主要缺点如下：

（1）合同数量多，会造成合同管理困难。合同关系复杂，使建设工程系统内结合部位数量增加，组织协调工作量大。

（2）投资控制难度大。这主要表现在，一是合同价不易确定，影响投资控制实施；二是工程招标任务量大，需控制多项合同价格，增加了投资控制难度；三是过程中设计变更和修改较多，导致投资增加。

## 2. 设计或施工总分包模式

设计或施工总分包，是指业主将全部设计或施工任务发包给一个设计或一个施工单位作为总包单位，总包单位可以将其部分任务再分包给其他承包单位，形成一个设计总包合同或一个施工总包合同以及若干个分包合同的结构模式，组织形式如图1-4所示。

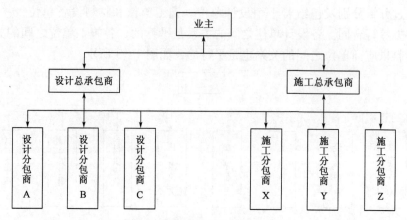

图1-4 设计或施工总分包组织形式

设计或施工总分包模式具有以下优点：

（1）有利于建设工程的组织管理。由于业主只与一个设计或施工总包单位签订合同，合同数量比平行承发包模式要少很多，有利于业主的合同管理，也使业主协调工作量减少。

（2）有利于投资控制。总包合同价格可以较早确定，并且易于控制。

（3）有利于质量控制。在质量方面，既有分包单位的自控，又有总包单位的监督，还有业主的检查认可，对质量控制有利。

（4）有利于工期控制。总包单位具有控制的积极性，分包单位之间也有相互制约的作用，有利于总体进度的协调控制。

设计或施工总分包模式是有以下缺点：

（1）建设周期长。在设计和施工均采用总分包模式时，由于设计图纸全部完成后才能进行施工总包的招标，不利于将设计阶段与施工阶段搭接，而且施工招标需要的时间也较长。

（2）总包报价可能较高。对于规模较大的建设工程来说，通常只有大型承建单位才具有总包的资格和能力，竞争相对不激烈。

### 3. 项目总承包模式

项目总承包企业受业主委托，按照合同约定对工程项目的勘察、设计、采购、施工、试运行实行全过程或若干阶段的承包。工程总承包主要有如下方式：

（1）设计、采购、施工（EPC）或交钥匙总承包。工程总承包企业按照合同约定，承包工程项目设计、采购、施工、试运行服务等工作，并对承包商工程质量、工期、造价、HSE等全面负责，最终向业主提交一个满足使用功能、具备使用条件的工程项目。

（2）设计、采购、施工（EPC）总承包。工程总承包企业按照合同约定，承包工程项目设计、采购、施工等工作，并对承包商工程质量、工期、造价、HSE等全面负责。

（3）设计—施工（D-B）总承包。

（4）根据工程项目的不同规模、类型和业主要求，工程总承包还可以采用设计—采购（E-P）总承包、采购—施工（P-C）总承包等方式。

项目总承包模式组织形式如图1-5所示。

项目总承包模式的主要优点是：

（1）业主和总承包商采用密切合作的方式完成项目的规划、设计、采办、施工、试运投产等工作。

（2）雇用一个总承包商对整个项目负责，避免了设计和施工的矛盾，同时在选定总承包商时，把设计方案的优劣作为主要的评标因素，可保证高质量地完成工程建设项目。

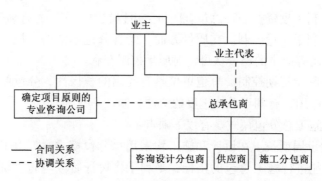

图1-5 项目总承包模式组织形式

（3）在项目初期选定总承包商，连续性好，项目责任单一，业主可得到早期的成本保证。

（4）由于设计与施工可以比较紧密地搭接，业主能节约投资，减少利息及价格上涨的影响，对总的造价心中有数，而且能缩短工期。

（5）有利于在项目设计阶段预先考虑施工因素，从而减少由于设计的错误和疏忽引起的变更。

项目总承包模式的主要缺点是：

（1）由于造价包干可能影响设计和质量。

（2）总承包商承担很高的风险，导致报价较高。

在管道工程建设项目和石油化工建设项目上，近年来国际上的发展趋势是越来越多地采用项目总承包模式来进行项目实施与管理。

## 第三节　工程建设项目阶段划分

工程建设项目的全寿命周期包括项目决策阶段、项目建设实施阶段和项目运营阶段（或称运行阶段）等三个阶段。项目立项（立项批准或立项核准）是项目决策的标志。项目的建设实施阶段包括设计前的准备阶段、设计阶段、施工阶段、试运投产和竣工验收阶段。管道工程目前实行"建管分离"，根据管道工程建设的特点，将管道建设工程项目决策阶段和建设实施阶段具体划分成为四个阶段，分别是项目前期阶段、项目定义阶段、项目实施阶段和项目竣工验收阶段。

## 一、项目前期阶段

项目前期阶段是指管道工程建设项目启动至项目可研批复前（含可研批复）的时间区间，项目核准属于项目前期阶段工作，但前期阶段的时间不受项目核准限制。

项目前期阶段的具体工作包括项目预可研、可研、专项评价、项目核准等。

## 二、项目定义阶段

项目定义阶段是指管道工程建设项目可研批复后至初步设计批复前（含初步设计批复）的时间区间。

项目定义阶段的具体工作包括初步设计的委托、编制、审查和批复、项目部组建和服务采购等。

## 三、项目实施阶段

项目实施阶段是指建设单位项目初步设计批复后至项目投产前（含项目投产和项目移交）的时间区间。

项目实施阶段的具体工作包括物资采购、总体部署管理、施工图设计、征地协调、施工、投产前检查、试运投产和项目移交等。

## 四、项目竣工验收阶段

项目竣工验收阶段是指项目移交后至项目竣工验收结束的时间区间。

项目竣工验收阶段的具体工作包括消防、安全、环保、水土保持等专项验收，以及竣工资料验收、决算审计、初步验收、竣工验收、交付使用等。

## 第四节　管道工程建设项目管理要素简介

管道工程建设项目属于工程建设项目类型之一，其管理要素既含有工程建设项目通常的管理要素，又有其侧重点，总结近一阶段管道工程建设项目的管理内容，其管理要素主要包含项目设计管理、项目施工管理、项目采购管理、项目人力资源管理、项目信息管理、项目进度控制、项目投资控制、项目质量控制、项目 HSE 管理、项目风险管理几个方面的内容。

下面简单介绍一下管道工程的管理要素：

（1）项目设计管理是指对初步设计及施工图设计过程中质量、进度、投资、人力资源、工程概算、采购、信息等方面进行全过程、全方位的管理，使得初步设计和施工图设计全面受控，最终保证设计质量、进度、投资达到预期目标的要求。设计管理全过程的管理内容包括：设计的委托、设计目标管理、实施设计过程管理和设计服务管理。

（2）项目施工管理是指在施工阶段对工程施工过程进行全过程、全方位的管理，确保施工过程全面受控，最终保证施工质量、进度、费用和 HSE 管理达到预期目标。项目施工管理按管理内容分包括施工质量控制、施工进度控制、施工费用控制、施工阶段的 HSE 管理、材料（或物资）管理、信息管理、施工风险管理等。按管理过程分包括施工前准备工作管理、开工管理、施工过程管理、竣工交接（验收）管理等。

（3）项目采购管理是指为了完成项目，业主从项目实施组织之外获得所需资源（设备、材料）或服务所采取的一系列管理措施。项目采购管理由下列项目管理过程组成：采购计划、询价计划、询价、供方选择、合同管理以及合同收尾。

（4）项目人力资源管理是指为了保证所有项目相关人员的能力和积极性都得到最有效的发挥和利用所采取的一系列管理措施和管理过程。项目人力资源管理由下列项目管理过程组成：人力资源规划、项目团队组建、项目团队建设和项目团队管理。

（5）项目信息管理包括信息管理、沟通管理及文控管理三部分内容。

信息管理是指对项目信息进行收集、整理、分发、交换、查询、利用、存储和更新管理，以使项目信息得到及时、准确有效地应用，满足项目管理的沟通需要，进而更好地实现项目目标的管理过程。

项目沟通是指为了确保项目信息的合理收集和传输所需要实施的一系列措施和涉及组织间、技术间、人员间、管理间的界面等的管理过程。项目沟通管理由下列项目管理过程组成：沟通规划、信息发布、绩效报告和利害关系者管理。

（6）项目进度控制是指为了确保项目最终按时完成的一系列管理过程。涉及确保项目按时完成所需的各项过程，包括活动定义、活动排序、活动资源估算、活动持续时间估算、制订进度表以及进度控制。

（7）项目投资控制是指为了确保将项目最终发生的费用控制在项目目标范围内，对在项目建设全过程中发生的费用数据进行收集分析及时采取有效措施所进行的一系列活动。项目投资控制包括：费用计划、费用数据收集、比较分析、控制措施等。

（8）项目质量控制是指为了确保项目质量目标，项目有关参与方所进行的项目质量数据收集、比较分析、控制措施等一系列活动。项目质量控制包括：质量计划、质量计划执行、检查、不合格品处置、控制措施等。

（9）项目 HSE 管理（项目健康、安全与环境管理）。

H（Health，健康）是指人身体上没有疾病，在心理上保持一种良好的状态。

S（Safety，安全）是指在劳动生产过程中，人们努力改善劳动条件、克服不安全因素，使劳动生产在保证劳动者健康、企业财产不受损失、人们生命安全的前提下顺利进行。

E（Environment，环境）是指与人类密切相关的、影响人类生活和生产活动的各种自然力量或作用的总和，它不仅包括各种自然因素的组合，还包括人类与自然因素间相互形成的生态关系的组合。

由于健康、安全与环境的管理在实际工作过程中有着密不可分的关系，因此常把健康、安全和环境作为一个整体来管理。

项目 HSE 管理是指在项目生命周期内的各阶段，为保护项目建设参与方和使用者的健康与安全，为保护环境，使社会的经济发展与人类的生存环境协调一致等进行的一系列活动。工程建设项目要把职业健康、安全和环境保护作为项目目标之一。项目 HSE 管理对于不同的项目参与方内涵不同，项目 HSE 管理的主要内容包括：HSE 管理计划、培训教育、执行情况（监测、检查、监督）、不合格整改、纠正与预防、审查与改进等。

（10）项目风险管理是指对项目可能遇到的各种不确定因素进行风险识别、风险估计与量化、制定对策和风险监控等一系列工作。项目风险管理由下列项目管理过程组成：风险管理规划、风险识别、定性风险分析、定量风险分析、风险应对规划以及风险监控。

# 第二章　管道工程建设工作分解结构（WBS）

## 第一节　WBS 概述

工作分解结构（WBS，Work Breakdown Structure）这一概念最初是在 20 世纪 60 年代初由美国国防部和航天局开发的，起源于美国军方的军事武器系统研制，是一种有效地计划和控制建设工程项目的工具，从那时起，WBS 就成了项目管理中一个关键的组成部分。

### 一、WBS 的定义

WBS 是一种面向可交付成果的项目元素分组，这个分组组织并定义了全部的项目工作范围。

WBS 是对即将执行的工作任务的一种合理分解，集中于对产品、服务或最终成果的准确定义。它是一种逐步细分和分类的层级结构，每下降一级都表示一个更加详细的项目工作定义。随分解层次的深入，所定义的项目元素也就越详细越具体。

工作分解结构是一种层次化的树状结构，是将目标按一定方法划分为可以管理的项目单元，通过控制这些单元的费用、进度和质量目标，使它们之间的关系协调一致，从而达到控制整个项目目标的目的。

工作分解结构将项目依次分解成较小的项目单元，直到满足项目控制需要的最低层次，这个最低层次的单元称为工作包，一般的工作包是最小的"可交付成果"，这些可交付成果很容易识别出完成它的活动、计划安排以及资源等信息。

在工作包下面的活动级（作业级）是网络计划执行的层次。每一个活动都有特定的和预期的持续时间、资源、成本、绩效要求和产出，每一个工作包都应该有一个指定的个人或组织对所执行的工作负责。

按照不同方法给出的工作分解结构不同，但分解结构的"充分必要"原则是不能改变的。任何一个工程项目的工作分解结构必须做到：凡是应提交的工程项目的"可交付成果"的工作一项也不能少（充分原则），凡不是应提交的可交付成果的工作一项也不能多（必要原则）。

## 二、WBS 定义的要点

WBS 定义的要点有以下四点：

（1）由项目目标和项目产品、服务或结果导出。

（2）提供了一种定义工作全部范围的工具。

（3）确保工作元素被准确定义，并且仅仅与一个具体工作有关，这样，活动就不会被忽略或者重复。

（4）作为定义项目任务或活动的一个框架。它将复杂的项目或工作逐步细化为易控制、管理和估算的工作单元，从而便于计划和控制。

# 第二节　WBS 的应用

## 一、WBS 的用途

1. 提供了清晰的项目范围和工作任务，是项目范围管理的有效措施和手段

WBS 所有工作元素的汇总即是项目范围的全集，不在 WBS 里面的工作内容不包含在项目范围之内。便于项目各相关方对项目范围有一个清晰的无歧义的认知和理解，针对项目范围和交付物的内容在工程建设单位和运营单位之间达成共识，不包括在 WBS 中的工作（若必要）需要通过正规的变更控制程序添加到项目和 WBS 中。

2. 搭建了统一的信息沟通平台

WBS 编码在项目中是唯一定义的，因此可以充当一个共同的信息交换语言，将项目的所有管理要素通过 WBS 有机衔接起来，建立起多方位、多角度

的项目管理信息沟通平台。

**3. WBS 处于计划过程的中心**

WBS 是制定进度计划、资源需求、成本预算、风险管理计划、采购计划等的重要基础，基于 WBS 制定的安全和质量计划有利于细化管理，落实责任。

**4. 有利于加强对项目投资预算的控制**

针对各独立单元，进行时间、费用和资源需要量的估算，提高时间、费用和资源估算的准确度，为计划、预算、进度计划和费用控制奠定共同基础，确定项目进度测量和控制的基准，将项目工作与项目的财务账目联系起来，可实现实时的阶段性项目结算，从而节省了最终项目决算的时间，提高了效率。

**5. 有助于清楚地分派责任**

WBS 与 OBS（组织分解结构）紧密结合形成管理矩阵，有利于组织机构的人员清楚地知道自己的工作目标和工作任务。WBS 与 CBS（费用分解结构）紧密结合，有利于以项目工作为载体，将概算分摊到各项工作中，同时与公司的财务账目联系起来，实现实时的阶段性项目结算，从而节省了项目决算的时间，提高了效率和准确度。

**6. 为 EPC 招标谈判提供了基础**

通过要求 EPC 按照既定的 WBS 进行报价，可以有效地控制报价在投资成本范围内，并对 EPC 的工程量清单报价进行有效的评估和对比。

另外，根据 WBS 制定详细的工作任务说明书可以为各方留出充足的项目准备时间；可以在合适的控制点，度量、评审、控制变更的发生，评估影响，做出变更控制的决定；建立统一的衡量标准，实现项目赢得值管理理念，并可以实现在不同的建设项目之间进行对标以实现持续改进。

## 二、WBS 的通用原理

（1）WBS 覆盖了项目工作的全部范围，不在 WBS 中的工作也不在项目中，所有的可交付成果或输出产品都在 WBS 中得以表示。

（2）每一级元素的总和都代表了次高级元素工作的百分之百（第二级所有元素的总和是项目工作或成本的百分之百）。

（3）每一个元素中的工作都等于其下属元素工作的总和。

（4）细分应该是有逻辑性的，并要反映产品、服务或结果的本质特征。

（5）每一个WBS元素都应该代表一个离散的工作元素，这些工作可以在WBS字典中进行描述。

（6）每一个WBS元素都应该有一个唯一标识符。

（7）每个WBS元素中的工作都可以用WBS字典来详细地描述，WBS字典可能成为工作描述或者工作授权文档的基础。

（8）项目管理在所有的WBS中都是第二级元素。

（9）重要的项目利益相关者应该参与WBS的开发。

（10）在项目利益相关者批准了WBS后，WBS应该成为基准。

（11）WBS基准的变更要通过正式的变更过程才可以调整。

（12）WBS应集中于项目输出或可交付成果，它不是一个组织图，也不是一个进度计划或资源表。

（13）最低级WBS元素应该是在活动以上的那一级——工作包级。

（14）最低级WBS元素应该允许对项目管理的足够的控制和可见度。

（15）所有WBS的分支的最低级不必是一样的。

（16）最低级不必太详细，否则会增加管理负担。

（17）WBS不反映元素间的时间关系或横向关系，所有结构关系都是纵向的。

# 三、WBS 的创建

创建WBS的过程非常重要，在项目分解过程中，项目经理、项目成员和所有参与项目的职能经理都必须考虑该项目的所有方面。

1. WBS 创建的过程

WBS创建的过程如图2-1所示。

检验WBS是否定义完全、项目的所有任务是否都被完全分解，可以参考以下标准：

（1）每个任务的状态和完成情况是可以量化的。

（2）明确定义了每个任务的开始和结束。

（3）每个任务都有一个可交付成果。

（4）工期易于估算且在可接受期限内。

（5）容易估算成本。

（6）各项任务是独立的。

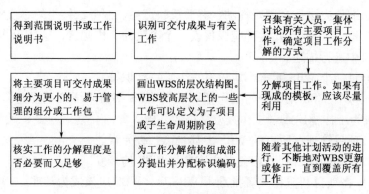

图 2-1 WBS 创建的过程

### 2. WBS 的分解方式

（1）在实际应用中，WBS 可以根据项目特点的不同而采用不同的分解方式，包括按照产品的物理结构分解、按照产品或项目的功能分解、按照实施过程分解、按照项目的地域分布分解、按照项目的各个目标分解、按照部门分解、按照职能分解、按照项目的概算科目分解。

（2）每一个项目的 WBS 的排列以及具体的工作包都不一样，决定因素有项目的规模和复杂程度、项目所在的组织结构、项目所处的阶段、分包商的工作范围判断、项目所涉及的不确定性和风险的程度、用于计划的时间、工作包所消耗的资源或要发生的成本。

（3）WBS 的解剖。

一个 WBS 的解剖，有不同类型的项目，就有不同类型的 WBS，每一个 WBS 又有独有的元素。但是，所有的 WBS 结构都有图 2-2 所示的五种类型中的两种或更多种第二层元素。

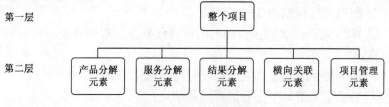

图 2-2 WBS 的类型分解

①产品分解元素：指对可交付产品物理结构的细分，如管道工程细分为线路工程、场站工程、附属工程。

②服务分解元素：服务项目没有有形的、结构性的可交付成果。它的输

出是一个为别人做的工作实体。工作分解是相关工作领域的一个逻辑集合，如会议、宴会、项目培训等。

③结果分解元素：它的输出是一个过程的结果，这个过程产生一个产品或一个结论，如新药开发。该工作分解是一系列可接受的步骤。对于管道工程没有这种元素。

④横向关联元素：指横跨产品所有内容的一种分解，如系统调试，这些元素通常是技术性的或支持性的。横向关联元素经常包括次要的或中间的可交付成果，如支持产品可交付成果的分析报告。

⑤项目管理元素：指一个项目的管理责任和管理活动的分解。它包括报告、项目审查，以及项目经理或他们的团队成员的一些活动。

### 3. WBS 适当的细节水平

WBS 的分解细度视项目的特点（如复杂程度）和项目成员对项目各项工作的认知程度而定。集中于产品的 WBS 部分通常分解到横向关联元素以下的更低级。雷泽（Raz）和格洛博森（Globerson）已经开发出一系列用来判断 WBS 分解程度的标准，如表 2-1 所示。

表 2-1　判断 WBS 分解程度的标准

| 工作包应该被进一步分解吗 | |
| --- | --- |
| 下述问题的肯定回答越多，进一步分解工作包的理由就越充分 | |
| 是/否 | 问　题 |
| | 有必要提高估计成本和工期的精确性吗？ |
| | 是不是不止一人对工作内容负责？ |
| | 有必要准确地知道工作包中活动的时间安排吗？ |
| | 在工作包的活动中需要成本支出吗？ |
| | 中间活动和其他工作包之间有任何关联吗？ |
| | 在执行工作过程中的工作元素有任何重要时间的中断吗？ |
| | 过一定时间，工作包中的资源需求会有变化吗？ |
| | 工作元素中间交付的前提有区别吗？ |
| | 在完成整个工作包之前有合适的可接受的准则吗？ |
| | 工作包中要执行的一部分工作能够被作为一个单元安排吗？ |
| | 有需要集中精力于一部分工作包的风险吗？这些工作包需要进一步分解以使风险分散吗？ |
| | 工作包能够被清楚和完全地理解以满足不同的利益相关者吗？ |

资料来源：T Raz, S Globerson. Effective Sizing and Content Content Definition of Work Packages. Project Management Journal, 1998（9）：17-23.

### 4. WBS 编码

在开发一个 WBS 时，通过给各种元素和级别进行编码或编号，能够显著地改善 WBS 在各种相关应用中的功能。编码可采用任何一种方法，但要保持一致性。通过编码体系，我们可以很容易地识别 WBS 元素的层级关系、分组类别和特性。并且由于近代计算机技术的发展，编码实际上使 WBS 信息与组织结构信息、成本数据、进度数据、合同信息、产品数据、报告信息等紧密地联系起来。

大多数组织都有标准的编码。这些编码能够被使用和修改，用一些数字或字母对每一项工作活动给出唯一的识别。由编码产生的识别为计划、预算、跟踪、再计划和分配提供说明。

有许多可以为 WBS 元素进行编号的系统。所有编号系统的目的都是为了快速识别 WBS 工作元素，并确定其在整个项目层次结构中合适的元素位置。WBS 元素经常有类似的名称，编号系统能清楚地识别每一个单个的元素。

一个常用的十进制编码系统如表 2-2 所示。

**表 2-2　一般的十进制大纲编码**

| 十进制大纲编码 |
| --- |
| 1. ［第一主要的分类］ |
| 　1.1　　［副标题］ |
| 　1.2　　［副标题］ |
| 2. ［第二主要的分类］ |
| 　2.1　　［副标题］ |
| 　2.1.1　　［详细］ |
| 　2.1.2　　［详细］ |
| 　2.1.2.1　　［分解］ |
| 　2.1.2.2　　［分解］ |
| 　2.2　　［副标题］ |
| 3. ［第三主要的分类］ |

十进制编码系统是精确的、完整的，能够精确到任意一个所需要的层级。

### 5. WBS 字典

管理的规范化、标准化一直是众多公司追求的目标，WBS 字典就是这样一种工具。它用于描述和定义 WBS 元素中的工作文档。字典相当于对某一 WBS 元素的规范，即 WBS 元素必须完成的工作以及对工作的详细描述；工作成果的描述和相应规范标准；元素上下级关系以及元素成果输入输出关系等。同时 WBS 字典对于清晰地定义项目范围也有着巨大的规范作用，简短、总结性的 WBS 元素描述经常是模糊的或容易引起误解的，而 WBS 字典能够消除可能产生的任何误解，它使得 WBS 易于理解和被组织以外的参与者（如承包商）接受，在建筑行业，工程量清单规范就是典型的工作包级别的 WBS 字典。

使用一个表格来集中 WBS 字典的信息是十分有用的。表 2-3 和表 2-4 是 WBS 字典的格式示例。

表 2-3　WBS 字典格式示例 1

| WBS 字典表格 | |
|---|---|
| 项目名称： | 日期： |
| WBS 号码： | WBS 名称： |
| 父级 WBS 名称： | 父级 WBS 号码： |
| | |
| 责任人/组织（如有必要）： | |
| 工作描述： | |
| | |
| 子级 WBS 号码： | 子级 WBS 名称： |
| 子级 WBS 号码： | 子级 WBS 名称： |
| 子级 WBS 号码： | 子级 WBS 名称： |
| 子级 WBS 号码： | 子级 WBS 名称： |
| | |
| 制定人：　　　　批准人：　　　　　　　　日期： | |
| 职务：　　　　　职务： | |
| | |

表 2-4　WBS 字典格式示例 2

填写部门及人员：　　　　　　　　填写时间：

| WBS 编码 | 名称 | 工作包描述（内容） | 成本预算 | 时间安排 | 质量标准或要求 | 资源配置情况 | 事先必须完成的工作 |
|---|---|---|---|---|---|---|---|
| | | | | | | | |
| | | | | | | | |
| | | | | | | | |
| | | | | | | | |
| | | | | | | | |
| | | | | | | | |

### 6. WBS 审查

WBS 创建完成后，要组织相关人员对其进行审查，表 2-5 展示了一个项目团队用来评估 WBS 充分性的审查表

表 2-5　WBS 审查表

☐ 项目小组和其他利益相关者参加 WBS 的开发了吗？有专家参与吗？
☐ WBS 能反映组织是怎样工作的吗？
☐ 每一个元素的描述都能清楚地表明什么工作将要做吗？
☐ 所有的最终产品或交付都能在 WBS 中被明确识别吗？
☐ 在第二级中有项目管理元素吗？
☐ 在第二级中所有元素代表的工作总和是项目的全部工作吗？
☐ 每一个父级元素下的所有子级元素所代表的工作总和是父级的全部工作吗？
☐ 有没有在需要代表"组装"类型工作的地方加上综合元素呢？
☐ 看上去工作包的大小合理吗？
☐ WBS 元素编码与其他组织编码相关吗？
☐ 有任何父级元素代表组织的吗？如果有，要考虑重新分解那部分 WBS。
☐ 如果存在外包或分包，是不是一个具体组织所有承包的工作都在一个单独的、离散的元素下呢？
☐ 每一个元素的名字是不是都能被理解呢？或者是不是需要一个 WBS 字典呢？

# 第三节　管道工程 WBS

## 一、管道工程 WBS 层次结构

管道工程的 WBS 分解结构主要是基于建设阶段和过程进行分解，典型的 WBS 分解层次一般分为六到八级。

（1）第一级：项目工程。

（2）第二级：建设阶段。

①前期阶段；

②定义阶段；

③实施阶段；

④验收阶段。

（3）第三级：各阶段工作内容。

前期阶段分为：项目可研、专项评价、项目核准。

定义阶段包括：物资提前采购、控制性工程提前开工、初步设计。

实施阶段：主要包括干线1、干线2、支干线、支线等。

验收阶段：主要包括专项验收、初步验收、竣工验收。

（4）第四级：将上一级进一步细分。

（5）第五级：工作细分或工作包。

（6）第六级：工作包或活动。

（7）第七级：工作包（分部工程）或活动。

（8）第八级：活动（分项工程）。

第四级至第八级详见表2-6。

## 二、管道工程 WBS 编码规则

许多 WBS 的编码规则通用适用于管道工程，以下是目前比较通用的管道工程 WBS 编码规则。

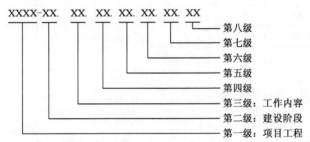

第一级（L0）：项目代码。项目一般用四位大写的拼音字母代表，一般为项目汉字拼音前一个字母，即 XXGD。

第二级（L1）：二级代码涵盖工程项目建设各阶段代码，用两位大写的拼音缩写表示。例如，QQ—前期、DY—定义、SS—实施、YS—验收。

第三级（L2）、第四级（L3）、第五级（L4）、第六级（L5）、第七级（L6）、第八级（L7）用两位数字代表。

## 三、管道工程 WBS 实例

具体的管道工程 WBS 如表2-6所示。

表 2−6    XX 管道工程 WBS 分解结构示例

| 编码 | 工作名称 | | | |
|---|---|---|---|---|
| | 一级计划 | 二级计划 | 三级计划 | 四级计划 |
| XXGD-QQ | 前期阶段 | | | |
| XXGD-QQ. 01 | 可研 | | | |
| XXGD-QQ. 01. 01 | | 可研委托 | | |
| XXGD-QQ. 01. 01. 01 | | | 建设单位委托 | |
| XXGD-QQ. 01. 02 | | 可研编制 | | |
| XXGD-QQ. 01. 02. 01 | | | 资源 | |
| XXGD-QQ. 01. 02. 02 | | | 市场 | |
| XXGD-QQ. 01. 02. 03 | | | 线路 | |
| XXGD-QQ. 01. 02. 04 | | | 工艺 | |
| XXGD-QQ. 01. 02. 05 | | | 公用系统 | |
| XXGD-QQ. 01. 02. 06 | | | 投资估算与经济评价 | |
| XXGD-QQ. 01. 03 | | 可研初审 | | |
| XXGD-QQ. 01. 03. 01 | | | 可研审查 | |
| XXGD-QQ. 01. 03. 02 | | | 可研修改 | |
| XXGD-QQ. 01. 04 | | 可研审批 | | |
| XXGD-QQ. 01. 04. 01 | | | 可研评估 | |
| XXGD-QQ. 01. 04. 02 | | | 可研修改 | |
| XXGD-QQ. 01. 04. 03 | | | 评估报告 | |
| XXGD-QQ. 01. 04. 04 | | | 概算处核实投资 | |
| XXGD-QQ. 01. 04. 05 | | | 计划部审查会 | |
| XXGD-QQ. 01. 04. 06 | | | 集团公司常务会 | |
| XXGD-QQ. 01. 04. 07 | | | 可研批复 | |
| XXGD-QQ. 02 | 专项评价 | | | |
| XXGD-QQ. 02. 01 | | 地震安全性评价 | | |
| XXGD-QQ. 02. 01. 01 | | | 委托 | |
| XXGD-QQ. 02. 01. 02 | | | 评价 | |
| XXGD-QQ. 02. 01. 03 | | | 审查 | |
| XXGD-QQ. 02. 01. 04 | | | 修改 | |

续表

| 编码 | 工作名称 | | | |
| --- | --- | --- | --- | --- |
| | 一级计划 | 二级计划 | 三级计划 | 四级计划 |
| XXGD-QQ.02.01.05 | | | 批复 | |
| XXGD-QQ.02.02 | | 安全预评价 | | |
| XXGD-QQ.02.03 | | 压覆矿产资源评价 | | |
| XXGD-QQ.02.04 | | 地质灾害危害性评价 | | |
| XXGD-QQ.02.05 | | 职业病危害评价 | | |
| XXGD-QQ.02.06 | | 水土保持评价 | | |
| XXGD-QQ.02.07 | | 河流穿越防洪评价 | | |
| XXGD-QQ.02.08 | | 其他评价 | | |
| XXGD-QQ.03 | 项目核准 | | | |
| XXGD-QQ.03.01 | | 路条 | | |
| XXGD-QQ.03.02 | | 环境影响评价 | | |
| XXGD-QQ.03.03 | | 路由协议 | | |
| XXGD-QQ.03.03.01 | | | N1 省（市）路由协议 | |
| XXGD-QQ.03.03.02 | | | N2 省（市）路由协议 | |
| XXGD-QQ.03.03.03 | | | N3 省（市）路由协议 | |
| …… | | | …… | |
| XXGD-QQ.03.04 | | 土地预审 | | |
| XXGD-QQ.03.05 | | 项目申请报告 | | |
| XXGD-DY | 定义阶段 | | | |
| XXGD-DY.01 | 提前采购与开工 | | | |
| XXGD-DY.0.01 | | 物资提前采购 | | |
| XXGD-DY.0.02 | | 控制性工程提前开工 | | |
| XXGD-DY.02 | 初步设计 | | | |
| XXGD-DY.02.01 | | 初设委托 | | |
| XXGD-DY.02.02 | | 初设编制 | | |
| XXGD-DY.02.02.01 | | | 初设技术文件 | |
| XXGD-DY.02.02.02 | | 专篇文件 | | |
| XXGD-DY.02.02.02.01 | | | 消防专篇 | |
| XXGD-DY.02.02.02.02 | | | 环境保护专篇 | |

| 编码 | 工作名称 | | | |
|---|---|---|---|---|
| | 一级计划 | 二级计划 | 三级计划 | 四级计划 |
| XXGD-DY. 02. 02. 02. 03 | | | | 职业卫生专篇 |
| XXGD-DY. 02. 02. 02. 04 | | | | 安全设施专篇 |
| XXGD-DY. 02. 02. 02. 05 | | | | 节能专篇 |
| XXGD-DY. 02. 02. 03 | | | 概算文件 | |
| XXGD-DY. 02. 02. 04 | | | 技术规格书文件 | |
| XXGD-DY. 02. 02. 05 | | | 专项报告文件 | |
| XXGD-DY. 02. 02. 06 | | | 支持性文件 | |
| XXGD-DY. 02. 03 | | 初设初审 | | |
| XXGD-DY. 02. 04 | | 初设审批 | | |
| XXGD-SS | 实施阶段 | | | |
| XXGD-SS. 01 | 干线1 | | | |
| XXGD-SS. 01. 01 | | 施工图设计 | | |
| XXGD-SS. 01. 01. 01 | | | 技术规格书与数据表 | |
| XXGD-SS. 01. 01. 01. 01 | | | | 线路物资 |
| XXGD-SS. 01. 01. 01. 01. 01 | | | | 线路防腐螺旋管 |
| XXGD-SS. 01. 01. 01. 01. 02 | | | | 线路防腐直缝管 |
| XXGD-SS. 01. 01. 01. 01. 03 | | | | 补口材料 |
| …… | | | | …… |
| XXGD-SS. 01. 01. 01. 01 | | | 阀室、站场机械物资 | |
| XXGD-SS. 01. 01. 01. 02 | | | 阀室、站场仪表物资 | |
| XXGD-SS. 01. 01. 01. 03 | | | 阀室、站场通信物资 | |
| XXGD-SS. 01. 01. 01. 04 | | | 阀室、站场电力物资 | |
| XXGD-SS. 01. 01. 01. 05 | | | 阀室、站场热工物资 | |
| XXGD-SS. 01. 01. 01. 06 | | | 阀室、站场阴保物资 | |
| XXGD-SS. 01. 01. 01. 07 | | | 阀室、站场给排水与消防物资 | |
| XXGD-SS. 01. 01. 01. 08 | | | 阀室、站场采暖通风与空调物资 | |
| XXGD-SS. 01. 01. 02 | | | 线路施工图 | |
| XXGD-SS. 01. 01. 03 | | | 控制性工程施工图 | |
| XXGD-SS. 01. 01. 04 | | | 阀室施工图 | |

| 编码 | 工作名称 | | | |
|------|------|------|------|------|
| | 一级计划 | 二级计划 | 三级计划 | 四级计划 |
| XXGD-SS. 01. 01. 05 | | | 站场施工图 | |
| XXGD-SS. 01. 01. 06 | | | 伴行路及其他施工图 | |
| XXGD-SS. 01. 02 | | 外部协调 | | |
| XXGD-SS. 01. 02. 01 | | | 征地资料准备 | |
| XXGD-SS. 01. 02. 01. 01 | | | | 提供中线成果表 |
| XXGD-SS. 01. 02. 01. 02 | | | | 提供阀室永久用地征地红线图 |
| XXGD-SS. 01. 02. 01. 03 | | | | 提供站场永久用地征地红线图 |
| XXGD-SS. 01. 02. 01. 04 | | | | 提供其他永久用地征地红线图 |
| XXGD-SS. 01. 02. 02 | | | 补偿标准确定 | |
| XXGD-SS. 01. 02. 03 | | | 用地准备 | |
| XXGD-SS. 01. 02. 04 | | | 用地进场 | |
| XXGD-SS. 01. 03 | | 物资采购 | | |
| XXGD-SS. 01. 03. 01 | | | 线路物资 | |
| XXGD-SS. 01. 03. 01. 01 | | | | 线路防腐螺旋管 |
| XXGD-SS. 01. 03. 01. 01. 01 | | | | 招投标 |
| XXGD-SS. 01. 03. 01. 01. 02 | | | | 生产制造 |
| XXGD-SS. 01. 03. 01. 01. 03 | | | | 厂家反馈资料 |
| XXGD-SS. 01. 03. 01. 01. 04 | | | | 运输 |
| XXGD-SS. 01. 03. 01. 01. 05 | | | | 到达现场 |
| XXGD-SS. 01. 03. 01. 02 | | | | 补口材料 |
| XXGD-SS. 01. 03. 01. 03 | | | | 热煨弯管 |
| …… | | | …… | |
| XXGD-SS. 01. 03. 02 | | | 阀室、站场工艺物资 | |
| XXGD-SS. 01. 03. 03 | | | 阀室、站场机械物资 | |
| XXGD-SS. 01. 03. 04 | | | 阀室、站场仪表物资 | |
| XXGD-SS. 01. 03. 05 | | | 阀室、站场通信物资 | |
| XXGD-SS. 01. 03. 06 | | | 阀室、站场电力物资 | |
| XXGD-SS. 01. 03. 07 | | | 阀室、站场热工物资 | |
| XXGD-SS. 01. 03. 08 | | | 阀室、站场给排水与消防物资 | |

管道工程建设项目管理

| 编码 | 工作名称 | | | |
|---|---|---|---|---|
| | 一级计划 | 二级计划 | 三级计划 | 四级计划 |
| XXGD-SS. 01. 03. 09 | | | 阀室、站场采暖通风与空调物资 | |
| XXGD-SS. 01. 04 | | 施工 | | |
| XXGD-SS. 01. 04. 01 | | | 一般线路 | |
| XXGD-SS. 01. 04. 01. 01 | | | X1 标段 | |
| XXGD-SS. 01. 04. 01. 01. 01 | | | | 线路施工 |
| XXGD-SS. 01. 04. 01. 01. 01. 01 | | | | 测量放线 |
| XXGD-SS. 01. 04. 01. 01. 01. 02 | | | | 扫线 |
| XXGD-SS. 01. 04. 01. 01. 01. 03 | | | | 运管 |
| …… | | | | …… |
| XXGD-SS. 01. 04. 01. 01. 02 | | | | 穿越施工 |
| XXGD-SS. 01. 04. 01. 01. 03 | | | | 伴行路施工 |
| XXGD-SS. 01. 04. 01. 01. 04 | | | | 水保工程 |
| XXGD-SS. 01. 04. 01. 01. 05 | | | | 清管试压吹扫 |
| XXGD-SS. 01. 04. 01. 01. 06 | | | | 干燥、连头 |
| XXGD-SS. 01. 04. 01. 02 | | | | X2 标段 |
| …… | | | …… | |
| XXGD-SS. 01. 04. 02 | | 控制性工程 | | |
| XXGD-SS. 01. 04. 02. 01 | | | A1 控制性工程 | |
| XXGD-SS. 01. 04. 02. 01. 01 | | | | 土建施工 |
| XXGD-SS. 01. 04. 02. 01. 02 | | | | 管道安装 |
| XXGD-SS. 01. 04. 02. 0. 02 | | | | A2 控制性工程 |
| …… | | | …… | |
| XXGD-SS. 01. 04. 03 | | 阀室 | | |
| XXGD-SS. 01. 04. 03. 01 | | | B1 阀室 | |
| XXGD-SS. 01. 04. 03. 01. 01 | | | | 总图施工 |
| XXGD-SS. 01. 04. 03. 01. 02 | | | | 土建单体施工 |
| XXGD-SS. 01. 04. 03. 01. 03 | | | | 设备基础施工 |

| 编码 | 工作名称 | | | |
| --- | --- | --- | --- | --- |
| | 一级计划 | 二级计划 | 三级计划 | 四级计划 |
| XXGD-SS. 01. 04. 03. 01. 04 | | | | 工艺安装施工 |
| XXGD-SS. 01. 04. 03. 01. 05 | | | | 仪表施工 |
| XXGD-SS. 01. 04. 03. 01. 06 | | | | 电气施工 |
| XXGD-SS. 01. 04. 03. 01. 07 | | | | 通信施工 |
| XXGD-SS. 01. 04. 03. 01. 08 | | | | 阴极保护施工图 |
| XXGD-SS. 01. 04. 03. 01. 09 | | | | 给排水与消防施工图 |
| XXGD-SS. 01. 04. 03. 01. 10 | | | | 供热工程施工图 |
| XXGD-SS. 01. 04. 03. 01. 11 | | | | 采暖、通风与空调施工图 |
| XXGD-SS. 01. 04. 03. 01. 12 | | | | 调试 |
| XXGD-SS. 01. 04. 03. 02 | | | B1 阀室 | |
| …… | | | …… | |
| XXGD-SS. 01. 04. 04 | | 站场 | | |
| XXGD-SS. 01. 04. 04. 01 | | | C1 站场 | |
| XXGD-SS. 01. 04. 04. 01. 01 | | | | 总图施工 |
| XXGD-SS. 01. 04. 04. 01. 02 | | | | 土建单体施工 |
| XXGD-SS. 01. 04. 04. 01. 03 | | | | 工艺设备基础施工 |
| XXGD-SS. 01. 04. 04. 01. 04 | | | | 增压换热设备及配套设施施工 |
| XXGD-SS. 01. 04. 04. 01. 05 | | | | 工艺安装施工 |
| XXGD-SS. 01. 04. 04. 01. 06 | | | | 仪表施工 |
| …… | | | | …… |
| XXGD-SS. 01. 04. 04. 02 | | | C2 站场 | |
| …… | | | …… | |
| XXGD-SS. 01. 04. 05 | | 调试与投产 | | |
| XXGD-SS. 01. 04. 05. 01 | | | 机械完工 | |
| XXGD-SS. 01. 04. 05. 02 | | | 投产前准备 | |
| XXGD-SS. 01. 04. 05. 02. 01 | | | | 生产人员到位 |
| XXGD-SS. 01. 04. 05. 02. 02 | | | | 生产人员培训 |

管道工程建设项目管理

| 编码 | 工作名称 | | | |
|---|---|---|---|---|
| | 一级计划 | 二级计划 | 三级计划 | 四级计划 |
| XXGD-SS. 01. 04. 05. 02. 03 | | | | 消防验收 |
| XXGD-SS. 01. 04. 05. 02. 04 | | | | 防静电防雷测试 |
| XXGD-SS. 01. 04. 05. 02. 05 | | | | 压力容器注册 |
| XXGD-SS. 01. 04. 05. 02. 06 | | | | 供电协议 |
| XXGD-SS. 01. 04. 05. 02. 07 | | | | 给排水协议 |
| XXGD-SS. 01. 04. 05. 02. 08 | | | | 通信协议 |
| XXGD-SS. 01. 04. 05. 03 | | | 投产检查 | |
| XXGD-SS. 01. 04. 05. 04 | | | 联合调试 | |
| XXGD-SS. 01. 04. 05. 05 | | | 置换投产 | |
| XXGD-SS. 02 | 干线2 | | | |
| …… | …… | | | |
| | 支干线1 | | | |
| | 支干线2 | | | |
| | …… | | | |
| | 支线1 | | | |
| | 支线2 | | | |
| | …… | | | |
| XXGD-YS | 验收阶段 | | | |
| XXGD-YS. 01 | 专项验收 | | | |
| XXGD-YS. 01. 01 | 水土保持工程验收 | | | |
| XXGD-YS. 01. 02 | 环境工程验收 | | | |
| XXGD-YS. 01. 03 | 职业病危害控制效果评价 | | | |
| XXGD-YS. 01. 04 | 安全验收评价 | | | |
| …… | …… | | | |
| XXGD-YS. 02 | 初步验收 | | | |
| XXGD-YS. 03 | 竣工验收 | | | |

注：XXGD—项目编码。

# 第三章 项目核准管理

## 第一节 （预）可行性研究

（预）可行性研究是对建设项目在技术上和经济上（包括微观效益和宏观效益）是否可行进行的科学分析和论证工作，是技术经济的深入论证阶段，为项目决策提供依据。

（预）可行性研究的主要任务是通过多方案比较，提出评价意见，推荐最佳方案。

（预）可行性研究的内容可概括为市场（供需）研究、技术研究和经济研究三项。具体说来，工业项目（预）可行性研究的内容是：项目提出的背景、必要性、经济意义、工作依据与范围，需要预测和拟建规模，资源材料和公用设施情况，建厂条件和厂址方案，环境保护，企业组织定员及培训，实际进度建议，投资估算和资金筹措，社会效益及经济效益。在（预）可行性研究的基础上，编制（预）可行性研究报告。

（预）可行性研究报告经批准后，是初步设计的依据，不得随意修改和变更。如果在建设规模、产品方案、建设地区、主要协作关系等方面有变动以及突破投资控制数时，应经原批准机关同意。

### 一、（预）可行性研究的作用、编制依据及编制原则

1. （预）可行性研究的作用

（1）作为建设项目投资决策的依据。项目投资决策者主要根据（预）可行性研究的评价结果决定一个项目是否应该投资和如何投资。因此，它是投资决策的主要依据。

（2）作为筹集资金向银行申请贷款的依据。银行在接受项目建设贷款申请时，对贷款项目进行分析评估后，确认项目具有偿还能力，不担过大风险

时，才能同意贷款。

（3）项目法人及项目主管部门可依据批准的（预）可行性研究同国内或国外有关组织和生产业主签订项目所需的原材料、能源资源、运输、工程设施、工程发包、水电供应以及资金筹措等意向协议。（预）可行性研究是项目建设单位拟定采用新技术、新设备研制供需采购计划的依据。（预）可行性研究中对拟建项目采用新技术、新设备已进行了（预）可行性分析和论证认为可行的，项目建设单位可依据（预）可行性研究拟定的新技术引进和采购新设备的计划。

（4）（预）可行性研究是编制项目初步设计的依据。初步设计是根据（预）可行性研究对所要建设的项目规划出实际性的建设蓝图，即较详尽地规划出此项目的规模、产品方案、总体布置、工艺流程、设备选型、劳动定员、三废治理、建设工期、投资概算、技术经济指标等内容。并为下一步实施项目设计提出具体操作方案，初步设计不得违背（预）可行性研究已经论证的原则。（预）可行性研究是编制项目初步设计的依据。初步设计是根据（预）可行性研究对所要建设的项目规划出实际性的建设蓝图，即较详尽地规划出此项目的规模、产品方案、总体布置、工艺流程、设备选型、劳动定员、三废治理、建设工期、投资概算、技术经济指标等内容。并为下一步实施项目设计提出具体操作方案，初步设计不得违背（预）可行性研究已经论证的原则。

（5）作为项目采用新技术、新材料、新设备研制计划和补充地形、地质工作和工业性试验的依据。

（6）批准的（预）可行性研究是项目建设单位向国土开发及土地管理部门申请建设用地的依据。因为（预）可行性研究对拟建项目如何合理利用土地的设想提出了办法和措施，国家开发部门和土地管理部门可根据（预）可行性研究具体审查用地计划，办理土地使用手续。

（7）（预）可行性研究为确保项目达到环保标准，提出了治理措施和办法，这些信息可作为环保部门对项目进行环评、具体研究治理措施，签发项目建设许可文件的主要依据。

2.（预）可行性研究的编制依据

（1）国家经济发展的长期规划，部门、地区发展规划，经济建设的方针、任务、产业政策和投资政策。

（2）项目业主的项目委托书或与编制（预）可行性研究报告单位签订的合同。

（3）批准的项目建议书或项目（预）可行性研究和批复文件。

（4）对于长输管道项目应有国家批准的储量资源报告。

（5）有关的自然、地理、水文、地质、经济等基础资料。

（6）石油计字［2001］31号文件《输油管道工程项目可行性研究报告编制规定》、《输气管道工程项目可行性研究报告编制规定》。

（7）有关行业及国家的工程技术、经济方面的规范、标准定额资料。

（8）相关专题研究。根据项目特点，列出涉及（预）可行性研究的某些专题研究报告名称，如天然气物性分析报告等。

（9）相关研究报告。列出与（预）可行性研究相关的研究报告名称，如环境影响评价报告、地震安全性评价报告、地质灾害评价报告、矿产压覆评价报告等。

（10）项目业主与有关方面达成的协议，如投资、原料供应、建设用地、运输方面的初步协议。

3.（预）可行性研究的编制原则

（1）遵循国家、行业有关经济发展规划、工程建设的法律、法规、政策、标准、规范。

（2）遵循健康、安全、环保、节能减排、节约资源的经济（预）可行性原则。

（3）若为区域性的工程，应阐明工程的整体性与系统性原则。

（4）需处理的工程内部和外部、地方和部门关系的原则。

（5）坚持以经济效益为中心的原则。

（6）确定工程技术水平的原则。

（7）确定项目研究中解决特殊技术问题遵循的原则。

（8）确定工程建设体制和管理体制的原则。

## 二、（预）可行性研究工作的组织

1.（预）可行性研究委托与合同签订

项目的（预）可行性研究，一般由项目业主根据工程需要，委托给有资格的咨询服务商或勘察设计服务商承担，并编写（预）可行性研究报告。双方必须签订委托合同。合同中一般包括下列内容：进行该项目（预）可行性研究工作的依据、研究的范围和内容、研究工作的进度和质量、研究费用的支付方法、合同双方的责任、协作方式和关于违约处理的方法等主要内容。

2. 可研工作计划

制定可行性研究工作计划，用来管理和控制可研工作的完成。鉴于工程项目立项阶段的许多不确定因素，致使可研工作存在不确定性，但是主要的、关键性的控制点在计划中是应该明确的；主要的、关键性的控制点可根据工程项目的规模和工程的实际情况确定。可研工作计划应包括如下内容，但不限于此：

（1）管理目标的描述。

（2）范围说明。

（3）进度计划。

（4）质量计划。

（5）预算。

（6）人力资源需求。

（7）风险管理计划。

（8）主要的、关键性的控制点：应提交的必备文件的时间点；线路走向方案的确定；工艺方案的确定；各项专项评价的应用；重大先进技术方案的采用。

（9）变更控制。

（10）其他辅助管理等。

3. 编制单位开展（预）可行性研究工作

编制单位在与项目业主签订合同后，应立即开展相应的工作。

（1）编制单位应尽快掌握（预）可行性研究及其批复文件和有关项目背景资料，明确研究内容，根据项目业主的时间要求制订工作计划，按照批准的工作计划组织实施。

（2）编制单位查阅、收集与项目有关的社会、经济、自然等基础资料，拟定调查提纲，并开展实地调查，必要时进行专题调查、实验和研究，最后整理收集的资料。调查研究主要应从市场和资源两方面进行。长输管道由于点多线长，管道通过的地形地貌复杂，基础设施条件差别较大，因此管线的建设条件也应是现场调查的重要内容之一。

（3）编制单位应根据（预）可行性研究及其批复文件的要求，结合市场和资源调查，在收集到一定基础资料、基础数据的基础上，建立几种可供选择的技术方案和建设方案，进行多角度反复的方案比较后，会同项目业主明确选择方案的重大原则问题和优选标准，推荐最优方案。

（4）经济分析和评价。对所推荐的最优方案做详细的投资估算和财务分析后，得出拟建项目经济上是否合理的结论。

（5）编制（预）可行性研究报告。

### 4. 实施过程控制

按照批准的可研工作计划对可研工作的进度、质量、投资实施控制管理，可研实行周报和月报制度，通过对计划和实际进度情况的对比，进行偏差分析、采取纠偏措施，对存在的问题进行落实解决。定期按照计划检查可行性研究工作的进展情况，组织可行性研究工作协调会，促进可行性研究工作的进展。按时提交可行性研究工作必备的文件，并应有效控制，必备文件应包括：

（1）项目建议书及批复文件。

（2）工程相关的规划及预可研。

（3）环境影响评价大纲及批复文件。

（4）可研任务委托书、有关协议或合同。

（5）长输管道线路走向的起点、终点及相关要求。

（6）相关资源数据。

（7）相关市场数据。

（8）原油、天然气价格。

（9）输送规模。

（10）气体首站进站压力、与用户的交接压力。

（11）运营公司对可行性研究的有关要求。

## 三、（预）可行性研究报告的审查

### 1. 中间方案审查

1）中间方案审查内容

根据建设项目审批权限，在（预）可行性研究报告最终完成之前，应进行中间方案的审查。中间方案审查的内容由项目业主在下达项目委托时确定，一般包括以下内容：

（1）资源与市场分析。

（2）项目建设规模主要技术方案，如线路方案、系统工艺方案、自动化水平、总图、通信等。

（3）专项技术方案。

（4）投资估算与经济评价。

由项目业主根据批准的工作计划中确定的中间方案审查安排，制定审查工作计划，组织方案审查活动。一般采用专家评估会方式进行审查，相关单位参加审查会。专家组审查完毕后，由项目业主负责协调（预）可行性研究勘察设计服务商根据专家审查意见进行修改。

2）线路走向审查内容

长输管道线路的走向是可研报告的重点，因此，在可研过程中应对线路走向方案进行专项审查。线路走向方案的审查应包括以下内容：

（1）线路走向方案。

（2）钢管用管方案。

（3）管道穿跨越方案。

（4）管道敷设方案。

（5）主要工程量。

3）工艺方案审查内容

长输管道的工艺方案是可研报告的重点，因此，在可研过程中应对工艺方案进行专项审查。工艺方案的审查应包括以下内容：

（1）主要工艺参数。

（2）工艺方案。

（3）管道能力分析。

（4）工艺站场。

（5）主要设备选型。

4）专项评价审查内容

专项评价的应用是长输管道建设关注的重点，建设项目的各项专项评价工作在工程可行性研究阶段进行，勘察设计服务商对提交的各项专项评价阶段成果在可研阶段得到应用。应对专项评价在可研报告中的应用进行审查，审查内容包括：

（1）可研报告是否涵盖了该项目专项评价的内容。

（2）可研报告对建设项目的各项专项评价提出的主要危险、危害因素的定量或定性评价的数据成果应在可研报告中得到应用；可研报告采取的技术措施应与各项专项评价中各种存在的危险、危害因素的种类和程度相适应。

针对各项专项评价提出的风险，其对策和措施应明确、具体、可行，需包括以下内容：

（1）建设及场地布置方面的对策措施。

（2）工艺及设备方面的对策措施。

（3）工程设计方面的对策措施。

（4）工程管理方面的对策措施。

（5）事故应急方面的对策措施。

（6）其他综合性措施。

5）新技术、新方法的审查

与以往类似的管道相比，对在建设项目中采用的重大先进技术与手段，应对其进行重点专项审查，审查的内容包括以下几个方面：

（1）与国内外同类项目技术的比较、功能分析、多方案比选、技术论证以及经济评价的充分性。

（2）最终确定的先进技术的功能可靠性和质量、进度的保证性。

（3）建设项目采用新技术的投资效益。

（4）应用价值和推广，其价值在工程建设方面是否大有可为。

## 2.（预）可行性研究报告的初步审查

勘察设计服务商提交的（预）可行性研究报告及附件，其内容、深度应达到编制规定及相关规范的要求。由项目业主组织（或委托）有资格的工程咨询公司或有关专家，对（预）可行性研究报告进行评估，审查项目（预）可行性研究的可靠性、真实性和客观性，并提出评估报告，为建设项目最终评审、决策提供科学依据。（预）可行性研究报告评审主要有以下内容：

（1）审查可研是否是按照批准的项目建议书要求进行的研究。

（2）审查是否总结、结合了石油管道的建设特点、运行经验和以往的建设经验，能否实现管道项目的建设方针和目标。

（3）审查是否能满足可靠、安全、平稳输送，并兼顾日益增长的需求。

（4）审查是否能满足国家总体规划，实现管道系统优化，资源合理配置。

（5）审查是否利用了已有的设施，技术方案是否优化。

（6）审查是否严格执行了国家、行业的有关法律、法规与规范，并参照有关国际标准、规程与规范。

（7）审查是否认真执行了国家安全、职业健康、环境保护的法律、法规，是否做好了项目的风险评估。

（8）审查是否在关键设备引进，保证安全的前提下考虑了优先采用成熟的国产品牌设备和材料，能否逐步实现引进关键设备维护保养本土化。

（9）审查线路是否优化合理。

（10）审查研究成果是否能满足工艺方案要求。

（11）审查通信、自动化水平是否达到项目建议书及建设单位的要求。审查本设计自动化系统建设的必要性、推荐方案及设备选型的论述与比较是否充分合理。

（12）审查节能分析和节能措施是否合理。

（13）审查资金筹措是否合理可行，投资估算是否相对准确，财务评价和财务分析的依据是否充分。

（14）审查国民经济评价及提出的评价结论和建议是否按照管道工程建设项目经济评价方法与参数的有关规定进行。

（15）审查是否全面反映可研过程的意见和项目存在的问题。

（预）可行性研究报告经专家评审后，形成评审意见，需要勘察设计服务商对（预）可行性研究报告完善的内容，由项目业主组织勘察设计服务商进行补充完善，补充完善后，按照（预）可行性研究报告审批流程上报上级决策部门审批。

3.（预）可行性研究报告的审批

通过初步评审的可研报告上报上级主管部门审查，并按照上级主管部门的审查意见组织勘察设计服务商对可行性研究报告进行修改，将修改后的可行性研究报告上报审批部门获得批准。

## 四、（预）可行性研究报告的内容

（预）可行性研究报告的内容包括：

（1）总论。包括编制依据、研究目的和范围、编制原则、遵循的标准规范、总体技术水平、研究结论、存在的问题和建议。

（2）油（气）源。包括油（气）源概况、油品种类和油品（天然气）性质。

（3）市场。包括市场调查、市场分析及预测、油品（天然气）分配及流向。

（4）管道线路。包括线路走向方案、线路走向推荐方案、管道穿跨越、管道防腐线路用管等。

（5）输油（气）工艺。包括工艺参数选择、工艺计算、方案优化、站场设置、主要设备选型等。

（6）配套设施。包括自动控制、供电、通信系统以及其他给排水、消防等公用设施。

（7）节能。包括综合能耗分析、节能措施等。

（8）环保与劳动安全卫生。包括项目的环境影响分析、职业危害分析等。

（9）项目组织机构和定员。包括机构设置、人员的数量和资质等。

（10）项目实施进度安排。包括设计、施工、采购等的时间安排。

（11）项目建设投资估算与资金筹措。包括投资估算的方法及结论、资金来源的途径及资金到位的情况。

（12）项目财务国民经济评价。包括该项目对国民经济的影响，对社会发展的贡献。

（13）（预）可行性研究报告结论与建议。

# 第二节　专项评价

## 一、专项评价的类别

按照国家有关法律和项目主管部门的规定，要求项目在编制可行性研究报告和项目批准（核准）时，应附有相关的专项评价报告，作为编制项目可行性报告和申请报告的依据之一。专项评价报告完成后，还要上报相关主管部门组织审查与评估。专项评价报告的种类包括：地震安全性评价、安全预评价、压覆矿产资源评价、地质灾害危害性评价、职业危害预评价、水土保持评价、河流穿越防洪评价、环境影响评价、文物评价、林业评价、其他评价等。

## 二、专项评价的组织

### 1. 专项评价的选择

按照国家或地方政府所颁布的有关法规，根据石油管道建设行业的特点，各项工程建设项目必需的专项评价工作需随长输管道工程建设项目的立项工作同时展开。应根据长输管道建设项目的特点，针对具体建设项目，按照下述各要素的影响程度有选择地进行所需专项的评价：

（1）工程规模、工程特点、工程性质、能源及资源。

（2）建设项目所在地区的环境特征、自然环境特点、环境敏感程度。

（3）建设项目存在的危险、危害因素的种类和程度。

（4）建设项目所在地区的人群健康状况、主要职业危险、危害因素。

（5）建设项目所在地区矿产、文物与"珍贵"景观、社会经济环境状况等。

（6）重大建设项目、可能发生严重次生灾害的建设项目和位于地震动参数区划分界线两侧各四千米区域内的建设项目。

（7）建设项目所在地区自然灾害的特点、程度。

**2. 专项评价的委托与合同签订**

编制专项评价的咨询服务商的选择可以采取公开招标和邀请招标的方式，参加投标的单位应该是具有相关专项评价（评估）资质的咨询服务商承担，并与之签订书面委托合同。

管道工程建设项目的专项评价工作，应在工程可行性研究阶段进行，项目业主负责编制《专项评价工作计划》，以便对专项评价工作进行控制、管理。

**3. 咨询服务商开展评价工作**

咨询服务商应尽快掌握专项评价工作的范围和有关项目背景资料，明确评价内容，根据项目业主的时间要求制订工作计划；

并编制专项评价大纲报送相关行政主管部门审批。在编制专项评价报告书前，根据勘察设计服务商提供的资料和有关规定进行现场调查，现场调查要依据设计提供的路由、站址及相关资料，对涉及的所需专项评价资料进行详细调查核实，要弄清范围，查有实据。现场调查后，发现项目可能对某一区域、地段的专项评价内容产生较大影响的，应征求当地有关部门的意见，根据具体情况向项目业主提出修改建议，最后编制专项评价报告。

**4. 专项评价报告的评审**

1）初步评审

专项评价专业性很强，针对不同的专项评价报告，初步评审的内容也有所侧重和不同。审查的内容主要有以下几点：

（1）审查专项评价是否按照批准的项目建议书和合同要求进行研究。

（2）审查专项评价是否严格执行了国家、行业的有关法律、法规和规范，并参照国际标准、规程和规范。

（3）审查专项评价是否根据合同的委托，对建设项目存在的各种危险、危害因素的种类和程度，做出定量或定性评价。

（4）审查专项评价是否总结、结合了管道工程项目的建设特点、运行经验和以往管道工程建设经验提出的对策和措施。

（5）审查专项评价各种应对措施是否满足可靠、安全、平稳输送，并兼顾日益增长的需求。

随着社会的发展、科技的进步以及人们对管道工程建设项目经验的积累和认识，专项评价工作得到越来越多的重视和扩展。每个管道工程建设项目的专项评价种类不是唯一不变的，可根据工程项目的实际情况和建设特点进行专项评价的选择。鉴于专项评价的行业性很强，一般各专项评价的评审以专家评审的方式进行。评审的内容可在评审方案中专门规定。

（1）地震安全性评价审查内容。

①根据合同的委托，审查针对建设项目和地区概况，提出的地震安全性评价的技术要求、地震活动环境影响评价、地震地质构造评价、设防烈度或者设计地震动参数、地震地质灾害危险性评估。

②审查地震安全性评价所需费用列入建设项目总投资概算的合理性。

③审查确定的抗震设防要求，数据完整可靠，附图附表齐全，对策措施具体可行，提出了明确的抗震对策和措施（包括建设及场地布置方面的对策措施，工艺及设备方面的对策措施，生产、劳动安全工程设计方面的对策措施，抗震管理方面的对策措施，事故应急方面的对策措施及其他综合性措施）。

（2）安全预评价审查内容。

①审查评价的主要依据是否充分，提出了明确的劳动安全卫生对策措施（包括建设及场地布置方面的对策措施，工艺及设备方面的对策措施，劳动安全卫生工程设计方面的对策措施，劳动安全卫生管理方面的对策措施，事故应急方面的对策措施及其他综合性措施等）。

②审查劳动安全卫生预评价报告书是否做到数据完整可靠，附图附表齐全。

③审查提出的对策措施是否具体可行，对建设项目的主要危险、危害因素是否做出了定量或定性评价；评价结论是否客观公正，建议是否合理可行。

（3）压覆矿产资源评估审查内容。

①审查工程建设项目涉及地区是否压覆矿产资源，且现场调查资料齐全。

②审查建设项目需要压覆的是否是重要矿产资源，是否有压覆区域内的矿产储量报告，其矿产资源储量报告是否需经过储量管理机构评审认定。

（4）地质灾害危险性评估审查内容。

①审查按照基础和方法体系提出的地质灾害风险评估、易损性评估、破坏损失评估和防治工程效益评估，是否针对建设项目所在区域的自然灾害危害程度，对每一种灾害威胁的地理分布和发生间隔及影响程度进行了充分评估。

②审查防灾、减灾工作的基础依据充分、部署科学且措施有效（包括建设及场地布置方面的对策措施，工艺及设备方面的对策措施，生产、劳动安全工程设计方面的对策措施，管理方面的对策措施，事故应急方面的对策措施及其他综合性措施）。

（5）职业病卫生预评价审查内容。

①审查职业卫生评价是否对工程建设项目提出了符合职业卫生要求和职业卫生标准的设计、工艺流程、职业卫生防护设施、防护用品、作业场所危害因素监测指标，包括生产工艺流程、技术原理、施工现场布置、所使用的原料、辅料等，可能产生职业病危害因素名称，防护设备（设施）等。

②审查建设项目中高能加速器、进口放射治疗装置、γ辐照加工装置等大型辐射装置建设项目是否符合卫生部指定的放射防护技术机构出具的职业病防护设施设计技术审查意见。

③审查建设项目职业病危害控制效果评价报告中，建设项目职业病防护设施是否符合竣工验收要求。

（6）水土保持评价审查内容。

①审查水土保持评价是否满足了国家水保工程以治理水土流失、改善农业生产条件和生态环境为目标，人工治理与生态自我修复相结合，促进农村产业结构调整和区域经济社会可持续发展的原则。

②审查水土保持评价与当地经济社会发展规划及相关生态建设工程相结合，是否充分征求建设项目区群众对工程建设内容、组织实施与管护等方面的意见，优化了工程规划设计。

③审查建设项目的水土保持评价符合国家对工程水土保持的检查验收制度，参照此水土评价，进行程序管理，组织项目实施，并能顺利通过国家和地方验收。

（7）河流穿越防洪评价审查内容。

①工程概况。

②符合防洪标准、岸线规划、航运要求等评价。

③管道管理范围内项目建设方案、堤防安全评价、河势稳定评价、评价结论等。

（8）环境影响评价审查内容。

①审查是否根据合同的委托，对建设项目环境现状，现已存在的主要环境质量问题，某些重要的生态破坏现象（建设项目的影响源及污染源状况、位置、数量，污染物的种类、数量和排放浓度与排放量、排放方式等），根据评价中的工程分析结果，做出定量或定性评价。

②审查环境影响的预测和评价结果。结论中是否明确说明了建设项目实施过程中各阶段在不同时期对环境的影响及其评价，特别要说明叠加背景值后的影响。

③审查对环保措施的改进建议。报告书中如有专门章节评述环保措施（包括污染防治措施、环境管理措施、环境监测措施等）时，结论中应有该章节的总结。如报告书中没有专门章节时，在结论中应简单评述拟采用的环保措施。

④审查是否结合环保措施的改进与执行，说明了建设项目在实施过程中的各不同阶段，能否满足环境质量要求的具体情况。

2）审批

通过项目业主组织评审的专项评价报告，由项目业主相关部门上报需要国家、地方省市相关部门审批的专项报告，获得批文。

凡是通过国家及地方省市相关部门审批的专项评价报告，在建设项目的过程中都应执行防治、预防其公害的设施与主体工程同时设计、同时施工、同时投产使用的"三同时"制度。从（预）可研开始，专项评价的应用贯穿工程建设始终。

# 三、专项评价的内容

## 1. 地震安全性评价

地震安全性评价报告应当包括下列内容：

（1）建设项目概况。

（2）建设项目周围环境现状。

（3）地震安全性评价的技术要求。

（4）地震活动环境影响评价。

（5）地震地质构造评价。

（6）设防烈度或者设计地震动参数。

（7）地震地质灾害危险性评估。

（8）其他有关技术资料。

## 2. 安全预评价

安全预评价报告书应包括以下主要内容：

（1）建设项目概况。

（2）建设项目劳动安全卫生预评价的主要依据。

（3）建设项目的主要危险、危害因素及其定量或定性评价。

（4）劳动安全卫生对策措施（包括建设及场地布置方面的对策措施、工艺及设备方面的对策措施、劳动安全卫生工程设计方面的对策措施、劳动安全卫生管理方面的对策措施、事故应急方面的对策措施及其他综合性措施）。

（5）预评价结论和建议。

## 3. 压覆矿产资源评价

压覆矿产资源评估报告主要内容如下：

（1）建设项目概况。

（2）建设项目区地质特征。

（3）压覆矿产资源储量估算。

（4）建设项目压矿经济价值评估。

（5）评估结论。

## 4. 地质灾害危险性评估

报告应包含的主要内容如下：

（1）地质灾害危险性现状评估。基本查明评估区已发生的崩塌、滑坡、泥石流、地面塌陷（含岩溶塌陷和矿山采空塌陷）、地裂缝和地面沉降等灾害形成的地质环境条件、分布、类型、规模、变形活动特征，主要诱发因素与形成机制，对其稳定性进行初步评价。在此基础上对其危险性和对工程危害的范围与程度作出评估。

（2）地质灾害危险性预测评估。对工程建设场地及可能危及工程建设安全的邻近地区可能诱发或加剧的和工程本身可能遭受的地质灾害的危险性作出评估。预测评估必须在对地质环境因素系统分析的基础上，判断降水或人类活动因素等激发下，某一个或一个以上可调节的地质环境因素的变化，导致致灾体处于不稳定状态，预测评估地质灾害的范围、危险性和危害程度。

（3）地质灾害危险性预测评估内容。对工程建设中、建成后可能诱发或加剧崩塌、滑坡、泥石流、地面塌陷、地裂缝和不稳定的高陡边坡变形等的可能性、危险性和危害程度作出预测评估；对建设工程自身可能遭受已存在的崩塌、滑坡、泥石流、地面塌陷、地裂缝、地面沉降等危害隐患和潜在不稳定斜坡变形的可能性、危险性和危害程度作出预测评估；对各种地质灾害危险性预测评估可采用工程地质比拟法、成因历史分析法、层次分析法、数字统计法等定性、半定量的评估方法进行。

（4）地质灾害危险性综合评估。依据地质灾害危险性现状评估和预测评估结果及地质灾害危险性、防治难度及防治效益，对建设场地的适宜性做出评估，提出防治地质灾害的对策、措施和建议。

## 5. 职业病危害预评价

职业病危害预评价报告主要内容如下：

（1）建设项目概况。

（2）建设项目周围环境现状。

（3）职业病危害因素识别。

（4）职业病危害因素评价。

（5）职业病防护措施预评价。

## 6. 水土保持评价

水土保持评价报告应当包括下列内容：

（1）建设项目概况。

（2）建设项目责任范围和周边环境现状。

（3）建设项目区水土流失及水土保持现状。

（4）生产建设中排放废弃固体的数量和可能造成的水土流失及其危害。

（5）水土流失防治初选方案。

（6）水土保持投资估算。

## 7. 环境影响评价

环境影响报告书应当包括下列内容：

（1）建设项目概况。

（2）建设项目周围环境现状。

（3）建设项目对环境可能造成影响的分析、预测和评估。

（4）建设项目环境保护措施及其技术、经济论证。

（5）建设项目对环境影响的经济损益分析。

（6）对建设项目实施环境监测的建议。

（7）环境影响评价的结论。

# 第三节 项目核准

## 一、项目核准概述

国家在 2004 年对投资体制进行了改革，改企业投资项目审批制为核准制和备案制。对企业不使用政府投资资金的建设项目，一律不再实行审批制，政府只对其中的重大项目和限制类项目进行核准，对其他项目实行备案。

### 1. 项目核准制

核准制是指对企业投资建设不使用政府性资金的重大项目和限制类项目不再由政府进行审批。政府只是从维护经济安全、合理开发利用资源、保护生态环境、优化重大布局、保障公共利益、防止出现垄断等方面进行核准。项目的市场前景、经济效益、资金来源和产品技术方案等均由企业自主决策、自担风险，但要依法办理环境保护、土地使用、资源利用、安全生产、城市规划等许可手续。实行核准制的范围和权限，由《政府核准的投资项目目录》作出规定。

### 2. 项目核准的范围

审批类项目范围包括各项预算内投资项目，各类专项建设基金项目，统借国外贷款项目以及属于政府投资的项目。对于政府投资项目，仍按原有审批程序实行审批制。《政府核准的投资项目》目录以内的项目实行核准制。政府投资项目和《政府核准的投资项目目录》以外的总投资在 50 万元以上的企业投资项目实行备案制。

### 3. 企业投资项目核准制与审批制的区别

核准制与审批制的主要区别是：

（1）政府直接管理的企业投资项目数量大幅度减少。核准项目的范围，由《政府核准的投资项目目录》严格限定，并根据变化的情况适时调整。《政府核准的投资项目目录》由国务院投资主管部门会同有关行业主管部门研究提出，报国务院批准后实施。未经国务院批准，各地区、各部门不得擅自增减核准范围。

（2）程序简化。企业投资建设实行核准制的项目，仅须向政府提交"项目申请报告"，而无需报批项目建议书、可行性研究报告和开工报告。

（3）政府管理的角度改变。政府主要从维护经济安全、合理开发利用资源、保护生态环境、优化重大布局、保障公共利益、防止出现垄断等方面进行审查。对于外商投资项目，政府还要从市场准入、资本项目管理等方面进行审查。

4. 项目核准申请报告与可行性研究报告的区别

项目核准申请报告与可行性研究报告在分析论证的角度、包含的内容和发挥的作用等方面，都有着很多区别：

可行性研究报告主要是从微观角度对项目本身的可行性进行分析论证，侧重于项目的内部条件和技术分析，包括市场前景是否看好、投资回报是否理想、技术方案是否合理和先进、资金来源是否落实、项目建设和运行的外部配套条件是否有保障等主要内容，主要作用是帮助投资者进行正确的投资决策、选择科学合理的建设实施方案。

项目核准申请报告主要是从宏观角度对项目的外部影响进行论述，侧重于经济和社会分析，主要包括拟建项目的基本情况和该项目的外部影响，如该项目对国家经济安全、地区重大布局、资源开发利用、生态环境保护、防止行业垄断和保护公共利益等方面会造成哪些有利或不利的影响。项目申请报告是政府对项目进行审查以决定是否允许其投资建设的重要依据。

## 二、项目核准的内容及效力

1. 项目核准的内容

项目核准机关主要根据以下条件对项目进行审核：

（1）符合国家法律法规。

（2）符合国民经济和社会发展规划、行业规划、城市总体规划、产业政策和行业准入标准、土地利用总体规划。

（3）符合国家宏观调控政策。

（4）地区布局合理。

（5）主要产品未对国内、省内市场形成垄断。

（6）未影响国家及区域经济安全。

（7）合理开发并有效利用了资源。

（8）生态环境和自然文化遗产得到有效保护。

（9）未对公众利益，特别是项目建设地的公众利益产生不利影响。

（10）未影响公共安全。

2. 项目核准的效力

项目申报单位凭项目核准机关的核准文件，依法办理城市规划、土地使用、资源利用、安全生产、人防、生产许可、设备进口和减免税确认等手续。

项目核准文件有效期为 2 年，自发布之日起计算。项目在核准文件有效期内未开工建设的，项目单位应在核准文件有效期期满 30 日前向原项目核准机关申请延期，原项目核准机关应在核准文件有效期期满前做出是否准予延期的决定。准予延期的最长期限不得超过一年。项目在有效期内未开工建设，且未提出延期申请的，原项目核准文件自动失效，不得再作为办理有关手续的依据。

经项目核准机关核准的项目，如建设规模、主要建设内容、产品技术方案、建设地点等发生变化，应及时以书面形式向原项目核准机关进行报告。原项目核准机关应根据项目调整的具体情况，出具书面确认意见或重新办理核准手续。

对应向政府申报核准而未申报的项目，或者虽然申报但未经同意的项目，国土资源、城市规划、环保、安全生产监管等部门不得办理相关手续，金融机构不得发放贷款。

# 三、项目核准材料

## 1. 申请报告

具体编制内容主要包括以下八章：

第一章，申报单位及项目概况。

第二章，发展规划、产业政策和行业准入分析。

第三章，资源开发及综合利用分析。

第四章，节能方案分析。

第五章，建设用地、征地拆迁及移民安置分析。

第六章，环境和生态影响分析。

第七章，经济影响分析。

第八章，社会影响分析。

具体编制内容详见《项目申请报告通用文本》。

**2. 核准所需支持性文件**

根据《企业投资项目核准暂行办法》，项目核准主要提供以下三类附件：城市规划意见、土地预审意见、环境影响评价的审批意见。

1）城市规划意见

重大项目的城市规划意见一般分省办理。为加快进程，一般采取先自上而下，再自下而上的方法。具体程序如下：

（1）与管道所经省的省级发改委联系，请省发改委或主管部门召开会议，相关市规划局（或建设局）参加，汇报项目情况，请省发改委或主管部门出具对项目核准的支持性文件或通知。

（2）根据省发改委或主管部门出具对项目核准的支持性文件或通知，与管道所经市发改委联系，请市发改委或主管部门召开会议，相关县规划局（或建设局）参加，汇报项目情况，请市发改委或主管部门出具对项目核准的支持性文件或通知。

（3）分赴沿线各县，向县规划局（或建设局）提交申请出具规划意见的函及县级建设规划预审申请表、省市发改委出具的对项目核准的支持性文件或通知、线路路由走向图，请县规划局（或建设局）审核；各县规划局（或建设局）召集相关部门进行审查，同意后出具城市规划意见（红头文件盖红章），同时上报地市一级规划局（或建设局）。

（4）分赴沿线各地市，向地市一级规划局（或建设局）提交县级城市规划意见以及建设规划预审申请表、市级线路路由走向图，请地市一级规划局（或建设局）审核；各地市规划局（或建设局）召集相关部门进行审查，同意后出具城市规划意见（红头文件盖红章），同时上报省级规划局（或建设局）。

（5）分赴沿线各省，向省规划局（或建设厅）提交建设项目选址意见书申请表、项目建议书批复、项目可研报告、项目概况介绍、项目总体走向图纸（示意图）、平面图和沿线涉及的所有市县出具的城市规划意见（复印件）等资料，由省规划局（或建设厅）出具最终的城市规划意见。

2）土地预审意见

（1）携带相关文件到省国土厅向主管厅长和规划处领导汇报项目基本情况和土地预审申请的准备情况，同时恳请领导就项目用地预审工作进行安排，下发有关文件或专门通知各市、县国土局支持配合。

（2）填报建设用地预审申请表，为县级国土部门提供相关资料。与县国土部门共同进行站场、阀室永久占地、管道临时用地现场勘查、分类并汇总，依据现场勘查的情况与当地国土部门土地利用现状进行比对，按照该县土地总体规划图比对线路站场占用情况绘制项目土地利用平面图。

（3）县国土局编写土地利用总体规划调整方案（建设用地指标调整方案、补充耕地方案、补划基本农田方案）建设项目对土地利用规划实施影响的评估报告。召开项目拟占用土地相关村、乡的土地利用规划修改听证会，形成听证会会议纪要。

（4）县级国土部门根据听证会纪要和其他材料在用地预审申请书上盖章（或对用地预审出具意见），上报地、市级土地管理部门。

（5）将取得的县级审查表及审查意见，以及其他材料报送地、市国土部门。地、市国土部门组织对材料进行审查，并在用地预审申请表上盖章（出具项目用地的审查意见），也可由地市召开规划修改听证会，并出具会议纪要。

（6）编制省项目用地土地利用规划实施评估报告，同时将已经取得的所有材料上报省国土厅，省国土厅对上报的各种材料进行审核。

（7）省国土厅组织专家召开评审会并取得专家评审意见。省国土厅出具建设项目用地预审意见。

（8）将各省取得的所有材料上报国土资源部政务大厅，政务大厅转规划司进入审批程序。征求其他司、局意见，并基本获得通过后，上报部长会审会讨论，通过后由规划司最后办理批复文件。

（9）所需材料有：关于项目建设用地预审的请示；涉及的可研报告；该段1∶50000线路走向图；永久用地平面图；1∶50000线路走向总图；环评报告；相关发改委文件；建设项目选址意见书；矿产压覆报告；地质灾害报告；土地占用情况表；各省获取的地方回函。

3）环境影响评价的审批意见

（1）建设单位向管道沿线的省级环境保护行政主管部门行文，提出技术审查和审批要求，并提交环境影响评价文件报批申请文件、环境影响报告书（表）和按照法律法规需提交的其他文件。

（2）对于大型建设项目和环境敏感的建设项目，评价单位在编制环境影响报告书前，应编制环境影响评价大纲，请建设项目环境影响评估中心进行技术咨询。

（3）省级环境保护行政主管部门在收到申请后委托建设项目环境影响评估中心进行审查。环境影响报告书（表）的技术审查会后，根据专家意见确定项目是否符合环境保护要求，并由评估中心写出评估报告，由省级环境保护行政主管部门批复。

## 四、项目申请报告的编制及内容

根据国家发展和改革委员会关于《政府核准的投资项目目录》（2004 年本）的规定：跨省（区、市）输油干线管网（不含油田集输管网）项目、跨省（区、市）输气管网（不含油气田集输管网）或年输气能力 5 亿立方米及以上项目，需编制项目申请报告，报国务院投资主管部门核准，其余项目报省级政府投资主管部门核准。

项目申请报告应由具备相应工程咨询资格的机构编制，其中由国务院投资主管部门核准的项目，其项目申请报告应由具备甲级工程咨询资格的机构编制，原则上委托可研编制单位在可行性研究报告编制完成后进行。项目申请报告编制执行《国家发展改革委关于发布项目申请报告通用文本的通知》的规定，主要包括以下内容：

（1）项目申报单位情况。

（2）拟建项目情况。

（3）建设用地与相关规划。

（4）资源利用和能源耗用分析。

（5）生态环境影响分析。

（6）经济和社会效果分析。

（7）项目业主在向项目核准机关报送申请报告时，需根据国家法律法规的规定附送以下文件：

①城市规划行政主管部门出具的城市规划意见

②国土资源行政主管部门出具的项目用地预审意见

③环境保护行政主管部门出具的环境影响评价文件的审批意见

④根据有关法律法规应提交的其他文件。

## 五、项目核准的程序

管道工程建设项目核准的基本程序如下：

（1）项目业主根据项目特点委托满足国家规定资质的咨询单位编制项目申请报告，报告完成后经由项目业主提交相关政府部门审批。

（2）项目核准机关如认为申报材料不齐全或者不符合有关要求，项目业主应按要求进行澄清、补充相关情况和文件，或对相关内容进行调整。

（3）项目核准机关在受理核准申请后，如有必要，会委托有资格的咨询机构进行评估，项目业主应配合接受委托的咨询单位做好评估工作。

（4）核准完成后，对同意核准的项目，项目核准机关向项目业主出具项目核准文件；对不同意核准的项目，出具不予核准决定书，说明不予核准的理由。经国务院核准同意的项目，由国务院投资主管部门出具项目核准文件。

（5）接收到核准文件后项目业主可以依据项目核准文件，依法办理土地使用、资源利用、城市规划、安全生产、设备进口和减免税确认等手续。

（6）对项目核准机关的核准决定有异议的，可依法提出行政复议或行政诉讼。

# 第四章 初步设计管理

## 第一节 初步设计概述

　　建设工程设计是工程建设的灵魂，是建设项目投资人投资目标的体现。建设工程设计的技术水平和设计质量，决定了建设项目的功能、财务效益和经济效益、社会效益和环境效益。建设工程设计对工程建设的质量、进度和投资控制，对建设项目的成败起着关键作用。

　　初步设计是根据可行性研究报告的要求所做的具体实施方案，目的是为了阐明在指定的地点、时间和投资控制数额内，拟建项目在技术上的可能性和经济上的合理性，并通过对工程项目所作出的基本技术经济规定，编制项目总概算。

　　初步设计不得随意改变被批准的可行性研究报告所确定的建设规模、产品方案、工程标准、建设地址和总投资等控制指标。如果初步设计提出的总概算超过可行性研究报告总投资的 10% 以上或其他主要指标需要变更时，应说明原因和计算依据，并报可行性研究报告原审批单位同意。

### 一、初步设计的概念及作用

　　初步设计是根据批准的可行性研究报告或设计任务书确定的建设项目设计原则、设计标准、设计方案和重大技术方案，而编制的初步设计文件。初步设计文件由设计说明书（包括设计总说明和各专业的设计说明书）、设计图纸、主要设备及材料表和工程概算书等四部分内容组成。

　　管道工程设计一般分为方案设计、初步设计和施工图设计三个阶段。根据工程项目建设规模、技术的复杂程度不同，初步设计可作调整。对于技术复杂或缺乏设计经验的重大项目，经主管部门同意，可在施工图设计之前增加技术设计；技术简单的小型项目在方案设计确定后，可以直接进入施工图设计。

在初步设计阶段，各专业应对本专业内容的设计方案或重大技术问题的解决方案进行综合技术经济分析，论证技术上的适用性、可靠性和经济上的合理性，并将其主要内容写进本专业初步设计说明书中。

初步设计是建设项目设计的一个中间阶段，设计深度介于方案与施工图之间，起着承上启下的作用。初步设计成果是在方案设计基础上的细化，经主管部门批准的初步设计是开展施工图设计的依据；进行主要设备、大宗材料订货，进行施工准备的依据；是编制固定资产投资计划、签订工程承包合同的依据。

## 二、初步设计的编制依据

（1）批准的可行性研究报告（或方案设计）及批复文件。

（2）地震安全性评价报告及批复文件。

（3）安全预评价报告及批复文件。

（4）地质灾害危险性评价报告及批复文件。

（5）职业病危害评价报告及批复文件。

（6）水土保持方案预评价报告及批复文件。

（7）河流穿越防洪评价报告及批复文件。

（8）环境影响评价报告及批复文件。

（9）设计任务书、委托书及设计合同。

（10）技术引进合同。

（11）基础设计文件（包括供水、供电、通信、交通运输及线路路由、站场选址协议和用地规划许可）。

（12）业主主持的关于项目设计要求或设计意见的会议纪要及其他有关重要文件。

## 三、初步设计的原则

应根据国家有关方针、政策、规定和要求，结合建设项目的具体情况，说明本建设项目中所遵循的设计原则。主要有：

（1）遵循国家、行业及地方有关的法律、法规、政策、标准及规范。

（2）确定本建设项目的技术水平及自动化程度。

（3）根据建设项目的要求在工程建设中尽可能利用现有的设施，提高经济效益。

（4）结合国情采用可靠的新技术、新工艺、新设备、新结构核心的管理体制。

（5）采用高效节能设备，优先采用国内成熟的技术。

（6）按国家规定搞好环境保护、安全卫生、节约投资和用地、节约运行费用等。

## 四、初步设计阶段管理的主要内容

初步设计管理要进行初步设计全过程管理，主要有四个方面内容：

（1）对设计单位的管理，包括选择设计单位，签订委托合同，协调各设计单位之间的工作，控制工程的投资、进度和总体质量水平，监督设计进度和审查设计深度等内容。

（2）设计所需的自然环境等资料，是由不同科研、勘察、评价、咨询等单位完成的，业主应对这些单位进行管理，并按设计要求提供相应资料。

（3）设计所需的外部协作条件是分属不同主管部门管理的，如规划、国土、交通、河务、电力、通信、林业等，业主要在取得外部协作单位有关协议后，转交设计单位，若委托设计单位协助办理的，业主要提供支持。

（4）设计文件的上报和审批，需要通过业主自己审批和相关政府主管部门的审批（规划、国土、消防、环保等），并取得相应许可证和手续。

# 第二节 初步设计的内容及要求

管道建设项目的初步设计应严格执行国家、行业、企业和国际的相关规程、规范和标准，符合国家及主管部门有关管道建设的方针和政策，依据经过批准的项目可行性研究报告和国家批准的核准报告。初步设计文件的内容和深度在完全满足《石油天然气工程初步设计内容规范第 2 部分：管道工程》SY/T 0082.2—2006 基本要求上，应达到合同规定的设计要求。在合同约定的范围内，所需建设的各单项工程、单位工程及分部工程应考虑齐全；主要技术方案经过比选确定；应确定各专业主要设备的选型和主要材料的选择；设计概算投资应在批准的投资计划范围内。

# 一、初步设计的内容

初步设计文件由技术文件和概算文件组成。

（1）技术文件包括（但不限于）：

①总说明书；

②专项报告；

③专篇；

④计算书（内部存档）；

⑤主要工程量清单汇总表；

⑥设备和材料的汇总表；

⑦主要设备和材料的技术规格书及数据单；

⑧图纸。

（2）概算文件包括（但不限于）：

①概算说明书；

②总概算书；

③单项工程概算书；

④单位工程概算书。

初步设计的总说明书应包括：设计依据、设计原则、设计遵循的标准规范、设计范围、设计分工（联合设计）、初步设计文件构成清单、工程概况、主要工程量及技术经济指标、对可行性研究报告的变更说明、存在的主要问题；输送工艺系统、管道线路工程、站场工艺、防腐、保温及阴极保护、自动控制与仪表工程、供配电工程、通信系统、公用工程及机械设备等的设计方案、基本流程、设备选型等；抗震设防、消防、环保、劳动（职业）保护、节能等设计指标的设定和主要措施；站场总图征地面积、站内建筑设计指标、原则和标准设定；内外装修与绿化标准、设备、电气系统标准及用量；初步设计总说明应按照《石油天然气工程初步设计内容规范第 2 部分：管道部分》SY/T 0082.2—2006 的要求编写。

专项报告根据初步设计委托或合同规定，独立成册，文件应包括（但不限于）：输送工艺系统分析报告；主要设备选型专题报告（泵及压缩机组）；管道线路路由比选报告；大型穿跨越（含隧道）设计方案比选报告；

通信与 SCADA 系统专项报告；水土保持方案设计；特殊地区的设计方案专项报告。

初步设计专篇根据国家有关规定独立编制成册，文件应包括（但不限于）：节能专篇；消防专篇；环境保护专篇；劳动（职业）安全卫生专篇；安全专篇；初步设计计算书。其中的初步设计计算书主要包括：各专业根据国家强制性标准规定的必须进行计算、涉及管道安全输送并能够证明本专业设计正确的所有计算。

初步设计计算书可不作为初步设计上报文件的组成部分，但应作为初步设计的支持性文件在设计单位内部存档，供初步设计审查或质量验证之用；初步设计中需要计算的计算书目录清单应在设计单位负责编制的初步设计工作计划中列出，并得到业主的认可。

初步设计计算书的内容应包括（但不限于）：计算对象名称；计算目标；计算条件和依据；计算模型（公式）；计算工具（软件名称、版本号、软件开发商）；计算结果及验证。

初步设计技术规格书应按照设计委托书或合同的要求进行，技术规格书的格式应得到业主的认可，设备与材料技术规格书包括技术规格书和数据表，以满足设备与材料采购的需要。

图纸除表达系统或概要外，还应根据各专业的实际情况，按照标段或站场分别表述，个别部位应有具体的量化表述，工程量表、设备材料汇总表除有总量外，还应按照设计标段、各站场、各专业分别统计。

## 二、初步设计的要求

完成的初步设计应满足以下要求（但不限于）：

（1）工程总承包（EPC）招标文件的编制。

（2）确定土地征用和建构（筑）物拆迁范围。

（3）开展长周期设备和大宗材料的订货。

（4）作为施工图设计的依据。

（5）建设项目投资控制的需要。

（6）施工组织设计编制的需要。

（7）施工准备和生产准备的需要。

（8）合同规定的其他要求。

# 第三节　初步设计的管理过程

管道工程初步设计管理以合同要求为基础进行全过程地管理。做到先有计划与执行程序，按计划和程序进行管理工作。以管道完整性管理的思想贯穿初步设计全过程，通过在初步设计阶段风险识别和风险评价引入，对项目全寿命周期风险进行管理，专项评估在初步设计中的落实，在项目早期就形成系统的项目风险管理机制。按项目管理要素进行管理，通过合同方式规范初步设计服务商的行为，保证交付的初步设计文件符合项目业主的要求。

## 一、初步设计阶段管理重点

（1）设计单位资格、业绩管理，建立管道工程设计管理数据库，按资质要求记录相关人员及勘察设计服务单位情况，并对其进行量化考核，为选择合格初步设计单位做好准备。

（2）初步设计计划管理，合理地设计计划安排，以保证初步设计的顺利进行。

（3）统一的设计程序要求，保证不同的设计服务单位按照规定的设计程序进行工作，有利于管道工程项目的高效管理并满足设计文件质量控制的要求。

（4）专项评价内容在初步设计文件中的充分落实。

（5）按照合同要求及时提供所需的外部协作条件。

（6）关键里程碑点，检查方案完成情况。

（7）把握设计审查：包括中间审查、专项审查、初步审查和最终审查，保证设计文件质量。

## 二、设计程序

设计程序应包括但不限于以下内容：

（1）业主项目管理团队批准设计计划。

（2）设计前准备及开工会。

（3）现场初勘与收集资料。

（4）设计审查。

（5）编制设计文件。

（6）设计文件校审及业主批准和版次控制。

（7）设计文件存档、出版。

# 三、初步设计过程管理

## 1. 制定初步设计工作计划

业主项目管理团队在初步设计开始前，编制初步设计工作计划，按批准的初步设计工作计划组织初步设计工作。初步设计工作计划包括以下内容：

（1）项目概况。

（2）设计依据。

（3）初步设计阶段工作范围：包括初步设计的工作范围、初步设计阶段拟进行的专项评估内容，以及初步设计阶段的管理工作。

（4）设计服务单位的选择：包括选择方式、项目对初步设计服务单位的要求等。

（5）工作进度计划：包括初步设计主要方案确定时间的要求。

（6）初步设计中间审查、专项审查和初步审查的要求（时间、内容）。

（7）初步设计进度报告要求。

（8）与初步设计服务单位的协调：包括业主要提供资料的内容、进度款的支付、与各专业代表的信息沟通、项目会议等要求。

（9）设计费用估算。

（10）风险分析与措施。

## 2. 勘察设计服务单位选择

初步设计服务单位的选择方式通常包括非招标直接委托和招标选择两种方式。非招标直接委托适用于比较大型、复杂、采用新技术比较多的项目，和项目初步设计工期要求比较紧的项目。可以根据可行性研究工作情况，直接选择项目可行性研究服务商（具备初步设计资质、能力）或其他设计服务单位进行初步设计工作，经协商直接签订合同。

用招标方式选择初步设计服务单位时，按照《招投标管理办法》执行。

### 3. 审批初步设计计划

合同生效后召开初步设计开工会，标志初步设计工作开始。并按照计划规定时间提供进行初步设计的依据性文件并办理初步设计所需的有关地方政府、行业报建手续和相关手续，保证初步设计的进度。勘察设计服务单位要提交初步设计计划，勘察设计服务单位按照批准的初步设计计划进行工作，按照计划规定定期（一般按照周、月）报告初步设计进展情况、存在的问题、需要业主协调的工作。初步设计计划应包括但不限于以下内容：

（1）设计依据。

（2）设计范围。

（3）初步设计的内容和要求。

（4）初步设计采用的标准和规范。

（5）设计人力和资源。

（6）设计执行的程序。

（7）设计进度安排：包括现场调研安排、主要方案确定时间点，中间审查、专项审查、成果文件提交时间。

（8）初步设计文件要求。

（9）沟通和报告的方式。

### 4. 设计实施

（1）设计单位应严格按照批准的设计计划及质量方针与质量管理体系等要求编制设计文件，满足计划的控制要求。

（2）设计工作应按设计计划与采购、评估、施工等进行有序的衔接并处理好接口关系。

（3）编制设计文件时，应满足编制施工招标文件、主要设备材料订货等的需要。完成的设计文件应满足初步设计深度要求的相关规定。

（4）设计经理应组织检查设计计划的情况，分析进度偏差，制定纠偏措施。设计进度的主要控制点应包括但不限于以下内容：

①设计各专业间的条件关系及其进度；

②关键设备和材料的采办文件提交时间；

③进度关键线路上的设计文件提交时间；

④设计工作结束时间。

（5）在全过程管理基础上，对关键里程碑做重点检查。主要检查可交付成果是否满足合同要求。

（6）根据国家和行业有关初步设计文件深度的规定要求，精心组织各专业人员同步进行设计文件的编制工作，及时协调解决专业间的问题，确保整个工程设计文件内容的完备与统一。

（7）业主项目管理团队与勘察设计服务单位都要建立专门的文件控制制度和文件控制人员。在整个管理过程中对所有可交付成果文件和过程文件进行编号存档。

## 5. 设计的控制

在初步设计进行过程中，项目业主相关专业人员要参加初步设计的主要线路踏勘、主要站场选址调研，主要设计方案的讨论，及时掌握设计进行情况。按照项目具体规模、复杂程度确定是否进行初步设计中间方案审查、专项方案审查，或采用分段审查方式。对勘察设计服务单位在设计过程中是否按照设计程序执行的检查可根据项目的具体情况采用项目（分）部抽查、聘请咨询公司进行检查或请第三方机构审核等。设计控制过程中要对以下几方面加强管理：

（1）要注意各项专题评价在初步设计中的落实，按照计划的时间要求及时提供给初步设计服务商相关的专题评价结果。

（2）要注意在确定与运行关系密切的方案时，应多听取运行单位的意见。

（3）在初步设计过程中充分考虑管道完整性管理的要求和数据库的建立与提供。

（4）设计文件编制过程中按照设置的主要控制点实施检查控制。

## 6. 初步设计阶段专项研究

管道工程初步设计阶段一般需要进行的专项研究有 HAZOP 分析和 HACON 研究。

### 1）HAZOP 分析

HAZOP 分析分为危险性研究和可操作性研究，即系统地、详细地对设计方案中的工艺流程和操作维修进行研究，以确保设计能满足安全性和可操作性的要求。通过操作过程各种参数变化分析，来研究工艺流程和控制能否满足安全生产方面的要求，是"劳动安全卫生"许可的重要补充。

HAZOP 审查要用一套指导文件对工艺设计进行系统而有重点的检查，来评估误操作和单台设备有故障时潜在的危险，以及对整个工程设施造成的后果。HAZOP 审查的目的是要识别正常和非正常操作过程中潜在的危险，以确保操作安全。

HAZOP 审查组织由设计服务单位项目经理或业主组织、设计人员、监理单位等参加。

2）HACON 研究

HACON 分析为施工危害性研究，即在设计中研究施工的危害性和施工的可行性，以降低施工中的风险。如施工中要进行：动火作业、高空作业、水下作业、高温作业、带电作业、地质灾害发生中的施工和爆炸作业等。

设计服务单位具体执行 HACON 研究，通过初步设计阶段 HACON 研究，把识别出的危害消除在设计阶段，以确保施工工程中的安全。设计阶段 HACON 研究由设计承包商组织研究，业主、监理及有关人员参加。

7. 初步设计文件的验收

初步设计文件验收应具备的条件：

（1）设计依据文件齐全。

（2）专业单项审查全部完成并形成正式报告。

（3）各专篇上报相关管理部门获得批准。

（4）全部初步设计文件经过审查达到交付版。

（5）设计概算经过审查在规定范围内。

## 四、初步设计管理中的控制点

1. 初步设计管理中功能性的控制点

（1）站场线路的建设规模，包括年输量、最小起输量、最大输量等满足可行性研究报告及其批复文件的要求。

（2）输送方案、线路走向、穿跨越、自控方案、管材保温、防腐、电力、通信等方案设计合理，有方案比选、推荐方案可行。

（3）工艺流程灵活可靠、满足输送生产要求，主要设备选型技术先进，经济合理，符合国情，引进设备理由充分；主要工艺技术指标达到国内同类型管道工程先进水平。

（4）站场总平面布置充分利用自然条件，输送生产各项功能分区明确。总图布置、站场内道路、预留场地、竖向设计、生产区与生活区布置等符合国家和石油天然气行业规范、标准的要求。

（5）贯彻"以防为主，防治结合，综合治理"的方针，采用先进适用的技术装备，使污染物尽可能在输送生产过程中清除。经过综合治理和利用，最终排出的污染物符合规定的排放标准。

（6）总图布置、站场建筑、管网布置、环境设计适用美观、反映时代精神。

（7）建筑物、构筑物的形式与结构满足生产与辅助生产各种功能的要求。

（8）建（构）筑物设计采用的自然条件数据，如风（雪）荷载、地下水位、雨量、日照参数、湿度、地耐力等数值，取值正确。

（9）对有防腐蚀、防爆、低温、恒温、恒湿及其他特殊要求的厂房、车间和用房，在建筑、结构和处理措施上能满足生产要求。

（10）建筑标准（建筑物特征、耐火等级和建筑装修标准）的选用恰当。

（11）生产、生活给水的水量、水质、水压、水温符合生产生活要求。

（12）消防用水的水量、水压设计正确。

（13）排水设施能保障生产废水和生活污水排放畅通。

（14）变电、配电、供电、照明、防雷、防静电、接地及其他安全用电要求，设计正确。

（15）冷（热）负荷、冷（热）平衡计算正确。设备选型、台数的确定、制冷（供热）方式设计正确，制冷（供热）系统、制冷（热源）参数及管道输送系统的设计满足生产要求。给水及凝结水回水系统、排污系统的设计合理。烟囱高度的确定及烟气净化措施符合要求。除渣及软化水系统的设计正确。

（16）通风、空调、恒温、恒湿设计满足生产要求。

（17）自动控制及测量仪表方案选择正确。

（18）机修、维修车间的设备选型、维修能力与生产系统的设计相适应。

（19）易燃、易爆、易腐蚀及有毒品的存放设施的设计符合有关规定，并有防护措施。

（20）设计文件完整、清楚、计算正确，内容、深度满足"合同"要求。

2. 初步设计管理中安全性的控制点

（1）准确确定地震烈度、设防标准，正确地选择设防方案。

（2）防洪、防雷、防风、防台风、防冻设施的设计符合有关标准规定和工程要求。

（3）所在地区的实际情况。

（4）消防设施及配套工程满足工程环境、自然条件及消防规范的要求。

（5）管道内超压、超温自动泄压排放设施，紧急事故停机、防止误操作设施。

（6）产生尘、毒、有害气体部位防护措施有效。

（7）主要污染物经综合利用与治理后，能达到国家和当地规定的排放标准。

（8）建设过程中引起的生态变化，能根据影响程度采取相应的防范措施。

（9）输送管道、站场设备、辅助生产设施、建（构）筑物等设计的安全度应正确。

（10）建设工程可接受的风险限制，在法律、条例、规章、标准中都有规定，工程设计文件必须阐明本项工程设计遵循的涉及安全性的社会要求。

（11）合同规定有特殊的安全性要求时，应满足合同规定的要求。

**3. 初步设计管理中经济性的控制点**

（1）设计确定的线路走向、输送方案，自动控制水平、工艺流程技术先进、安全可靠，经济合理，并进行了多方案比选。

（2）设计确定的能耗、机（泵）效，制冷效果指标达到或接近国内先进指标。

（3）主要设备选型、材料选择满足工艺要求，技术先进、适用，性能价格比较合理。引进设备符合国情。

（4）站场布置、特殊技术措施，防腐、保温等符合实际。

（5）设计概算无漏项，准确反映工程项目的设计内容。设计概算的编制应符合国家、有关部委和地方政府的文件规定。

（6）当进行技术经济评价时，应按国家建设部有关《建设项目经济评价方法与参数》和有关部门的规定进行编制，有关经济指标应计算齐全、准确。

**4. 初步设计管理中可信性的控制点**

（1）初步设计内容应描述工程竣工投产后，主要输送生产及配套设施、设备、动力等在任一随机时刻处于可工作、可使用状态的程度。

（2）在规定的条件和时间内，输送生产工程和各公司设施、配套工程的各种功能都能实现，按期达到设计能力。

（3）与输送生产工程配套的公用设计的功能、规模和能力同期完成。

（4）设计依据充分，基础资料准确齐全、投资计算正确，技术经济分析充分、客观。

（5）没有选用国家、部委已公布淘汰的机电产品。

（6）环保和综合利用做到同时设计，同时施工，同时投产。

（7）客观地分析建设项目存在的问题，并提出解决的建议。

5. 初步设计管理中可实施性的控制点

（1）设计考虑了施工能力和安装水平。

（2）对施工、安装、制作单位的合理期望，设计文件有明确的交待。

（3）项目实施进度符合客观实际。

6. 初步设计管理中适应性的控制点

（1）设计考虑了今后的发展、改建、扩建的可能性。

（2）对各专业出现的问题进行了综合处置，经多方案比选提出了最佳方案。

7. 初步设计管理中时间性的控制点

（1）按合同规定的时间交付初步设计文件。

（2）项目实施进度建议满足业主的合理要求。

（3）要按计划安排日程，各专业按时完成文字资料和图纸，并及时送审。

# 第四节　初步设计的审查

## 一、初步设计审查的组织

对初步设计文件的审查，由项目业主有关部门组织，验收设计服务单位提交的初步设计文件，确认是否具备初步设计审查条件，对具备审查条件的初步设计文件，拟定初步设计文件审查计划，包括初步设计审查会时间、地点的安排，参加审查会的单位、人员以及专家组成员，报主管部门批准后实施。根据初步设计内容的复杂程度，可以采用集中评审或分组评审方式。

## 二、初步设计的审查内容

初步设计文件完成后，项目业主制定审查计划，并根据实际情况在评审计划中明确评审要求、时间安排和参加人员。审查可以采取综合会议审查或分专业审查的方式，审查完毕，审查组长将意见汇总，编制初审意见，监督检查设计服务单位对照审查意见进行相应的修改工作。若对初步设计文件有重大修改或较多补充，修改后还要进行复审。初步设计文件审查包括初步设计文件技术审查和初步设计概算审查两方面的内容。

1. 初步设计文件技术审查内容

（1）设计是否符合国家有关工程建设的方针政策、法令法规、技术政策和现行技术标准、规范；是否符合合同要求。

（2）是否符合国家核准或行业批准的可行性研究报告。

（3）文件资料是否齐全，包括防火、环保、安全、劳动（职业）安全卫生等专篇，设计内容和设计深度是否达到规定要求。

（4）设计所采用的基础资料和基础数据是否准确、可靠，符合实际。

（5）建设规模和工艺方案、工艺流程是否合理。

（6）线路走向、线路工程是否合理，三穿方案是否合理，是否符合专题评价要求。

（7）总平面布置、厂（站）址选择是否合理，占地面积是否符合国家有关规定。

（8）主要设备选型及材料选用是否符合规范、标准要求，能否满足订货需求，需要引进设备、材料清单是否符合要求。

（9）公用工程、辅助工程设计方案设置是否合理，是否满足工艺要求。

（10）建设工程是否配套，综合利用、三废治理、环境保护、职业卫生、防雷接地、节能降耗是否符合规范要求，各种外部协作条件是否落实，是否落实了专题评价要求。

（11）HSE审查，审查工艺流程及控制方案危险性和可操作性分析情况是否满足专题评价要求，平面布置是否满足安全生产和安全维护标准，施工危害性研究是否能确保施工安全。

（12）技术水平、主要技术经济指标是否先进、符合国情。

（13）各专业工程量清单是否齐全，初步设计说明工作范围是否清晰明确，能否满足编制招标文件的需要。

（14）总定员、岗位定员设置是否合理，是否能够满足运营要求。

（15）初步设计文件的编制及出版质量是否符合要求。

2. 初步设计概算审查内容

（1）定额套用及取费是否合理准确。

（2）工程量计算是否准确。

（3）概算投资中各类费用的计列是否齐全，符合规定。

（4）建设用地赔偿标准选取是否合理，主要设备、材料价格选取是否合理。

（5）概算有无超标准、超规模，高估算，是否超过可研估算10%以上。

## 三、初步设计的审批

项目业主组织设计服务单位参加初步设计审批机关组织的初步设计审查会，按照审查意见组织设计服务单位对照评审意见进行初步设计文件修改，完成后，再次进行上报，获得批准。报审初步设计文件时应提交下列文件和资料：

（1）初步设计审查申请文件及预审意见。

（2）依据预审意见修改后的初步设计文件及概算。以下文件应作为初步设计文件的一部分：

①可行性研究报告批复文件；

②设计单位资质证书复印件；

③供水、供电、供气、用地等外部协议文件；

④需引进的设备、材料清单汇总表（单列）；

⑤环境影响评价报告批复文件；

⑥劳动安全卫生预评价报告批复文件；

⑦水土保持方案报告批复文件；

⑧地震安全性评价报告批复文件；

⑨地质灾害危险性评价报告批复文件。

# 第五章　招投标管理

## 第一节　招投标管理概述

### 一、招标范围和招标方式

1. 招标范围

按规定满足以下条件项目的勘察、设计、施工、监理以及与工程建设有关的重要设备、材料等的采购应进行招标。

1）投资类型

（1）大型基础设施、公用事业等关系社会公共利益、公众安全的项目。

（2）全部或者部分使用国有资金投资或者国家融资的项目。

（3）使用国际组织或者外国政府资金的项目。

上述建设工程项目的具体范围和标准，在原国家计委 2000 年 5 月 1 日第 3 号令《工程建设项目招标范围和规模标准规定》中有明确的规定。

2）金额限制

（1）施工单项合同估算价在人民币 200 万元以上的。

（2）重要设备、材料等货物的采购，单项合同估算价在人民币 100 万元以上的。

（3）勘察、设计、监理等服务的采购，单项合同估算价在人民币 50 万元以上的。

（4）单项合同估算价低于第（1）、（2）、（3）项规定的标准，但项目总投资额在人民币 3000 万元以上的。

2. 招标方式

《中华人民共和国招标投标法》规定，招标分公开招标和邀请招标两种方式。

1）公开招标

公开招标亦称无限竞争招标，是指招标人以招标公告的方式邀请不特定的法人或者其他组织投标。按规定应该招标的建设工程项目，一般应采用公开招标的方式。

公开招标方式的优点是：招标人有较大的选择范围，可在众多的投标人中选择报价合理、工期较短、技术可靠、资信良好的中标人。缺点是：资格审查和评标的工作量比较大，耗时长、费用高。因而此类招标方式主要适用于投资额度大，工艺、结构复杂的较大型工程建设项目。

2）邀请招标

邀请招标亦称有限竞争性招标，是指招标人以投标邀请书的方式邀请特定的法人或者其他组织投标。为了保护公共利益，避免邀请招标方式被滥用，按规定应该招标的建设工程项目，一般应采用公开招标，如果采用邀请招标，需经过批准。

邀请招标方式的优点是：目标集中，招标的组织工作较容易，工作量较小。缺点是：由于参加的投标人较少，竞争性较差，使招标人对投标人的选择余地较小，如果招标人在选择邀请单位前所掌握的信息资料不足，则会失去发现最适合承担该项目的承包商的机会。

3. 自行招标与委托招标

（1）招标人可以自行办理招标事宜，也可以委托招标代理机构代为办理招标事宜。

（2）招标人自行办理招标事宜，应当具有编制招标文件和组织评标的能力。

（3）招标人不具备自行招标能力的，必须委托具备相应资质的招标代理机构代为办理招标事宜。

（4）工程招标代理机构资格分为甲级、乙级和暂定级。甲级工程招标代理机构可以承担各类工程的招标代理业务。乙级工程招标代理机构只能承担工程总投资1亿元人民币以下的工程招标代理业务。暂定级工程招标代理机构，只能承担工程总投资6000万元人民币以下的工程招标代理业务。

## 二、招投标的程序和要求

1. 招投标工作程序

招投标工作程序见图5-1。

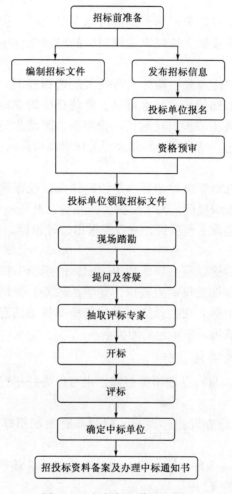

图 5-1　招投标工作流程图

## 2. 招投标工作要求

### 1）招标信息

招标人采用公开招标方式的，应当发布招标公告，依法必须进行招标项目招标公告的，应当通过国家指定的报刊、信息网络或者其他媒介发布。

招标人采用邀请招标方式，应当向三个以上具备承担招标项目能力、资信良好的特定的法人或者其他组织发出投标邀请书。

招标公告或投标邀请书应当载明招标人的名称和地址，招标项目的性质、数量、实施地点和时间以及获取招标文件的办法等事项。

2）资格预审

招标人可以根据招标项目本身的要求，在招标公告或者投标邀请书中，要求潜在投标人提供有关资质证明文件和业绩情况，并对潜在投标人进行资格审查。

通过资格预审，可以使招标人了解潜在投标人的资信情况，从而选择优秀的潜在投标人参加投标，降低将合同授予不合格投标人的风险；通过资格预审，可以淘汰不合格的潜在投标人，从而有效控制投标人的数量，减少评审阶段的工作时间。

3）招标文件

招标人应当根据招标项目的特点和需要编制招标文件。招标文件应当包括招标项目的技术要求、对投标人资格审查的标准、投标报价要求和评标标准等所有实质性要求和条件以及拟签订合同的主要条款。

招标人对已经发布的招标文件进行必要的澄清或者修改的，应当在招标文件要求提交投标文件截止时间至少十五日前，以书面形式通知所有投标文件收受人，该澄清或者修改的内容为招标文件的组成部分。

4）开标

开标应当在招标文件确定的提交投标文件截止时间的同一时间公开进行，开标地点应为招标文件中预先确定的地点。开标由招标人主持，邀请所有投标人参加。

开标时，由投标人或者其推选的代表检查投标文件的密封情况，也可以由招标人委托的公正机构检查并公证；经确认无误后，由工作人员当众拆封，宣读投标人名称、投标价格和投标文件的其他主要内容。

开标过程应当记录，并存档备案。

5）评标

评标由招标人依法组建的评标委员会负责。评标委员会由招标人的代表和有关技术、经济等方面的专家组成，成员人数为五人以上单数，其中技术、经济等方面的专家不得少于成员总数的三分之二。不得邀请与投标人有利害关系的人员参加评标。

专家评委一般应采取随机抽取方式，根据招标项目的专业特点，也可由招标人直接确定。专家评委应具有高级专业技术职称，从事相关领域工作满八年，具有较强的理论知识和丰富的实践经验，能够认真、公正、诚实、廉洁地履行职责。评标委员会成员名单在中标结果确定前应当保密。

评标委员会可以要求投标人对投标文件中含义不明确的内容作必要的澄

清或者说明，但是澄清或者说明不得超出投标文件的范围或者改变投标文件的实质性内容。

评标委员会应当按照招标文件确定的评标标准和方法，对投标文件进行评审和比较；设有标底的，应当参考标底，但不作为评标的唯一标准。评标委员会在完成评标后，应当对招标人提出书面评标报告，并推荐合格的中标候选人。

6）中标

招标人根据评标委员会提出的书面评标报告和推荐的中标候选人确定中标人。中标人确定后，招标人应当向中标人发出中标通知书，并同时将中标结果通知所有未中标的投标人。

中标通知书对招标人和中标人具有法律效力。中标通知书发出后，招标人改变中标结果的，或者中标人放弃中标项目的，应当依法承担法律责任。

# 第二节　管道工程招投标管理

## 一、招投标项目

管道工程建设项目的服务和物资采购按规定进行招投标。

1. 服务招标

服务是指为实施管道工程建设任务而需采购的工程建设服务。

管道工程建设项目技术服务商应具备的主要条件有：

（1）企业法人营业执照和组织代码证。

（2）拥有相应的资质证书。

（3）拥有与服务内容同类工作的业绩。

（4）拥有与服务相适应的技术力量、装备、质量管理体系及 HSE 管理体系。

（5）有较高的信誉和履约能力，有雄厚的注册资金及赔偿能力。

可研服务商、专项评价服务商、项目核准咨询服务商和勘察设计服务商一般采取委托的方式；监理服务商、施工承包商和检测承包商一般采用邀请招标的方式，邀请招标可以控制投标单位资质，有利于更好地选择投标单位和缩短招标时间，加快项目进度。

## 2. 物资招标

物资是指为实施管道工程建设任务而需采购的设备、材料等。物资采购分为招标采购和非招标采购，招标物资采购一般采用公开招标或邀请招标的方式。

管道工程物资种类繁多、品种规格复杂，不同输送介质、不同输送工艺、不同输送距离、不同地理条件对所需物资又有不同要求。随着科学技术的不断发展进步，以及管道输送工艺的不断改进，管道工程物资也在不断地发展变化。目前，管道工程基本物资如表 5－1 所示。

表 5－1 管道工程基本物资

| 物资类别 | 物资名称 |
| --- | --- |
| 线路物资 | 线路防腐螺旋管、线路防腐直缝管、补口材料、光缆、硅管、热煨弯头、去耦合器、阴保材料…… |
| 阀室、站场工艺物资 | 罐板、站场钢管、站场管件、清管三通、清管弯管、输油泵机组（含变频）、国产油泵机组、球阀（含执行机构）、旋塞阀（含执行机构）、截止阀（含执行机构）、止回阀、安全阀、泄压阀、强制密封球阀、平板闸阀、闸阀（含执行机构）、化验室设备…… |
| 阀室、站场机械物资 | 过滤器、阻火器、消气器、旋风分离器、清管器收发筒（含快开盲板）、绝缘接头、原油搅拌器、排污罐…… |
| 阀室、站场仪表物资 | 调压箱、电动调节阀、电液调节阀、自立式调节阀、雷达液位计、燃气调压器、容积式流量计（金属刮板流量计）、流量计算机、固定式流量计标定装置、压力控制系统、超声波流量计量系统、外夹式超声波流量计、涡轮计量撬、均速管流量计、孔板流量计、站场自用气撬、计量撬、分析撬、气质检测分析系统、站控系统、清管器通过指示器、可燃气体检探测及报警器、火焰探测及报警器、火灾监控报警系统、便携式自动吸入可燃气体检测仪、双金属温度计、压变、差变、温变液位变送器、流量开关、液位开关…… |
| 阀室、站场通信物资 | 会议电视、可视对讲设备、光通信设备、计算机网路设备、工业电视、高频开关电源、恒电位仪和控制台、电话交换系统、软交换设备…… |
| 阀室、站场电力物资 | 柴油发电机组、变电站综合自动化系统、直流电源、交流屏、气体绝缘开关、发电机组、不间断电源（UPS）、中低压开关柜、天然气发电机组、补偿柜、循环充电装置、软启动装置、太阳能电源系统、电缆（电力、仪表、通信）、组合式低压配电柜、微机自动化系统、10kV 开关柜、高中压柜、变压器…… |
| 阀室、站场热工物资 | 电加热器、水套炉、加热炉及加热炉除尘撬块、全自动燃油热水锅炉…… |

| 物资类别 | 物资名称 |
| --- | --- |
| 阀室、站场阴保物资 | 恒电位仪、恒电位仪控制台、柔性阳极…… |
| 阀室、站场给排水与消防物资 | …… |
| 阀室、站场采暖通风与空调物资 | …… |

## 二、招投标管理的主要内容

### 1. 招标准备

依法必须进行招标的工程建设项目，按照国家有关投资项目管理规定，凡应当报送项目审批部门审批的，业主应当在报送的可行性研究报告中将招标范围、招标方式、招标组织形式（自行招标或委托招标）等有关招标内容报项目审批部门核准。项目审批部门应当将核准招标内容的意见抄送有关行政监督部门。

招标前准备工作阶段，应明确招标项目的招标范围、项目计价模式、质量的要求以及采用的技术标准，并对招标文件中以上内容进行重点审查。根据项目总进度计划，编制招标计划方案，确定每个招标项目的完成时间，确定各个招标节点，明确招标进度，对技术要求或参数不明确的项目其招标准备时间应适当放宽。监理、施工、检测服务承包的招标，应在具备建设工程已报建，初步设计及概算已完成，具有监理、检测、施工招标所需的图纸和技术资料的条件时开始。物资招标（业主自行采购物资）应在初步设计完成后开始，长周期物资招标可根据项目的进度计划提前安排进行。

### 2. 招标过程的控制

对招标过程进行控制，主要工作是进行招标文件的审查、评标专家的选择、要求投标单位提供投标资料、开标、评标等。

1) 对招标文件的审查

根据招标规划和具体招标项目的招标要求，审查招标单位编制的招标文件和招标信息，主要审查的内容为：项目名称和概况，招标日程安排，合同的主体，标段的划分，计价的模式，主要产品或部件的技术参数、要求以及品牌的选用。招标项目涉及技术参数和要求的，应当要求设计院提供或确认。对设置标底的招标项目应当要求投资控制人员对标底进行审查。

2）评标专家的选择

为确保评标工作的客观性、公平性和科学性，评标专家应从评标专家库中随机抽取。评标专家库和抽取的评标专家名单一经确定，相关人员必须严格保密。

专家库由从事管道工程勘察、设计、施工、运营、科研和管理等方面的专家组成。

3）开标

开标以公开的方式进行。

招标机构应当按照招标公告或投标邀请书规定的时间、地点进行公开开标；应当由业主代表、监督机构代表、所有投标人代表及有关人员参加。

开标前，应填写开标仪式签到人员表。开标时应指定专人对投标文件的密封情况、完整性、正本与副本的份数、投标保证金的形式与数额进行检查并由投标人确认。

开标议程一般是：招标人代表讲话，监督机构代表公布开标纪律，确定投标文件的检查，开启人员启封，唱标人唱标，记录员记录等。招标机构应在开标时按招标文件"开标一览表"的格式、内容逐项填写，并由投标人签字确认。开标一览表及其他开标记录，应在开标后按管理要求密封存档。

4）评标

评标由评标委员会负责，评标委员会由业主代表和评标专家组成。

评标委员会通常分为技术、商务两个组，根据招标文件的要求确定评标方法，制定评标实施细则，该细则在开标前封存并由监督人员签字确认。评标时，可供选择的方法有两种：

（1）最低评标价法。采用最低评标价法评标的项目，商务、技术要分别列出重要条款和一般条款。重要条款属于否决项，如发生将导致废标。一般条款是评审项，确定出一般参数偏离加价的比率或范围。

采用最低评标价法评标的，在商务、技术条款均满足招标文件要求时，评标价格最低者为推荐中标人。

最低评标价法相对刚性较强，合理性较强，为商务部倡导的机电产品国际招标强制性推荐的方法。

（2）综合评价法（打分法）。采用综合评价法评标的项目，评标委员会要根据项目技术含量、复杂性等因素首先确定技术与商务的权重，然后按照百分制，分别制定出技术与商务的打分实施细则。

采用综合评价法评标的，综合得分最高者为推荐中标人。

不管采用什么方法评标，评审规则一旦确定，开标后，投标文件出现任何预想不到的情况都不能改变。这就要求在制定评标规则时一定要慎重，公正、合理，能量化的尽可能量化；不能有歧视性或排他性条款；不能有超出招标文件内容范围的评审条款。

综合评价法（打分法），在招标文件的编制方面，在评标应用习惯等方面相对方便、简捷，在服务采购、国内物资采购招标投标活动中应用比较广泛。为了提高评标过程的公平、公正、合理性，必须提高评审规则的公平性、公正性、合理性。以打分法评标时，以下几点需注意：

（1）评标规则应细化量化。分值比较大的条款要分别确定打分段。

（2）评审规则要合理。在商务打分细则中，投标报价是商务评议的最主要因素，评标基准价的确定方法多种多样，其设定的合理性、科学性对评标结果影响很大。

（3）对专家库实行动态管理很重要，对专家进行培训及定时调整，这是保证评标专家综合素质的重要举措。应聘专家应该公平、公正、有较高的综合素质，既要发挥每个评委成员的独立自主性，又要体现大多数评委成员的共识，有争议时，少数服从多数。个别、少数应聘专家如果带有极强的倾向性、无理由地乱打分，则应给予处罚、淘汰。

5）撰写评标报告

在评标工作基本结束后，业主、招标机构要组织评标委员会成员、评标工作人员、监督机构代表召开评标工作会议，讨论并通过评标报告及其附件。评标委员会的每位成员在评标结束时，必须分别填写评标委员会成员评标意见表，对投标人中标的理由和未中标的理由发表自己的意见，评标意见表是评标报告必不可少的一部分。

# 第三节 国际招标

## 一、国际招标项目的立项

商务部十三号令明确，机电产品国际招标一般应采用公开招标的方式进行；根据法律、行政法规不适合公开招标的，可以采取邀请招标的方式。采取邀请招标方式的项目应当向商务部备案；邀请招标应当按照商务部国十三号令规定的操作程序进行。国家重点建设项目货物的邀请招标，应当经国务院发改委批准。机电产品国际采购应当采用国际招标的方式进行，已经明确采购产品的原产地在国内的，可以采用国内招标的方式进行。应当通过国际招标方式采购的不得以国内招标或其他方式规避国际招标。

国际招标项目必须做好前期工作，认真组织技术经济论证，编制可行性研究报告。内容包括：先进国内外相关技术设备的现状与发展趋势、有关技术标准和产品质量标准、国内配套能力及用户技术支持能力、费用估算、资金来源、经济效益和消化吸收方案等。

管道工程建设项目技术设备的国际招标，须在初步设计审批后，方可正式对外开展工作；凡国内已能生产，其技术指标已达到国外同类设备要求，并且在质量和性能上能满足要求的，原则上不予引进。

## 二、国际招标的主要工作内容

### 1. 委托招标机构

国际招标项目立项文件批复后，业主进行招标准备，与招标机构签订委托代理招标协议。委托的招标机构必须取得国家商务部颁发的国际招标机构资格等级证书。

### 2. 编制招标文件

业主可自行或委托招标机构、咨询服务机构编制招标文件。招标文件主要包括下列内容：投标邀请、投标人须知、招标产品的名称、数量、技术规格、合同条款、合同格式、附件。其中附件主要包括：投标书、投标一览表、投标分项报价表、货物说明一览表、技术规格偏离表、商务条款偏离表、投标保证金保函格式、法人授权书格式、资格证明文件格式、履约保证金保函格式、预付款银行保函格式、信用证样本。

招标文件中应包括对制造商的业绩要求和评标依据。评标依据除构成废标的主要商务和技术条款外，还应包括：商务和技术条款中允许偏离的最大范围、最高项数，以及在允许偏离范围和项数内进行评标价格调整的计算方法。

招标文件制定后，招标机构应当将招标文件送评审专家组审核，并通过招标网报送相应的主管部门备案。承担招标文件审核的评审专家组应有三名

以上单数组成。

3. 招标

业主或招标机构在收到招标文件备案复函后，除应在国家指定的媒体以及招标网上发布招标公告外，也可同时在其他媒体上刊登招标公告。当投标截止时间到达时，投标人少于三个的应停止开标，并重新组织招标。两家以上投标人的投标产品为同一家制造商或集成商生产的，按一个投标人计算。对两家以上集成商使用同一家制造商产品作为集成产品一部分的，按不同集成商计算。

国际招标有一步招标和两步招标两种方法。复杂的、技术含量较高的、配套性较强的大型设备或机组，通常采用两步法招标。第一步，业主要求潜在投标人提交技术建议，详细阐述货物的技术规格、质量标准和其他特性，业主与投标人就其建议内容进行协商和讨论，达成统一的技术规格后编制招标文件；第二步，业主向第一阶段提交了技术建议的投标人提供包含统一技术规格的正式招标文件，投标人根据正式招标文件的要求，提交包括价格在内的最后投标文件。西气东输工程的燃气压缩机组、变频调速电动机、施工承包单位施工装备中的 72 吨吊管机、盾构机等，都采用了两步法招标投标，取得了令人满意的结果。

4. 评标

评标由评标委员会负责。招标机构依照商务部十三号令的规定，在中国国际招标网专家库中随机抽取专家，与招标人和招标机构代表组成评标委员会。

国际招标活动中所需专家必须由招标机构在招标网上从国家、地方两级专家库中采用随机抽取的方式产生。招标机构及招标人不得无故废弃随机抽取的专家。随机抽取专家人数为实际所需专家人数。一次委托招标金额在五百万美元及以上的国际招标项目，所需专家的二分之一以上应从国家级专家库中抽取。

对于同一招标项目编号下同一标，每位专家只能参加其招标文件审核和评标两项工作中的一项。

国际招标一般采用最低评标价法进行评标。因特殊原因，需要使用综合评价法（即打分法）进行评标的招标项目，其招标文件必须详细规定各项商务要求和技术参数的评分方法和标准，并通过招标网向商务部备案。所有评分方法和标准应当作为招标文件不可分割的一部分并对投标人公开。

采用最低评标价法评标的，在商务、技术条款均满足招标文件要求时，评标价格最低者为推荐中标人；采用综合评价法评标的，综合得分最高者为推荐中标人。

5. 中标

评标结束后，招标机构须在中国国际招标网上将评标结果进行公示。在评标结果公示期内，招标机构应将评标报告送至相应的主管部门备案。在公示结果公告后，招标机构向中标人发出中标通知书，并将结果在网上通知其他投标人。

中标通知书发出后，不得擅自更改中标结果。如因特殊原因需要变更的，应当重新组织评标，并报相应的主管部门备案。中标通知书发出后，业主和中标人应当按照招标文件和投标文件签订合同。业主或中标人不得无故拒绝或拖延与另一方签订合同。

# 第六章　合同管理

## 第一节　合同管理概述

### 一、合同管理的作用

工程建设合同确定工程项目的价格、工期和质量等目标，规定合同双方责权利关系，所以合同管理必然是工程项目管理的核心。广义地说，工程项目的实施和管理全部工作都可以纳入合同管理的范围。合同管理贯穿于工程实施的全过程和工程实施的各个方面。它作为其他工作的指南，对整个项目的实施起总控制和总保证作用。在现代工程中，没有合同意识则项目整体目标不明；没有合同管理，则项目管理难以形成系统，难以有高效率，不可能实现项目的目标。

在项目管理中，合同管理是一个较新的管理职能。在国外，从 20 世纪 70 年代初开始，随着工程项目管理理论研究和实际经验的积累，人们越来越重视对合同管理的研究。在发达国家，80 年代前人们较多地从法律方面研究合同；在 80 年代，人们较多地研究合同事务管理（Contract Administration）；从 80 年代中期以后，人们开始更多地从项目管理的角度研究合同管理问题。近十几年来，合同管理已成为工程项目管理的一个重要的分支领域和研究热点，它将项目管理的理论研究和实际应用推向了新的阶段。

合同管理作为工程项目管理的一个重要组成部分，它必须融合于整个工程项目管理中。要实现工程项目的目标，必须对全部项目、项目实施的全过程和各个环节、项目的所有工程活动实施有效的合同管理。合同管理与其他管理职能密切结合，共同构成工程项目管理系统。

## 二、合同管理的内容

合同管理是指企业对以自身为当事人的合同依法进行订立、履行、变更、索赔、争议处理、终止以及审查、监督、控制等一系列行为的总称。其中订立、履行、变更、索赔、争议处理、终止是合同管理的内容；审查、监督、控制是合同管理的手段。合同管理必须是全过程的、系统性的、动态性的过程。全过程就是由洽谈、草拟、签订、生效开始，直至合同失效为止。不仅要重视合同签订前的管理，更要重视签订后的管理。系统性就是凡涉及合同条款内容的各部门都要一起来管理。动态性就是要注重履约全过程的情况，特别要掌握对己方不利的变化，及时对合同进行修改、变更、补充或中止和终止。

### 1. 合同管理机构

合同管理机构是指负有合同管理职责的机构。合同管理机构的设立旨在能够使合同管理制度各负其责地得到实施落实。合同管理机构在单位中的合理地位与权限以及合同管理人员的素质，是合同管理能否取得实效的重要因素。

### 2. 合同的立项管理

合同的立项是指企业针对特定需要而需订立某一合同的计划。合同立项管理，旨在对合同项目的可行性、经济性、必要性进行审查，避免无效或不经济的投资。

### 3. 合同的订立管理

订立合同不仅是一种法律行为，同样也是企业经营的重要手段，对合同订立的规范不仅是防范合同法律风险的需要，更是实现经营目的的需要。主要包括：

（1）合同的形式，是否需经招投标，是书面形式还是其他形式。

（2）合同谈判，谁代表单位进行谈判。

（3）合同文本及特殊条款要求。

### 4. 合同的审批

合同的审批是指对最终订立合同（合同成立前）的决定与否进行审查，是合同订立的最后防线。合同的审批还包括合同的决定权限与合同章程的管理等内容。

5. 合同的履行控制

合同履行控制是指在合同履行的过程中依据合同约定，履行合同义务，主张合同权利，实现合同权利，完成合同义务的各种措施。包括合同履行中准备、告知、催告、变更、解除等。

6. 合同的备案与存档

合同订立后需交由特定部门进行备案，并设置台账。在合同履行完毕后，或纠纷解决后将有关履行情况，有关证据附卷存档。

7. 合同争议处理

遇有合同争议发生按照合同约定的方式处理争议问题。

# 第二节　工程建设项目合同的内容

由于工程建设项目的规模和特点的差异，不同项目的合同数量可能会有很大的差别，大型建设项目可能会有成百上千个合同。但不论合同数量的多少，根据合同的任务内容来划分，可分为勘察合同、设计合同、施工承包合同、物资采购合同、工程监理合同、咨询合同、代理合同等。以下主要介绍工程建设项目总承包合同、施工承包合同、物资采购合同以及工程监理合同等的主要内容。

## 一、工程建设项目总承包合同

业主把工程建设项目的设计、采购、施工任务进行综合委托的模式称为建设工程项目总承包或工程总承包，这是一种新的建设任务委托模式。在工程建设项目总承包模式中，项目总承包单位的工作范围除了全部的工程施工任务外，还包括设计任务和物资采购任务。

按照国内实际情况，在项目初步设计批准后，从部分或全部物资采购开始，经过招标，委托一家总承包单位对施工图设计、采购、施工进行总承包。这种模式下，合同规定固定总价或可调总价，允许总承包商把局部或细部设计分包出去，也允许总承包商把施工任务部分或全部分包出去，所有分包工作都由总承包商负责，总承包商和分包商签订分包合同。

1. 合同示范文本

（1）目前，一般采用国际咨询工程师联合会（FIDIC）发布的有关合同示范文本作为参考。

FIDIC 是国际上最权威的咨询工程师的组织之一，FIDIC 专业委员会编制了许多规范性的文件，其中最主要的文件之一就是一系列的工程合同条件。FIDIC 于 1999 年出版了一套新型的合同条件，这套新版合同条件共四本，它们是《施工合同条件》、《永久设备和设计——建造合同条件》、《EPC/交钥匙项目合同条件》和《简明合同格式》。FIDIC 系列合同条件具有国际性、通用性和权威性。其合同条款公正合理，职责分明，程序严谨，易于操作。考虑到工程项目的一次性、唯一性等特点，FIDIC 合同条件分成了"通用条件"（General Conditions）和"专用条件"（Conditions of Particular Application）两部分。通用条件适用于所有的工程。专用条件则针对一个具体的工程项目，是在考虑项目所在国法律法规、项目特点和发包人要求不同的基础上，对通用条件进行的具体化、修改和补充。

（2）我国住房和城乡建设部建筑市场监管司及国家工商行政管理局市场规范管理司于 2009 年委托有关单位已经完成了工程总承包合同范本（征求意见稿），预计 2010 年正式发布。

（3）业主也可以参照上述 FIDIC 和其他合同范本来编制适合本项目的总承包合同条件。

2. 合同主要内容

工程总承包与施工总承包的最大不同之处在于工程总承包商要负责全部或部分的设计，并负责全部或部分物资设备的采购。因此，在工程总承包合同条款中，要重点关注以下两个方面的内容。

1）开展工程总承包的依据

合同中应该将业主对工程项目的各种要求描述清楚，承包商可以据此开展设计、采购和施工，开展工程总承包的依据可能包括以下几个方面：

（1）核准可行性研究报告及附件。

（2）项目专项评价报告。

（3）批准的初步设计。

（4）业主与政府主管部门、行业主管部门办理的相关手续。

（5）设备、材料请购文件。

（6）业主采用的工程技术标准和各种工程技术要求。

（7）有关工程建设的国家标准、地方标准和行业标准。

2）工程总承包单位的义务和责任

有关工程总承包单位的义务和责任，在总承包合同中约定，工程总承包单位可能具有与一般施工承包单位不同的下列义务和责任：

（1）承包商进行并负责工程的设计。合同中的任何规定均不应导致任何设计人员或设计分包者与业主之间产生任何合同关系或专业义务。

（2）承包商应使自己、其他设计人员和设计分包者具有从事设计所必需的经验与能力。

（3）承包商应在业主每次确认设计文件后若干时间内向业主免费提供若干套修改后的设计文件以备核查。

（4）业主自行采购清单所列设备及材料的采购及交运以外的所有工作为总承包工作，所有设备的安装必须达到业主工程技术标准的要求，其费用已包括在总包价格之内。

（5）承包商购买材料必须符合工程技术标准及建设实施要求、工程材料及设备可选清单。

（6）承包商拟提供的全部工程设备和材料，已经准备进行的所有工作，均应按照合同规定的方法制造、加工与实施。

（7）承包商采购的材料在工程材料及设备可选清单之外，需业主确认时，样品须在采购期限前提交业主确认。

# 二、施工承包合同

建设工程施工合同有施工总承包合同和施工分包合同之分。施工总承包合同的发包人是建设工程的建设单位，在合同中一般称为业主或发包人。施工总承包合同的承包人是承包单位，在合同中一般称为承包人。

施工分包合同又有专业工程分包合同和劳务作业分包合同之分。分包合同的发包人一般是取得施工总承包合同的承包单位，在分包合同中一般仍沿用施工总承包合同中的名称，即仍称为承包人。而分包合同的承包人一般是专业化的专业工程施工单位或劳务作业单位，在分包合同中一般称为分包人或劳务分包人。

业主可以根据施工承包合同的约定，选择某个单位作为制定分包商，制定分包商一般应与承包人签订分包合同，接受承包人的管理和协调。

1. 施工承包合同示范文本

中华人民共和国建设部和国家工商行政管理总局于 1999 年 12 月 24 日颁发了修改的《建设工程施工合同示范文本》（GF-99-0201），于 2003 年发布了《建设工程施工专业分包合同（示范文本)》（GF-2003-0213）和《建设工程施工劳务分包合同（示范文本)》（GF-2003-0214）。

2. 施工承包合同文件

（1）施工合同文件一般由三部分组成：协议书、通用条款、专用条款。

（2）构成施工合同文件的组成部分，除了协议书、通用条款和专用条款以外，一般还应该包括中标通知书、投标书及其附件、有关的标准、规范及技术文件、图纸、工程量清单、工程报价单或预算书等。

（3）合同文本的内容一般包括：

①词语定义与解释；

②合同双方的一般权利与义务、职责、变更、违约责任、索赔、解决争议的方法、终止条件等；

③工程范围；

④施工周期；

⑤中间交工工期；

⑥工程质量；

⑦合同价格；

⑧技术资料；

⑨材料和设备供应责任；

⑩施工进度款支付；

⑪竣工交验；

⑫保修范围；

⑬双方相互协作条款（报批、报表、指令、检查）。

3. 专业工程分包合同的主要内容

专业工程分包，是指施工总承包单位将其所承包工程中的专业工程发包给具有相应资质的其他企业完成的活动。

施工专业分包合同和施工承包合同在合同条款的内容和结构上是非常接近的，所不同的主要是，原来应由施工总承包单位（合同中仍称为承包人）承担的权利、责任和义务依据分包合同部分地转移给了分包人，但对发包人来讲，不能解除施工总承包单位（承包人）的义务和责任。

专业工程分包合同文本的结构和主要条款、内容与施工承包合同相似，其内容的特点是，既要保持与主合同条件中相关分包工程部分的规定的一致性，又要区分负责实施分包工程的当事人变更后的两个合同之间的差异。分包合同所采用的语言文字和适用的法律、行政法规及工程建设标准应与主合同相同。

4. 劳务分包合同的主要内容

劳务作业分包，是指施工承包单位或者专业分包单位将其承包工程中的劳务作业分包给劳务分包单位完成的活动。劳务分包合同不同于专业分包合同，合同的重要条款有：劳务分包资质情况；劳务分包工作对象及提供劳务内容；分包工作期限；质量标准；工程承包人义务；劳务分包人义务；材料、设备供应；保险；劳务报酬及支付；工时及工程量的确认；施工配合；禁止转包或再分包等。

## 三、物资采购合同

工程建设过程中的物资包括材料和设备等。物资的供应一般需要经过订货、生产、运输、储存、使用等各个环节，经历一个非常复杂的过程。物资采购合同分为材料采购合同和设备采购合同，供应商对其生产或供应的产品质量负责，业主则应根据合同的规定进行验收。

1. 材料采购合同的主要内容

（1）标的。主要包括购销物资的名称（注明品牌、商标）、品种、型号、规格、等级、技术标准或质量要求等。

（2）数量。合同中应明确所采用的计量方法，并明确计量单位。按照国家或主管部门的规定执行，或者按照双方商定的方法执行。

（3）包装。包括包装的标准、包装物的供应和回收。包装标准是指产品包装的类型、规格、容量以及标记等。包装物一般应由供应商负责，并且不得另外收取包装费。

（4）交付及运输方式。交付方式可以是业主到约定地点提货或供应商负责将货物送达指定地点两大类。如果是由供应商负责将货物送达指定地点，则要确定运输方式。

（5）验收。合同中应明确货物的验收依据和验收方式。验收依据包括：采购合同；供应商提供的发货单、计量单、装箱单及其他有关凭证；合同约定的质量标准和要求；产品合格证、检验单；图纸、样品和其他技术证明文件；双方当事人封存的样品。验收方式有驻厂验收、梯云验收、接收验收和入库验收等方式。

（6）交货期限。应明确具体的交货时间。如果分批交货，要注明各个批次的交货时间。

（7）价格。有国家定价的材料，应按国家定价执行；按规定应由国家定价的但国家尚无定价的材料，其价格应报请物价主管部门批准；不属于国家定价的产品，可由双方协商确定价格。

（8）结算。合同中应明确结算的时间、方式和手续。

（9）违约责任。合同任何一方不能准确履行合同义务时，都可以以违约金的形成承担违约赔偿责任。双方应通过协商确定违约金的比例，并在合同条款内明确。

（10）特殊条款。双方可根据需要协商订立。

2. 设备采购合同的主要内容

成套设备采购合同的一般条款可参照材料采购合同的一般条款，此外，还需要注意的是以下几个方面：

（1）设备价格与支付。设备采购合同通常采用固定总价合同，在合同交货期内价格不进行调整。合同价内应该包括设备的税费、运杂费、保险费等与合同有关的其他费用。合同价款的支付一般分三次：设备制造前，业主支付部分预付款；供应商按照交货顺序在规定的时间内将货物送达交货地点，业主支付该批设备价格约定比例的价款；剩余的作为设备保证金，待保证期满，业主签发最终验收证书后支付。

（2）设备数量。明确设备名称、套数、随主机的辅机、附件、易损耗备用品、配件和安装修理工具等，应于合同中列出详细清单。

（3）技术标准。应注明设备系统的主要技术性能，以及各部分设备的主要技术标准和技术性能。

（4）现场服务。合同中可以约定设备安装工作由供应商负责还是业主方负责。如果由业主方负责，可以要求供应商提供必要的技术服务，合同中应明确服务内容，对现场技术人员在现场的工作条件、生活待遇及费用等做出明确规定。

（5）验收和保修。成套设备安装后一般应进行试车调试，合同中应明确成套设备的验收方法以及是否保修、保修期限、费用负担等。

## 四、工程监理合同

建设部和国家工商行政管理总局于 2000 年 2 月 17 日颁发了《建设工程委托监理合同（示范文本)》（GF‒2000‒0202)，工程监理合同文件一般由工程监理投标书及中标书、建设工程委托监理合同协议书、合同标准条件、合同专用条件以及实施过程中双方签署的合同补充与修正文件组成。具体内容不再赘述。

# 第三节　管道工程建设项目合同的签订与履行

## 一、合同的签订

通过组织招标选择供应商、服务商的合同，在明确中标人并发出中标通知书后，双方即可就合同的具体内容和有关条款展开谈判，确定合同的技术、商务等要约内容，重点把握要约内容在合同技术条款中的落实。未组织招标的合同，应当由合同承办部门组织相关部门组成谈判组，进行商务、技术、法律论证，拟订谈判方案，有计划、有组织地与合同相对人开展谈判签约工作。

在合同谈判阶段，双方谈判的结果一般以《合同补遗》或《合同谈判纪要》的形式，形成书面文件。

双方合同谈判结束后，应按谈判内容形成一个完整的合同文本草案。对于有标准合同文本的，必须使用标准合同文本。标准合同文本与实际情况有较大出入的，需报批后进行适当修改。没有标准合同文本的，由双方协商确定合同文本。

合同文本经过合同主管部门合规性及完整性初步审查后转入并行审查会签，分别就关联业务、经济商务、法律合规及综合等合同内容进行审查会签。审查的内容包括（但不限于)：

（1）专业技术审查。审查合同范围中的技术标准和参数的真实性、技术措施的可行性、工程技术依据的可靠性。

（2）经济商务审查。审查项目资金计划、合同额计价的依据、合同付款的方式、保证金及结算条款的合理性等。

（3）安全环保审查。审查合同中的 HSE 相关条款。

（4）外协专项审查。审查涉及土地占用、林业河流等外协补偿的政府政策、规费依据。

（5）法律合规及综合审查。负责审查合同的法律、合规性以及综合性问题。

经审核批准后的合同文本，双方正式签署后生效。

## 二、合同的履行

### 1. 合同履行中各方的职责

1）合同履行中业主的职责

业主作为项目的投资者与所有者，在合同实施阶段的主要职责有：

（1）选定业主代表、任命监理工程师（必要时可撤换），并以书面形式通知承包商，如系国际贷款项目还应该通知贷款方。

（2）根据合同要求负责解决工程用地征用手续以及移民等施工前期准备工作问题。

（3）批准承包商转让部分工程权益的申请，批准履约保证和承保人，批准承包商提交的保险单。

（4）在承包商有关手续齐备后，及时向承包商拨付有关款项。

（5）负责为承包商开证明信，以便承包商为工程的进口材料、设备以及承包商的施工装备等办理海关、税收等有关手续问题。

（6）主持解决合同中的纠纷、合同条款必要的变动和修改（需经双方讨论同意）。

（7）及时签发工程变更命令（包括工程量变更和增加新项目等），并确定这些变更的单价与总价。

（8）批准监理工程师同意上报的工程延期报告。

（9）对承包商的信函及时给予答复。

（10）负责编制并向上级及外资贷款单位送报财务年度用款计划、财务结算及各种统计报表等。

（11）协助承包商（特别是外国承包商）解决生活物资供应、运输等问题。

（12）负责组成验收委员会进行整个工程或局部工程的初步验收和最终竣工验收，并签发有关证书。

（13）如果承包商违约，业主有权终止合同并授权其他人去完成合同。

2）合同履行中监理方的职责

监理是独立于业主与承包商之外的第三方，受聘于业主，主要负责进行合同管理，工程的进度控制、质量控制和投资控制以及从事协调工作。其具体职责如下：

（1）协助业主评审投标文件，提出决策建议，并协助业主与中标者商签承包合同。

（2）按照合同要求，全面负责对工程的监督、管理和检查，协调现场各承包商间的关系，负责对合同文件的解释和说明，处理矛盾，以确保合同的圆满执行。

（3）审查承包商入场后的施工组织设计，施工方案和施工进度实施计划以及工程各阶段或各分部工程的进度实施计划，并监督实施，督促承包商按期或提前完成工程，进行进度控制。按照合同条件主动处理工期延长问题或接受承包商的申请处理有关工期延长问题。审批承包商报送的各分部工程的施工方案、特殊技术措施和安全措施。必要时发出暂停施工命令和复工命令并处理由此而引起的问题。

（4）帮助承包商正确理解设计意图，负责有关工程图纸的解释、变更和说明，发出图纸变更命令，提供新的补充的图纸，在现场解决施工期间出现的设计问题。负责提供原始基准点、基准线和参考标高，审核检查并批准承包商的测量放样结果。

（5）监督承包商认真贯彻执行合同中的技术规范、施工要求和图纸上的规定，以确保工程质量能满足合同要求。制定各类对承包商进行施工质量检查的补充规定。或审查、修改和批准由承包商提交的质量检查要求和规定。及时检查工程质量，特别是基础工程和隐蔽工程。指定试验单位或批准承包商申报的试验单位，检查批准承包商的各项实验室及现场试验成果。及时签发现场或其他有关试验的验收合格证书。

（6）严格检查材料、设备质量，批准、检查承包商的订货（包括厂家、货物样品、规格等），指定或批准材料检验单位，抽查或检查进场材料和设备（包括配件、半成品的数量和质量等）。

（7）进行投资控制。负责审核承包商提交的完成的工程量及相应的结算财务报表，处理价格调整中有关问题并签署支付款数额，及时报业主审核支付。

（8）协助业主处理好索赔问题。与业主和承包商协商后，决定处理意见，如果业主或承包商中的任何一方对监理的决定不满意，可提交仲裁机构进行裁决。

（9）进行人员考核。批准现场的项目经理，考查承包商进场人员的素质、技术水平、工作能力、工作态度等。可以随时撤换不称职的项目经理和不听从管理的工人。

（10）审批承包商有关设备、施工机械、材料等物品进出海关的报告，并及时向业主发出要求办理海关手续的公函，督促业主及时向海关发出有关公函。

（11）做好施工日记和质量检查记录，以备核查时用。根据积累的工程资料，整理工程档案（如监理合同有该项要求时）。

（12）在工程快结束时，核实最终工程量，以便进行工程的最终支付。参加竣工验收或受业主委托负责组织并参加竣工验收。

（13）签发合同条款中规定的各类证书与报表。

（14）定期向业主提供工程情况汇报，并根据工地发生的实际情况及时向业主呈报工程变更报告，以便业主签发变更命令。

（15）协助调解业主和承包商之间的各种矛盾。当承包商或业主违约时，按合同条款的规定，处理各类有关问题。

（16）处理施工中的各种意外事件（如不可预见的自然灾害等）引起的问题。

3）合同履行中施工承包商的职责和义务

在合同履行中承包商的职责主要包括：

（1）按合同所规定的工作范围、技术规范、图纸要求及施工进度实施计划、负责组织现场施工。

（2）汇报工程进展情况及存在问题，提出解决问题的办法。

（3）负责施工放样及测量，对测量数据和图纸的正确性负责。

（4）负责按工程进度及工艺要求进行各项有关现场及实验室实验，对试验成果的正确性负责。

（5）根据监理工程师的要求，报送进、出场机械设备的数量和型号，报送材料进场量和耗用量以及报送进、出场人员数。

（6）制定施工安全措施，对工地现场的安全负责。

（7）制定各种有效措施保证工程质量。

（8）负责施工机械的维护、保养和检修，以保证工程施工正常进行。

（9）按照合同要求负责设备的采购、运输、检查、安装、调试及试运行。

（10）根据合同规定进行部分永久工程的设计或绘制施工详图，对所设计的永久工程负责。

（11）承包国际工程时，按工程所在国有关主管单位、业主或监理工程师的要求，按时报送各类报表，办理各种手续。

（12）在订购材料之前，需根据监理工程师的要求，或将材料样品送监理工程师审核，或将材料送监理工程师指定的试验室进行试验，试验成果报请监理工程师审核批准。对进场材料要随时抽样检验材料质量。

除了上述基本要求外，承包商还必须履行如下强制性义务：

（1）执行监理工程师的指令。在国内工程施工中，根据《建设工程施工合同示范文本》的规定，承包商对业主的指令（口头指令应予以确认在 48 小时之内）应予执行。在国际工程中，要求承包商必须执行监理工程师的指令，如果是超出合同规定之外的额外的工作内容，可要求索赔。

（2）接受工程变更要求。由于各种不可预见因素的存在，工程变更现象在所难免，因而需要承包商接受一定范围的工程变更要求。但根据合同变更的定义，变更是当事人双方协商一致的结果，所以因客观条件的制约工程不得不变更时，必须双方协商并达成一致意见。

（3）严格执行合同中有关期限的规定。主要指开工时间、竣工时间、合同工期等。

（4）承包商必须信守价格义务。价格是合同的实质性因素，除非发生如下例外情况，一经缔结便不得更改：

①增加工程，包括业主要求的或不可预见的工程；

②因修改设计而导致工程变更或施工条件改变；

③由于业主的行为或错误而导致工程变更；

④发生不可抗力事件；

⑤发生导致经济条件混乱的不可预见事件。

2. 支付管理

管道工程建设项目合同实施过程的支付是业主履行合同义务的重要组成部分，规范合同实施过程中的各种支付管理，有利于控制项目的投资和合同实施过程中的风险。

1）设计合同支付

一般情况下，设计合同在约定支付时，在合同签订后规定的时间内支付约定数额的设计定金；项目实施过程中，收到设计单位提交的各阶段设计文件时，支付各阶段设计费，支付比例依据设计合同的约定；设计单位履行了合同规定的其在施工阶段、投产试运阶段和竣工验收阶段的其他义务后，结清其全部设计费。设计合同开始履行后，定金抵作设计费在进度支付中扣还；实际设计费与估算设计费出现差额时，双方另行签订补充协议。具体的支付方式、支付时间等，应以设计合同中的约定为准。

2）监理合同支付

一般情况下，监理合同在约定支付时在签订合同后规定的时间内，支付合同约定数额的预付款；工程建设过程中，收到支付申请报表后以合同约定的支付方式进行支付；收到监理人提交的最终报告后，依据监理人提交的最终支付报表给予支付。具体的支付方式、支付时间、支付数额及额外的酬金、奖励等，应以监理合同中的约定为准。

3）施工合同支付

按照合同规定，工程预付款可一次付清，也可分期支付。工程预付款在进度付款的累计金额达到合同价的规定比率时，开始等额扣还，在合同款支付到合同规定比率时全部扣清。

工程进度款的支付，以施工单位提交形象进度认证单、形象进度报表、工程进度款支付申请，经监理工程师确认后，报业主审批支付。工程进度款支付申请的内容有：实施的永久工程价值；工程量清单中列有临时工程、计日工费等任何项目应得款；按合同约定方法计算，合同价款的调整；依据合同施工承包商有权得到的其他款项（如索赔、变更费用等）。

工程进度款支付额度累计到合同控制总价的规定比率时，停止支付，待审计审查完毕后根据审计金额再行拨付；工程竣工验收并办理了正式移交手续后进支付工程结算价款，一般留有工程结算价款的5%作为保修金，待工程质保期满后结清。

# 第四节　履 约 担 保

## 一、履约担保的含义

所谓履约担保，是指招标人在招标文件中规定的要求中标的投标人提交的保证履行合同义务和责任的担保。

履约担保的有效期始于工程开工之日，终止日期则可以约定为工程竣工交付之日或者保修期满之日。由于合同履行期限应该包括保修期，履约担保的时间范围也应该覆盖保修期，如果确定履约担保的终止日期为工程竣工交付之日，则需要另外提供工程保修担保。

## 二、履约担保的形式

履约担保通常采用银行保函的形式。在保修期内，工程保修担保可以采用预留保留金的方式。

### 1. 银行履约保函

银行履约保函是由商业银行开具的担保证明，通常为合同金额的10%左右。银行保函分为有条件的银行保函和无条件的银行保函。

有条件的保函是指在下述情形：在承包人没有实施合同或者未履行合同义务时，由业主出具证明说明情况，并由担保人对已执行合同部分和未执行部分加以鉴定，确认后才能收兑银行保函，由业主得到保函中的款项。

无条件的保函是指下述情形：在承包人没有实施合同或者未履行合同义务时，业主只要看到承包人违约，不需要出具任何证明和理由就可以对银行保函进行收兑。

管道工程建设项目通常采用有条件的保函。

### 2. 质量保证金

质量保证金是指业主根据合同约定，在每次支付工程进度款时，扣除一定数目的款项，作为承包人履行其修补缺陷义务的保证。质量保证金一般为每次进度款的10%，一般在竣工交接时，在缺陷通知期内，承包人完成缺陷修补并合格，办理履约证书和工程结算，返还一半保证金。保修期满后，业主确认合格，返还另一半保证金，保修期由合同约定，一般为1~2年。

## 三、履约担保的作用

履约担保将在很大程度上促使承包商履行合同约定，完成工程建设任务，从而有利于保护业主的合法权益。一旦承包人违约，担保人要代为履约或者赔偿经济损失。

履约保证金额的大小取决于招标项目的类型与规模，但必须保证承包人违约时，业主不受损失。在招标须知中，业主要规定使用哪一种形式的履约担保。中标人应当按照招标文件中的规定提交履约担保。

# 第五节　工程变更管理

工程变更一般是指在工程施工过程中，根据合同约定对施工的程序、工程的内容、数量、质量要求及标准等做出的变更。

## 一、工程变更的程序

根据统计，工程变更是索赔的主要起因。由于工程变更对工程施工过程影响很大，会造成工期的拖延和费用的增加，容易引起双方的争执。一般工程施工承包合同中都有关于工程变更的具体规定。工程变更一般按照如下程序：

1. 提出工程变更

根据管道工程项目建设的事情情况，变更的提出分为以下三种：

（1）施工变更：由施工承包商根据工程实际情况提出的与施工图纸、合同或与批准施工方案不一致的施工方案。

（2）设计变更：因设计不合理或为优化设计方案而由设计单位对施工图设计进行的修改或完善。

（3）工程变更：业主根据工程实际情况提出的变更。

2. 工程变更的批准

承包商提出的工程变更，应该交与监理工程师审查并批准；由设计方提出的工程变更应该与业主协商或经业主审查并批准；由业主方提出的工程变更，涉及修改的应该与涉及单位协商，并一般经由监理工程师发出。监理工程师发出工程变更的权利，一般在施工承包合同中明确约定，通常在发出变更通知前应征得业主批准。

3. 工程变更指示的发出和执行

工程变更指示的发出有两种形式：书面形式和口头形式。一般情况下，要求用书面形式发布变更指示，如果由于情况紧急而来不及发出书面指示，承包人应该格局合同规定要求书面认可。

根据工程惯例，除非明显超越合同权限，承包商应该无条件地执行工程变更的指示。

## 二、工程变更的责任分析与补偿要求

根据工程变更的具体情况可以分析确定工程变更的责任和费用补偿。

由于业主要求、政府部门要求、环境变化、不可抗力等导致的设计修改，应该由业主承担责任；由此造成的施工方案的变更以及工期的延长和费用的增加应该向业主索赔。

由于承包商的施工过程、施工方案出现错误、疏忽而导致设计的变更，应该由承包商承担责任。

由于承包商的施工过程、施工方案本身的缺陷而导致了施工方案的变更，由此所引起的费用增加或工期延长应该由承包商承担责任。

业主向承包商授标前（或者签订合同前），可以要求承包商对施工方案进行补充、修改或做出说明，以便符合业主的要求。在授标后（或签订合同后）业主为了加快工期、提高质量等要求变更施工方案，由此所引起的费用增加可以向业主索赔。

# 第六节　索赔管理

建设工程索赔通常是指在工程合同履行过程中，合同当事人一方因对方不履行或未能正确履行合同或者由于其他非自身因素而受到经济损失或权利损害，通过合同规定的程序向对方提出经济或时间补偿要求的行为。从广义上讲，索赔包括承包商向业主的索赔，还包括业主向承包商的索赔。

## 一、索赔的起因和成立的条件

### 1. 索赔的起因

合同双方中其中一方未能履行合同约定的职责和义务，且根据合同约定，认为有权得到对方承担的损失、损害或伤害的赔偿。

索赔可能由以下一个或几个方面的原因引起：

（1）合同对方违约，不履行或未能正确履行合同义务和责任。

（2）合同错误，如合同文本不全、错误、矛盾等，设计图纸、技术规范错误等。

（3）合同变更。

（4）工程环境变化，包括法律、物价和自然条件的变化等。

（5）不可抗力因素，如恶劣气候条件、地震、洪水、战争状态等。

2. 索赔成立的条件

索赔的成立，应该同时具备以下三个前提条件：

（1）与合同对照，索赔事件已造成了承包商工程项目成本的额外支出，或直接工期损失。

（2）造成费用增加或工期损失的原因，按合同约定不属于承包商的行为责任或风险责任。

（3）承包商按合同规定的程序和时间提交索赔意向通知和索赔报告。

## 二、索赔的处理过程

1. 索赔意向通知

发现索赔事件以后，承包商要做的第一件事就是要将自己的索赔意向书面通知给监理工程师（业主）。这种意向通知是非常重要的，它标志着一项索赔的开始。索赔意向通知要简明扼要地说明索赔事由发生的时间、地点、简单事实情况描述和发展动态、索赔依据和理由、索赔时间的不利影响等。

2. 索赔资料准备

承包商在正式提出索赔报告前的资料准备工作极为重要，承包商应该注意记录和积累保存以下各个方面的资料，并可随时从中提取与索赔事件有关的证据资料。

（1）施工日志。应指定有关人员现场记录施工中发生的各种情况，这种现场记录和日志有利于及时发现和正确分析索赔，可能成为索赔的重要证明材料。

（2）来往信件。对与监理工程师、业主和有关政府部门、银行、保险公司的来往信函，必须认真保存，并注明发送和收到的详细时间。

（3）气象资料。在分析进度安排和施工条件时，天气是应考虑的重要因素之一，因此，要保持一份真实、完整、详细的天气情况记录，包括气温、风力、湿度、降雨量、暴风雪、冰雹等。

（4）备忘录。承包商对监理工程师和业主的口头指示及电话应随时用书面记录，并请签字给予书面确认。

（5）会议纪要。承包商、业主和监理工程师举行会议时要做好详细记录，对其主要问题形成会议纪要，并由会议各方签字确认。

（6）工程照片和工程声像资料。这些资料都是反映工程客观情况的真实写照，也是法律承认的有效证据，对重要工程部位应拍摄有关资料并妥善保存。

（7）工程进度计划。承包商编制的经监理工程师或业主批准同意的所有工程总进度、年进度、季进度、月进度计划都必须妥善保管，任何有关工期延误的索赔中，进度计划都是非常重要的证据。

（8）工程核算资料。所有人工、材料、机械设备使用台账，工程成本分析资料，会计报表，财务报表，货币汇率，现金流量，物价指数，收付款票据，这些都是进行索赔费用计算的基础。

（9）工程报告。包括工程试验报告、检查报告、施工报告、进度报告、特别事件报告等。

（10）工程图纸。监理工程师和业主签发的各种图纸，承包商应注意对照检查和妥善保存。对于设计变更索赔，原设计图和修改图的差异是索赔最有力的证据。

（11）招投标阶段有关现场考察和编编制标书的资料、各种原始单据、各种法规文件、证书证明等，它们都有可能是某项索赔的有力证据。由此可见，高水平的文档管理信息系统，对索赔的资料准备和证据提供是极为重要的。

3. 索赔文件的提交

提出索赔的一方应该在合同规定的事项内向对方提交正式的书面索赔文件。索赔文件的主要内容包括以下几个方面：

（1）总述部分。概要论述索赔事项发生的日期和过程；承包人为该索赔事项付出的努力和附加开支；承包人的具体索赔要求。

（2）论证部分。论证部分是索赔报告的关键部分，其目的是说明自己有索赔权，是索赔能否成立的关键。

（3）索赔款项（和/或工期）计算部分。索赔报告论证部分是为了解决索赔权能否成立，款项计算是为了解决能得到多少款项。前者定性，后者定量。

（4）证据部分。要注意应用的每个证据的效力或可信程度，对重要的证据资料最好附以文字说明，或附以确认件。

### 4. 索赔文件的审核

对于承包人向业主的索赔请求，索赔文件首先应该交由监理工程师审核。监理工程师根据业主的委托或授权，对承包人索赔的审核工作主要分为判定索赔时间是否成立和核查承包商的索赔计算是够正确、合理两个方面，并可在授权范围内做出判断；初步确定补偿额度，或者要求补充证据，或者要求修改索赔报告等，对索赔的初步处理意见提交业主。

### 5. 业主审查

对于监理工程师的初步处理意见，业主需要进行审查和批准，然后监理工程师才可以签发有关证书。

如果索赔额度超过了监理工程师权限范围时，应由监理工程师将审查的索赔报告报请审批，并与承包人谈判解决。

### 6. 协商

对于监理工程师的初步处理意见，业主和承包商可能都不接受或者其中的一方不接受，三方可就索赔的解决进行协商，达成一致，其中可能包括复杂的谈判过程，经过多次协商才能达成。如果经过努力无法就索赔事宜达成一致意见，则业主和承包商可根据合同约定选择采用仲裁或者诉讼方式解决。

## 三、反索赔的基本内容

反索赔的工作内容可以包括两个方面：一是防止对方提出索赔；二是反击或反驳对方的索赔要求。对对方索赔报告的反击或反驳，一般可以从以下几个方面进行：

### 1. 索赔要求或报告的时限性

审查对方是否在干扰事件发生后的索赔时限内及时提出索赔要求或报告。

### 2. 索赔事件的分析

对于对方提出的索赔事件，应从两方面核实其真实性：一是对方的证据。如果对方提出的证据不充分，可要求其补充证据，或否定这一索赔事件；二是己方的记录。如果索赔报告中的论述与己方关于工程的记录不符，可向其提出质疑，或否定索赔报告。

如果干扰事件确实存在，则要通过对事件的调查分析，确定原因和责任。如果事件责任属于索赔者自己，则索赔不能成立，如果合同双方都有责任，则应按各自的责任大小分担损失。

3. 索赔值审核

如果上述的各种分析、评价，仍不能从根本上否定对方的索赔要求，则必须对索赔报告中的索赔值进行认真细致地审核，审核的重点是索赔值的计算方法是否合情合理，各种取费是否合理适度，有无重复计算，计算结果是否准确等。

# 第七节　合同争议管理

在管道工程建设项目的实施过程中，对于出现的合同争议和纠纷，首先应采用协商方式解决；协商不能达成协议时，可依据合同约定选择仲裁或诉讼方式解决。

## 一、协商解决

协商解决争议是最常见也是最有效的方式，也是应该首选的基本方式。双方依据合同，通过友好磋商和谈判，互相让步，折中解决合同争议。协商解决方式对合同双方都有利。

## 二、调解

如果合同双方经过协商谈判达不成一致意见，则可以邀请中间人进行调解。在许多国际工程承包合同中，合同双方往往采用纠纷审议委员会（DAB或 DRB—Dispute Review Board）的方式解决纠纷。

## 三、仲裁

由于诉讼在解决工程承包合同争议方面存在明显的缺陷，管道工程建设承包合同的争议，尤其是较大规模项目施工承包合同争议的解决，双方即使协商和调解不成功，也很少采用诉讼的方式解决。当协商和调解不成时，仲裁是争议解决的常用方式。

合同双方根据《中华人民共和国仲裁法》和合同中关于仲裁条款或双方在争议发生后进行仲裁的约定，进行仲裁。仲裁结果为最终的争议解决结果。

# 第七章　物　资　管　理

## 第一节　编制物资采购计划

### 一、物资采购计划的编制要求和依据

1. 编制要求

物资采购计划是物资采购工作的依据，是物资采购工作的指导性文件，也是项目实施计划的重要组成部分，包括物资采购计划、物资采办进度计划、物资催交催运计划、资金使用计划等若干分项计划。编制物资采购计划要做到全面、准确、及时，确保其与工程进度计划相协调。

2. 编制依据

物资采购计划的主要编制依据是：

（1）工程项目实施计划、投资计划。

（2）工程项目的设计文件、有关物资选用资料（技术规格书、材料表）、物资需求计划。

（3）已落实的供货资源、库存量等资源。

### 二、物资采购计划的编制过程

1. 编制步骤

（1）收集、整理、分析数据，确定物资需要量。

（2）平衡资源。

（3）确定物资缺口（即需要采购物资的具体名称、规格与数量）。

2. 确定物资需要量

1）通过汇总设计材料表确定物资需要量

物资采购计划中，物资需求量的收集与整理，是编制物资采购计划的基础工作，物资需求量的来源是工程设计图纸中的设备表和材料表。

设计图纸中的设备表、材料表明确列出了工程所需物资的名称、规格、数量、使用方向等内容。设计提出的设备表、材料表基本是按专业，或单项建设工程分类，汇总设备材料表要按照物资采购过程中对工程所需物资进行品名规格分类和统计，现在一般按石油专业物资分类的 60 大类和分专业进行汇总。汇总的数据是物资采购计划、物资采购分工、物资采购资金使用计划、物资分配计划的依据。

设备材料表的汇总基本分三个部分进行：初步设计的汇总、详细设计的汇总和紧急采购的汇总。

2）汇总中需要注意的问题

设备材料表的汇总，由于数据量大，物资的品种、规格型号复杂，设计中表示的方式不同、单位不同，汇总中都要统一到正式的国际标准、国家标准、企业标准上。在设备表汇总过程中，对设计图纸中的设计规格，技术要求及技术条件，要求随机带的备品、备件等都要详细注明；在材料表的汇总中，主要注意的是计量标准要统一，重量换算准确。

设备材料表的汇总，一般是按图纸中所列专业档案编号进行编制。首先要检查资料是否齐全，方法是在设计总目录中看分目录是否齐全，每个档案编号中是否有重复利用的图纸，既不能漏项，也不能重复汇总。必要时应对设备材料表与设计详图所附的设备材料表中的相应内容进行核对，发现问题及时与设计人员联系。

3. 物资采购计划的内容

根据各项目物资需求计划综合平衡后编制物资采购计划，物资采购计划的主要内容包括：需要采购物资的名称、规格型号、技术条件与规范、产品标准（国际标准、国家标准、行业标准）和特殊要求；需要采购物资的数量、使用单位、资金预计使用量、交货时间、运输方式、到货地点、使用地点等。具体如下：

（1）物资采购计划中要详细描述采办物资的名称、规格、数量和采购分工。

（2）物资采购计划中要包括物资采办费用计划，就是说物资采办需要的资金预计是多少，需要明确规定采办具体费用和资金的使用要求。

（3）物资采购计划还包括物资采购进度计划。采购进度计划是对所采购物资的采购周期在时间上的预测情况。采购周期包括订货周期、交货周期、运输周期等环节。

（4）物资采购计划中还要包括物资采办特殊问题的说明，如采购的关键物资、不按正常程序采购的特殊物资、要求提前采购的物资、现场组装的物资等内容，以及为完成采购工作认为需要说明的问题。

### 4. 物资采购计划的变更和调整

如果因工程技术发生变更，应根据设计变更单、调整文件及时对原有物资需求计划进行变更、调整，编制物资采购变更或调整计划。

## 第二节　物资采购计划的实施

## 一、物资采购

物资采购方式包括招标和非招标（谈判）两种方式。采用公开招标实施的采购，其招标公告、招标结果公示须在政府指定的公开媒介公布；采用邀请招标或谈判方式实施的采购，受邀请厂商在供应商目录中选择推荐；未推荐厂商名单的，进行资格审查。招标采购在本教材第五章介绍，这里主要介绍非招标采购，采用的非招标采购方式主要有：竞争性谈判采购、单一来源采购、询价采购、应急直接采购。

### 1. 竞争性谈判采购

竞争性谈判是指业主或代理机构通过与多家供应商进行谈判确定供应商。谈判是指业主或代理机构和供应商就采购的条件达成双方都满意的协议的过程。邀请参加谈判的供应商应不少于两家，在谈判继续深入过程中若有供应商退出了谈判，导致供应商仅余一家时，谈判可以继续进行。符合下列情形之一的，可以采用竞争性谈判方式采购：

（1）涉及安全、保密或者抢险救灾而不适宜招标的。

（2）潜在投标人少于三家的。

（3）货物的标的或金额较小，招标后无供应商响应投标的。

（4）招标后没有合格投标的或重新招标未能成立的。

（5）采用招标方式，因采购时间不能满足紧急需要的。

（6）国家法律法规和相关规定不列入强制招标范围的。

2. 单一来源采购

单一来源采购，也称直接谈判采购，是指从唯一供应商处采购物资或服务的方式。符合以下情形之一的可以采用单一来源采购：

（1）涉及安全、保密或者抢险救灾工作，根据相关文件要求，需要从唯一供应商处采购的。

（2）采用特定专利或者专有技术的。

（3）在已建或在建工程的延续工程、追加工程、支线工程、主体改扩建工程中，原中标人仍具备履约能力的，且更换原供应商会造成产品不兼容或不一致的问题，不能保证与原有采购项目一致性或者服务配套的要求，需要继续从原供应商处采购的。

（4）合格的投标人不足两家的。

（5）已招标项目追加采购，品种价格不变的。

（6）采购产品只有唯一的制造商和产品提供者。

（7）发生不可预见的紧急情况（非归因于采购人）不能或来不及从其他供应商处采购的。

（8）国家法律法规和相关规定其他不宜招标的。

3. 询价采购

询价采购方式适用于采购比较简单且标准化的货物，而非按业主要求的特定规格特别制造提供，货源丰富且价格变化弹性不大的采购项目。询价采购方式，即通常所说的"货比三家"，是一种相对简单而又快速的采购方式。业主或代理机构向有关供应商发出询价通知书邀请其报价，在报价的基础上进行比较并确定最优供应商。

4. 应急直接采购

应急直接采购方式是指在工程建设中发生了不可预见的紧急情况下，如管道突发事故紧急抢险等、工程急需且按正常采购程序不能满足使用需要的，采取应急采购方式。

这种采购方式应用情况特殊，强调效率和时间，简化采购程序，简化合同会签程序，但也要强调保证物资质量并补签正式合同。

## 二、催交催运

催交催运工作主要是督促供应商按照合同规定的期限提供技术文件和

订购的物资以满足工程设计条件和施工工期的要求，故该工作贯穿于从合同签订后到物资运至合同规定目的地全过程。其工作基本内容是了解供应商对订购物资的开工准备情况和完工情况；编制催交催运计划；检查物资的制造、组装、试验、检验包装和标记情况；检查物资的装载和运输情况。

催交催运工作要掌握供货厂商的生产进度，确保全部关键控制点的实施与合同规定的时期一致，如果不符应予落实，必要时可到生产现场核实。为了避免生产进度严重滞后，凡涉及影响产品质量或交货期的任何问题（或潜在问题），应配合供货厂商一起找出影响生产进度的原因，协商提出解决问题的方法。针对制造周期长、结构复杂的大型设备，应要求供货厂商明确其执行主管，以便在生产出现问题的时候能及时得到解决。

## 三、清关

### 1. 清关的概念

清关（Customs Clearance）即结关，是指进口货物、出口货物和转运货物进入或出口一国海关关境或国境必须向海关申报，办理海关规定的各项手续，履行各项法规规定的义务；只有在履行各项义务，办理海关申报、查验、征税、放行等手续后，货物才能放行，货主或申报人才能提货。同样，载运进出口货物的各种运输工具进出境或转运，也均需向海关申报，办理海关手续，得到海关的许可。货物在清关期间，不论是进口、出口或转运，都处在海关的监管之下，不准自由流通。

对进口货物来说，目前国家海关认可的除临时入境之外还有两种方式：一种是一般贸易报关进口，另一种就是以快件的方式进口。

进口货物的收货人或其代理人应当自载运该货的运输工具申报进境之日起 14 天内向海关办理进口货物的通关申报手续。

### 2. 进口清关流程

1）确认订单、合同、发货日期

确认订单——确认货物价格，货量。

确认合同——确认好合同的成交条款，最终发货量，货物价格，最晚出运船期。

2）通知国内代理，联系准备清关单证

清关单证：货物的物权凭证（B/L，BILL OF LOADING），发票，装箱单，合同，原产地证，质检证书，包装声明等。

3）清关流程

换单——去货运代理商或船公司换签提货单（D/O，DELIVERY OR-DER），提货单是目的港口提取货物时需要的凭证，不可以转让。

电子申报——电脑预录、审单、发送、与海关联系/放行。

报检——电子申报放行后，凭报关单四联中的一联去商检局办理报价手续，出通关单。

现场交接单——海关现场交接单。

查验——海关根据货物申报品名的监管条件，与当日查验概率给予查验，如有查验会开出查验通知书。

放行——海关放行有以下几个步骤：

（1）一次放行；

（2）开出查验通知书或无查验直接2次放行；

（3）查验后，做关封后放行；

（4）运输。

运输前需注意是否商检局开具动卫检查验联系凭条，如有动卫检查验，则需提前预约。车队需在港区安排提货计划，如港区计划、理货、放箱计划等。

4）入库、分销

收货人收到货物后安排仓储、分销出运。将税单送到税务局抵扣增值税。进口海关监管货物则在其监管期限内不得转让，如需转让则需向海关再次申报。

# 四、物资检验

物资检验分为出厂前的物资检验和物资到库前的现场检验。

## 1. 出厂前的物资检验

供应商按照合同对工程物资进行生产时，应委托相关专业技术人员到制造厂进行驻厂监造和出场前的检验，应要求供应商根据产品规格、型号、质量情况，按照产品标识的规定，严格做好产品制造过程和出厂的可追溯性标识，并做详细记录，否则不允许产品出厂。

### 2. 现场检验

合同标的物生产完成后，由供应商组织发运交货，在交货过程中要组织现场交接、验收工作。

对现场验收的物资，应委托相关专业技术人员和供应商现场代表共同进行强度试验、严密性试验、设备调试与运行等现场验收。

对进口设备、材料应经过国家或地方的商检机构进行商品检验，做好商检记录。

### 3. 不合格品的处置

经初检检验判定不合格的物资，要在现场进行拍照和文字描述，按下列方式处置：

（1）虽为不合格品，但采取技术措施后能够满足使用要求，可按让步接收处置，同时向供应商索赔。

（2）经有关部门检验为不合格，又不能满足使用要求的，做退货、换货处理。

（3）供应商对检验结果有异议时，业主组织供应商和原验收人（含检验机构）共同进行取样复检。

（4）对不合格物资要进行标识，隔离放置并做好记录。

### 4. 紧急放行

采购物资到货后，因工程项目急需不能及时进行检验或检验结论尚未做出时，对其中可追回的物资，经业主同意后方可采取紧急放行。

对紧急放行的物资应做出明确标识，以便一旦发现不符合规定时，能立即追回和更换；对不能追回的物资不准采取紧急放行的方式。

## 五、查询、索赔及事故处理

查询是指物资在验收过程中发现数量和质量等问题向有关部门进行询问。物资在验收中发现名称、规格型号、数量与合同、发货凭证不符，质量不合格，所带附件、技术资料不齐全，或因包装质量差造成的损坏等情况，应做好查询记录以便与供货厂商联系处理。对于质量不合格者应提供有具体内容的证明资料。

由于铁路、公路、航运、邮局等国内乘运部门的责任，在运输中造成物资短缺、损坏或运耗超过规定的标准时，接运人要做好现场记录并及时报告，通知供应商与乘运部门联系，以便得到赔偿。

物资在调拨后由于在装卸、倒运、安装过程中发生损坏、丢失等情况，应作为事故处理。

应根据查询、索赔和事故处理的各种记录和报告，及时补订、补发、退货、调换、退款或与供应商联系到现场处理，保证工程的顺利进行。

# 第三节 物资监造管理

## 一、监造的方式

涉及安全、环保和使用寿命的关键物资、主要材料、设备制造等，对产品的生产制造、质量检验过程及进度实行驻厂监造。监造受业主委托，依据监造合同，对物资产品的生产制造和质量检验过程实施专业化监督管理，以保证工程物资的质量和进度。监造主要采用以下三种方式：

（1）委托专职机构对制造单位的质量保证体系监督、原料入厂检验、生产过程控制、成品检测和验收等实施全过程现场监督。

（2）监督抽查检验方式：监造（或检验）人员定期或不定期去制造单位检查质量保证体系的执行情况，并对生产用原材料、生产半成品或生产成品进行抽样检验。

（3）出厂前验收方式：监造（或检验）人员在产品出厂前到制造单位检查产品生产过程中的质量控制文件和有关记录，参加最终产品的工厂联机试运和出厂前的检验工作。

## 二、监造单位的选择

物资监造主要采取竞争方式选择。

监造单位需具备相应资质，要有足够的管道工程建设物资监造业绩，良好的声誉，有合理的报价，标准、完整、齐全的符合国际规范的管理文件以及能够适应相应工作的专业队伍和设备。

（1）软件设施：权威部门发给的授权书，业主认可的技术水平、人员资

质、程序文件、质保体系、工作业绩等。

（2）硬件设施：相应的仪器设备等。

# 三、监造工作目标

质量控制目标：物资质量必须符合技术规范要求和合同约定的要求及合同约定附加的技术要求。

进度控制目标：在合同规定的时限内实现供货。

# 四、监造工作依据

物资监造工作依据主要有：

（1）委托监造合同。

（2）物资采购合同。

（3）监造方面的标准、法规、规范。

（4）监造质量、进度规划。

# 五、监造工作内容

物资监造单位按监造合同及标准规范，编制监造工作实施细则、监造规划。按监造合同要求组建监造机构，派驻专业监造人员实施监造管理，对业主所委托物资产品的制造、检验、包装全过程的质量、进度进行控制以及进行合同管理、信息管理和现场的协调工作。

监造过程中，审查制造单位提交的制造生产计划和工艺方案；审查制造分包单位的资质情况、实际生产能力和质保体系，确认是否具备满足技术质量要求的生产能力。监督检查原材料、外构件及坯料质量证明、检验及报告以及应报验的其他资料。对制造过程进行监督，确认制造单位对制造过程的检验时间、内容、方法、标准、手段及检验设备和仪器，对关键部位、关键工序进行跟踪检查或旁站检查，做好记录。对物资的防护、包装、储存、安装和装箱进行监督。及时汇报进度、质量情况，提交报表、专项工作报告和监造工作报告。审核、确认和签发物资放行的相应文件资料。

业主监督和审计部门对监造工作进行监督检查。

# 第四节　物资中转站管理

## 一、中转站的职责和要求

中转站是为保证管道工程建设工程现场物资的及时供给，在管道工程沿线设立的临时物资仓储周转场所。物资中转站是管道工程物资采购供应工作的重要组成部分，是管道工程建设顺利进行的物质保证。

中转站的管理采用委托管理的模式。受托中转站服务商按照与业主签订的中转站服务工作合同要求，负责管道工程沿线中转站的设置；工程物资到货验收，存储；按照业主主管部门调拨指令进行物资出库调拨；结算单据的收集、整理、提交；工程结束后剩余物资的处理等工作。各中转站要统一工作标准、规范管理。监督部门对中转站的工作实行监督管理。

中转站应按照"严细认真，科学规范，准确及时，优质高效"的要求，做到到达物资能够保质、保量、按时供应到位，即做好到达物资的接收、保管保养与发放工作；完成竣工资料的编制；完成工程结束后剩余物资的处理。

在工作过程中，应运用现代化的科学管理方法，严格遵守验收、保管保养操作规程，在相关单位的配合下，做到所接收物资质量合格、记录清楚、堆码有序、标识准确、各种单据传递及时准确、资料存档规范；所保管物资不腐、不损、不丢；调拨物资程序符合要求、手续完整、数量准确、资料齐全、记录清楚、有追溯性。

## 二、中转站的设置、工作内容及责任界定

### 1. 中转站的设置

中转站应根据"依托铁路，方便施工，保证安全，节省费用"的原则进行选址设置。中转站服务商获得委托后，要对其所在管道沿线进行调研，充分了解当地铁路、周边社会情况，选择最合适的地点建站，所选定的地点应有满足建站的外部条件和保证安全存放业主提供材料和设备的场地和库房，报批后开始实施。

根据管道工程建设现场物资管理的要求，中转站分为综合型和专用型两种。综合型中转站应有封闭式库房和料场，能够存放各种设备和材料；专用型中转站适用于存放各种线路钢管及线路材料。

2. 中转站工作内容

1）建站

中转站站址获批后，要对站址进行改造，场地三通一平，库房进行维修，满足仓储必须的条件。库区应设置待验区、合格区、不合格品区，存放相应的物资，不许混放。

2）物资接收准备

管道工程进口、长周期和安装在管道场站、阀室的主要、关键设备、材料一般由业主自行采购。业主自行采购物资发中转站前，业主应将发出物资的名称、规格型号、生产商、数量、包装方式、运输方式和商检情况等信息提前通知所到中转站；发货后，业主应及时将发货时间、发货地点、发车数量等信息通知所到中转站。

中转站接到发货通知后，做好卸车机具、存放场地、库房、垫物料、苫盖物品等相应准备工作。

3）物资验收

物资验收是指根据工程所用物资到货通知单对到货物资进行一般性的检查，即指中转站配合或自行对物资的外观质量检查和品种、规格、型号、数量及随机文件资料的清点等。

物资运至中转站后，中转站按业主的到货通知与运送人员共同对所到物资进行外观检查，如无异议，中转站按规定进行卸车，存放在待验区，等待正式验收；对发现有包装破损、生锈、变形、数量不符、位移、缺少资料等情况，应暂缓卸车，并及时通知有关部门处理。

业主应组织有关人员成立验收小组，在物资到站后及时进行检验，中转站配合验收。

（1）进口物资。

如在进关时已经商检的物资，业主提供商检报告等资料，验收小组按合同与装箱单进行清点，验收合格后由中转站接收保管；如需拉运到中转站进行商检的，业主应事先通知中转站，由业主负责召集有关部门办理商检，中转站派人参加，商检合格后由中转站接收保管。

（2）国内物资。

由业主负责召集验收小组开箱按合同与装箱单进行清点，验收合格后中转站接收保管。随机资料由供应商代表在验收时统一收集，附机、备品备件、附属件、专用工具及多发的小配件等随机配件，在验收完成后统一交由中转站保管。

对直接送达施工安装现场的物资，验收小组组织现场监理、施工承包商和中转站在设备到达后立即进行验收，验收程序、步骤及发现问题的处理与在中转站验收一致，验收合格后交给施工承包商接收保管。

物资验收完成后，参加验收的各方要填写验收报告（记录）。

4）保管保养

保管保养是指按照物资的属性，选择合理的储存场所，通过各种方法，最大限度地保持到货物资有使用价值的一系列活动。中转站应对接收的物资按规定进行保管保养，保证库存物资的完好。

5）物资发放

物资发放是指物资中转站根据主管部门的物资调令，按程序将物资发放给领用单位而进行的一系列活动。

物资发放要按照先进先出的原则进行发放。送达中转站物资，统一由中转站按调令进行发放；直接送达施工现场的物资，中转站派人参加验收，填制到货记录，并出具验收结算单和调拨确认单。

6）物资统计

中转站要建立电子和纸制物资到货、调拨和库存台账；根据业主的要求及时掌握、了解物资的供应动态和施工承包商对物资的需求信息，并按要求及时反馈；按时上报各种报表；根据物资收发动态进行不定期盘点，每月末进行定期盘点。

3. 中转站责任的界定

物资在中转站的界定：物资到达中转站，卸车前，发现的问题由运输单位负责；从卸车开始，责任转移到中转站；调拨时，中转站装车后，责任就由领料方承担。

物资在施工现场的界定：物资到达施工现场，从卸车开始，责任即转移到施工承包商。

以上到达责任仅是物资没有正式验收前的责任，责任方应对到达物资的包装、外观、数量负责，并有妥善保管的责任（包括苫盖、做好防水、防火）。正式验收合格后，接收方（中转站和施工承包商）要负全责，调拨后，领料方承担全部责任。

## 三、中转站服务商的考核与评价

中转站服务商完成所在管道的中转服务后，业主对其工作的执行情况进行考核与评价。对中转站的考核指标主要有：

(1) 物资到货验收率。

(2) 库存物资完好率。

(3) 物资调拨准确、完好率。

(4) 信息传递及时、准确率。

(5) 服务满意率。

(6) 人员伤亡率。

(7) 设备完好率。

# 第八章 投 资 控 制

## 第一节 投资控制概述

### 一、工程建设投资的含义与构成

建设项目总投资是指投资主体为获取预期收益，在选定的建设项目上所需投入的全部资金。建设项目按用途可分为生产性建设项目和非生产性建设项目。生产性建设项目总投资包括固定资产投资和流动资产投资两部分。而非生产性建设项目总投资只有固定资产投资，不包括流动资产投资。

建设工程投资由设备工器具购置费、建筑工程安装费及工程建设其他费用、预备费、建设期利息和固定资产投资方向调节税组成。

### 二、工程建设投资的特点

(1) 建设工程投资数额巨大。

(2) 建设工程投资差异明显。

(3) 建设工程投资需单独计算。

(4) 建设工程投资确定依据复杂。

(5) 建设工程投资确定层次多。

(6) 建设工程投资需动态跟踪调整。

### 三、工程建设总投资的构成

工程建设总投资的构成如图 8-1 所示。

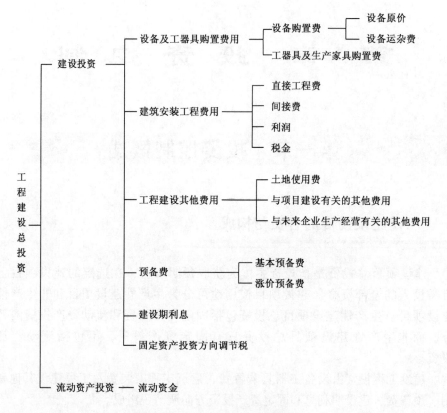

图 8－1　工程建设总投资的构成

# 四、管道工程建设项目投资控制目标设置和控制过程

## 1. 目标设置

建设项目投资控制的目标是随着工程建设实践的不断深入而分阶段设置的，具体设置过程如图 8－2 所示。

（1）批准的项目可行性研究报告中投资估算应是控制初步设计投资总概算的目标。

（2）批准的初步设计文件中投资总概算是控制施工图预算和项目竣工决算的目标。

（3）施工图预算是控制工程结算的目标。

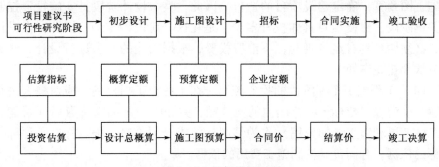

图 8－2　目标设置过程

## 2. 控制过程

投资控制的全过程应贯穿于工程项目建设的全过程或建设程序的所有步骤。虽然如此，但每个阶段投资控制的重要性却不一样。越是前期，投资控制越重要。越是后期，投资控制的影响作用越小。因此控制重点在前期决策和设计决策。它与进度控制和质量控制正好相反，后两者的控制重点是实施期。

（1）项目建议书阶段的投资控制。在项目建议书阶段要进行投资估算和资金筹措设想。如果项目是打算利用外资的，应分析利用外资的可能性，初步测算偿还贷款的能力。还要对项目的经济效益和社会效益作初步估计。项目建议书的编制，伴随着初步可行性研究。

（2）可行性研究阶段的投资控制。在可行性研究阶段，主要是在项目建议书获得批准后，对项目进行评估，为项目决策提供主要依据。其任务虽然涉及市场、工艺技术和经济等多方面，但投资控制却是最主要的。这个阶段要在完成市场需求预测、厂址选择、工艺技术方案选择等可行性研究的基础上，对拟建项目的各种经济因素进行调查、研究、预测、计算及论证，运用定量分析与定性分析相结合、动态分析与静态分析相结合的方法，计算内部收益率、净现值率、投资利润率等指标，完成财务评价；大中型项目还利用影子价格、影子汇率、社会折现率等经济参数，进行国民经济评价，从而考察投资行为的宏观经济合理性。可行性研究报告是进行投资决策的主要依据。

（3）编制设计文件阶段的投资控制。初步设计根据批准的可行性研究报告和有关设计基础资料，拟定工程建设实施的初步方案，从技术上、经济上作出合理安排，通过初步设计概算具体确定建设投资。技术设计是对复杂工程的重大技术问题进一步深化设计，作为施工图设计的依据，编制修正概算，修正投资控制额。施工图设计则根据初步设计（或技术设计）进行编制，通过施工图预算，确定建设项目的造价。因此，整个设计阶段是实施投资控制的关键阶段，建设项目具体投资多少，是在这个阶段确定的。因此，在设计中，必须始终具有经济观念，不浪费投资，根据功能的要求进行设计，使每一分钱都花在实处。

（4）工程施工招标阶段的投资控制。在工程施工招标前，应对概算进行分解，确定施工招标工程范围内的概算额，并扣除一定风险系数后（可能在施工中变更和索赔增加费用）作为编制标的或合同价格上限。标底是评标与决标的依据，合同价是控制施工费用的依据。

（5）施工阶段的投资控制。施工阶段是投资活动的物化过程，是真正的大量投资支出阶段。这个阶段投资控制的任务是，按设计要求实施，使实际支出控制在合同价之内，合同价控制在初步设计概算之内。因此，要减少设计变更，努力降低造价，竣工后搞好结算和决算。

# 第二节　投资估算的编制与审查

## 一、投资估算概述

### 1. 投资估算的概念

投资估算旨在对项目的建设规模、产品方案、工艺技术及设备方案、工程方案及项目实施进度等进行研究并基本确定的基础上，估算项目所需资金总额并测算建设期分年资金使用计划。投资估算是拟建项目编制项目建议书、可行性研究报告的重要组成部分，是项目决策的重要依据之一。

### 2. 投资估算的内容

投资估算的内容，从费用构成来讲应包括该项目从筹建、设计、施工直至竣工投产所需的全部费用，分成建设投资和流动资金两部分。

### 3. 投资估算的主要依据

（1）主要工程项目、辅助工程项目及其他各单项工程的建设内容及工程量。

（2）专门机构发布的建设工程造价及费用构成、估算制表、计算方法，以及其他有关估算工程造价的文件。

（3）专门机构发布的工程建设其他费用计算办法和费用标准，以及政府部门发布的物价指数。

（4）已建同类工程项目的投资档案资料。

（5）影响建设工程投资的动态因素，如利率、汇率、税率等。

## 二、常用的投资估算方法

### 1. 常用的建设投资估算方法

建设投资的估算采用何种方法应取决于要求达到的精确度，而精确度又由项目前期研究阶段的不同以及资料数据的可靠性决定。因此在投资项目的不同前期研究阶段，允许采用详简不同、深度不同的估算方法。常用的估算方法有：生产能力指数法、资金周转率发、比例估算法、综合指标投资估算法。

### 2. 常用的流动资金估算方法

流动资金只是生产经营性项目投产后，未进行正常生产运营，用于购买原料、燃料，支付工资及其他经营所需的周转资金，流动资金估算一般参照现有同类企业的状况采用分项详细估算法，个别情况或者小型项目可采用扩大指标法。

## 三、投资估算的审查

为保证项目投资估算的准确性和估算质量，审查项目投资估算时，应注意审查以下几点：

（1）投资估算编制依据的时效性和准确性。

（2）审查选用的投资估算方法的科学性和适用性。

（3）审查投资估算的编制内容和拟建项目规划要求的一致性：

①审查投资估算包括的工程内容与规划要求是否一致，是否漏掉了某些辅助工程、室外工程等的建设费用；

②审查项目投资估算中声场装置的技术水平和自动化程度是否符合规划要求的先进程度。

（4）审查投资估算的费用项目、费用数额的真实性：

①审查费用项目与规划要求、实际情况是否相符，是否漏项或重项，估

算的费用项目是否符合国家规定，是否针对具体情况作了适当的增减；

②审查"三废"处理所需投资是否进行了估算，其估算数额是否符合实际；

③审查是否考虑了物价上涨和汇率变动对投资额幅度的影响，考虑的波动变化幅度是否合适；

④审查项目投资主体自有的稀缺资源是否考虑了机会成本，沉没成本是否剔除；

⑤审查是否考虑了采用新技术、新材料以及现行标准和规范比已运行项目的要求提高所需增加的投资额，考虑的额度是否合适。

# 第三节  设计概算的编制与审查

## 一、设计概算概述

设计概算可分为单位工程概算、单项工程综合概算和建设项目总概算三级。

### 1. 各级概算之间的关系

图8-3给出了各级概算之间的具体关系。

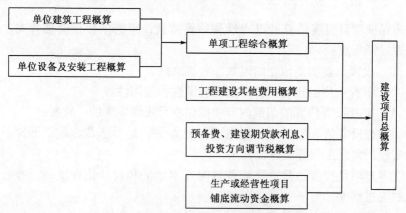

图8-3  各级概算之间的关系

## 2. 建设项目总概算的构成

图 8-4 给出了建设项目总概算的具体构成。

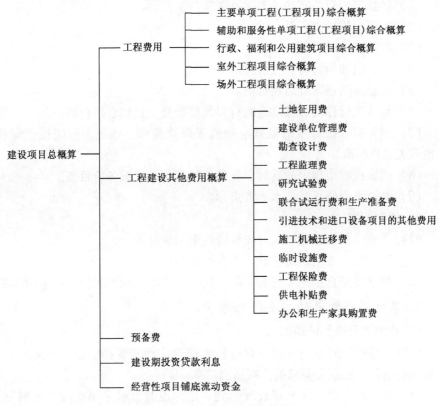

图 8-4 建设项目总概算的构成

## 3. 设计概算的作用

（1）国家确定和控制基本建设投资、编制基本建设计划的依据。

（2）设计方案经济评价与选择的依据。

（3）实行建设工程投资包干的依据。

（4）基本建设核算、"三算"对比、考核建设工程成本和投资效果的依据。

# 二、设计概算的编制

设计概算是从最基本的单位工程概算编制逐级汇总而成。

1. 设计概算的编制依据和编制原则

1）编制依据

（1）经批准的有关文件、上级有关文件、指标。

（2）工程地质勘查资料。

（3）经批准的设计文件。

（4）水、电和原材料供应情况。

（5）交通运输情况及运输价格。

（6）地区工资标准、已批准的材料预算价格及机械台班价格。

（7）国家或省市颁发的概算定额或者概算指标、建筑工程间接费定额、其他有关收费标准。

（8）国家或省市规定的其他工程费用指标、机电设备价目表。

（9）类似工程概算及技术经济指标。

2）编制原则

（1）严格执行国家建设方针和经济政策的原则。

（2）要完整、准确地反应设计内容的原则。

（3）要坚持结合拟建工程的实际，反映工程所在地当时价格水平的原则。

2. 单位工程概算的主要编制方法

1）建筑工程概算的编制

单位工程概算的编制方法一般有扩大单价法和概算指标法两种形式，可依据编制条件、依据和要求的不同适当选取。

（1）扩大单价法。当初步设计达到一定深度时，可采用这种方法编制工程概算。其原理为根据概算定额编织成扩大单位估价表，然后用扩大分部分项工程的工程量诚意扩大单位估价进行计算，计算出材料费、人工费和施工机械使用费三者之和，再根据有关取费标准计算其他直接费、现场经费、间接费、利润和税金。将上述费用累加，计算出单位工程概算造价。

（2）概算指标法。由于设计深度不够、对一些附属、辅助和服务工程等项目以及投资较小、比较简单的工程项目，可采用概算指标法编制概算。

2）设备及安装概算的编制

（1）设备购置费概算根据初步设计的设备清单计算出设备原价，并汇总求出设备总原价，然后按有关规定的设备运杂费率乘以设备总原价，两项相加即为设备购置费概算。

（2）设备安装工程概算的编制。设备安装概算的编制方法一般有预算单价法和扩大单价法两种。

### 3. 单项工程综合概算的编制

综合概算是以单项工程为编制对象，确定建成后可独立发挥作用的工程所需全部建设费用的文件，由该单项工程内各单位工程概算书汇总而成。

综合概算书是工程项目总概算书的组成部分，是编制总概算书的基础文件，一般由编制说明和综合概算表两部分组成。

### 4. 总概算的编制

总概算是以整个工程项目为对象，确定项目从立项开始，到竣工交用整个过程的全部建设费用的文件，它由各单项工程综合概算及其他工程和费用概算综合汇总而成。

总概算书一般由编制说明、总概算表计所含综合概算表、其他工程和费用概算表组成。

## 三、设计概算的审查

### 1. 设计概算审查流程图

设计概算审查流程图如图 8 - 5 所示。

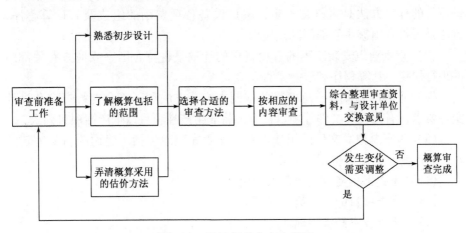

图 8 - 5　设计概算审查流程图

### 2. 设计概算审查内容

1) 审查设计概算的编制依据

(1) 审查编制依据的合法性。

（2）审查编制依据的时效性。

（3）审查编制依据的适用范围。

2）审查概算编制的深度

（1）审查编制说明。审查编制说明可以检查概算的编制方法、深度和编制依据等重大原则问题，若编制说明有差错，具体概算必有差错。

（2）审查概算编制的完整性。

（3）审查概算编制的范围。

3）审查设计概算的内容

（1）审查概算的编制是否符合党的方针、政策，是否根据工程所在地的自然条件进行编制。

（2）审查建设规模、建设标准、配套工程、设计定员等是否符合原批准的可行性研究报告或立项批文的标准。

（3）审查编制方法、计价依据和程序是否符合现行规定，包括定额或指标的适用范围和调整方法是否正确。

（4）审查工程量是否正确。

（5）审查材料的用量和价格。

（6）审查设备规格、数量和配置是否符合设计要求，是否与设备清单相一致，设备预算价格是否真实，设备原价和运杂费的计算是否正确，非标设备原价的计价方法是否符合规定，进口设备各项费用的组成及其计算程序、方法是否符合国家主管部门的规定。

（7）审查建筑安装工程的各项费用的计取是否符合国家或地方有关部门的现行规定，计算程序和取费是否正确。

（8）审查综合概算、总概算的编制内容、方法是否符合现行规定和设计文件要求，有无设计文件外项目，有无将非生产性项目以生产性项目列入。

（9）审查总概算文件的组成内容，是否完整地包括了建设项目从筹建到竣工投产为止的全部费用组成。

（10）审查工程建设其他各项费用。

（11）审查项目的"三废"治理。

（12）审查技术经济指标。

（13）审查投资经济效果。

3. 概算调整和重新审查

工程概算一经批准后，其静态部分一般不得调整。确实由于下列原因需要调整时，应由业主通知原设计单位调查分析变化原因，编制调整概算。

（1）超出原初步设计范围的重大变更。

（2）属于国家重大政策性变动，可调整概算的动态部分。

（3）不可抗拒的重大自然灾害引起的工程变动或费用增加等。

（4）需要调整概算的工程项目，在影响工程投资的主要因素已基本清楚，工程量已完成70%以上时方可调整。一项工程只能调整一次。调整概算的申报及审批程序，与概算相同。调整概算的编制要求，按《石油天然气管道工程概（预）算编制办法》的规定执行。

### 4. 概算审查方法

（1）对比分析法。对比分析法主要是建设规模、标准与立项批文对比，工程数量与设计图纸对比，综合范围、内容与编制方法、规定对比，各项取费与规定标准对比，材料、人工单价与市场信息对比，引进设备、技术投资与报价对比；技术经济指标与同类工程对比等。

（2）查询核实法。查询核实法是对一些关键设备和设施、重要装置、引进工程图纸不全、难以核算的较大投资进行多方查询核对、逐项落实的方法。

（3）联合会审法。联合会审前，可先采用多种形式分头审查，包括设计单位自身，主管、建设、承包单位初审，工程造价咨询公司评审，邀请同行专家预审，审批部门审定，经层层审查把关后，由有关单位和专家进行联合会审。

## 第四节　施工图预算的编制与审查

## 一、施工图预算的概述

### 1. 施工图预算的概念

施工图预算是施工图设计预算的简称，又称设计预算。它是由设计单位在施工图设计完成后，根据施工图设计图纸、现行预算定额、费用定额以及地区设备、材料、人工、施工机械台班等预算价格编制和确定的建筑安装工程造价的文件。

### 2. 施工图预算的作用

（1）建设工程施工图预算是招投标的重要基础，既是工程量清单的编制依据，也是标底编制的依据。

（2）施工图预算是施工单位在施工前组织材料、器具、设备和劳动力供应的重要参考，是施工企业编制进度计划、统计完成工程量、进行经济核算的参考依据，是甲乙双方办理工程结算和拨付工程款的参考依据，也是施工单位拟定降低成本措施和按照工程量清单计算结果、编制施工预算的依据。

（3）对于工程造价管理部门来说，施工图预算是监督、检查执行定额标准，合理确定工程造价，测算造价指数的依据。

### 3. 施工图预算的内容

施工图预算包括单位工程预算、单项工程预算和建设项目总预算。建设项目总预算是从基础的单位工程预算逐级汇总得来的。

单位工程预算包括建筑工程预算和设备安装工程预算。

### 4. 施工图预算管理总则

（1）为适应管道工程新的管理体制和运行机制要求，工程建设项目投资的确定要坚持"强化预算、淡化结算、先算后干"的原则。

（2）从事概预算的工作人员，要有良好的思想品德和熟练的业务水平。不搞不正之风，维护国家和企业的经济利益。

（3）充分利用价值规律，发挥价值在工程建设中的经济管理作用和杠杆作用，深入施工现场、参与工程决策，平衡好工程的质量、进度、投资三者之间的关系。在保证工程质量的前提下，处理好降低工程成本与缩短工期的相互关系。

（4）坚持实事求是原则，尊重客观实际，合理确定工程造价。不弄虚作假，不高估冒算，不非法盈利，正确执行国家、地方主管部门颁发的有关概预算文件和规定。

（5）工程预（结）算的编制程序和方法，必须符合上级主管部门概预算编制管理办法，基础资料必须正确、可靠。

（6）对工程建设预算实行全过程的控制和管理。

## 二、施工图预算的编制

### 1. 施工图预算编制的依据

（1）国家有关建设和造价管理的法律、法规和方针政策。

（2）施工图设计项目一览表、各专业施工图设计的图纸和文字说明、工程地质勘查资料。

（3）主管部门颁发的现行有关建筑工程和安装工程预算定额、材料和构配件预算价格、工程费用定额和有关费用规定等文件。

（4）现行的有关设备原价及运杂费率。

（5）现行的其他费用定额、指标和价格。

（6）建设场地中的自然条件和施工条件。

**2. 施工图预算编制的流程**

图8-6给出了具体的施工图预算编制流程。

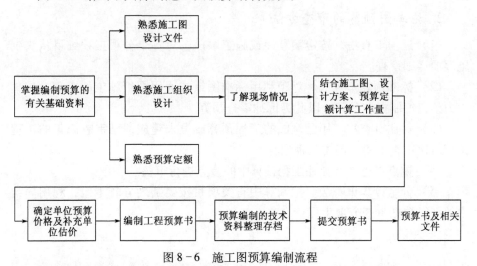

图8-6 施工图预算编制流程

**3. 施工图预算编制的方法**

施工图编制可采用工料单价法和综合单价法。

（1）工料单价法。工料单价法是目前施工图预算普遍采用的方法。它是根据建筑安装工程施工图和预算定额，按分部分项的顺序，先算出分项工程量，然后再乘以对应的定额基价，求出分项工程直接工程费。将分项工程直接工程费汇总为单位工程直接工程费，直接工程费汇总后另加措施费、间接费、利润、税金生成施工图预算造价。

（2）综合单价法。综合单价即为分项工程全费用单价，也就是工程量清单单价；它综合了人工费、材料费、机械费，有关文件规定的调价、利润、税金，现行取费中有关费用，材料价差，以及采用固定价格的工程所测算的风险金等全部费用。

## 三、施工图预算的审查

### 1. 施工图预算的审查要点

（1）审查工程量计算是否符合有关规定。

（2）审查设备、材料的预算价格计算是否正确。

（3）审查预算单价的套用是否正确。

（4）审查有关费用项目是否符合有关规定标准，其计取是否正确。

### 2. 施工图预算的审查方法

（1）逐项审查法。按定额顺序或施工顺序，对各个分项工程细目从头到尾逐项详细审查。

（2）标准预算审查法。对于利用标准图纸或通用图纸施工的工程，先集中力量，编制标准预算，以此为标准审查预算。

（3）对比审查法。用已建成的工程预算或虽未建成但已审查修正的工程预算对比审查拟建的同类工程预算。

（4）重点审查法。抓住工程预算中的重点进行审核。

（5）分组计算审查法。把预算中有关项目按类别划分若干组，利用同组中的一组数据审查分项工程量。

# 第五节　招投标阶段的投资控制

## 一、招投标概述

建设项目招投标是指招标人在发包建设项目之前，依据法定程序，以公开招标或者邀请招标方式，鼓励潜在的投标人依据招标文件参与竞争，通过评审从中择优选定得标人的一种经济活动。

管道工程项目招投标管理的具体内容在第五章《招投标管理》中有具体描述，这里不再赘述。

## 二、招投标阶段投资控制要点

1. 合同形式的选择

以付款方式进行划分，建设项目合同可分为以下几种：

1）总价合同

总价合同是指在合同中确定一个完成项目的总价，承包人据此完成项目全部内容的合同。总价合同又可以分为固定总价合同和可调总价合同。

2）单价合同

单价合同是承包人在投标时，按招标文件就分布分项工程所列出的工程量表确定个分部分项工程费用的合同。单价合同又可以分为固定单价合同和可调单价合同。

目前，管道工程项目通常采用固定单价合同。

固定单价合同是在设计或其他建设条件（如地质条件）还不太落实情况下，而以后又需增加工程内容或工程量时，可以按单价适当追加合同内容。在每月（或每阶段工程结算时）根据实际完成的工程量结算，在工程全部完成时以竣工图的工程量最终结算工程总价款。

3）成本加酬金合同

成本加酬金合同，石油发包人向承包人支付工程项目的实际成本，并按事先约定的某一种方式支付筹集的合同类型。成本加酬金合同有多种形式，常用的有以下几种：

（1）成本加固定费用合同。

（2）成本加定比费用合同。

（3）成本加奖金合同。

（4）成本加保证最大酬金合同。

（5）工时及材料补偿合同。

2. 管道工程招标投标价格

1）计价方式

在《建筑工程施工发包与承包计价管理办法》中第五条规定了：施工图预算、招标标底和投标报价由成本、利润和税金构成。其编制可以采用工料单价法和综合单价法。

目前，管道工程招标投标的计价方法通常采用综合单价法。业主在招标文件中给出《×××工程量清单单项报价表》（表8-1）。在工程量清单单项报价表中明确列出项目清单，各项目的工程量根据初步设计或施工图暂定一个数据，由施工单位测算各项目的综合单价后，经计算各项目的合价，汇总后得出投标报价。

表8-1 线路项工程施工（标段）工程量清单单项报表 单位：元

| 序号 | 项目名称 | | 单位 | 工程量 | 综合单价 | 合价 | 备注 |
|---|---|---|---|---|---|---|---|
| | 线路总长 | | km | | | | |
| 1 | 接桩测量放线 | | km | | | | |
| 2 | 作业带清理及扫线 | | km | | | | |
| 3 | 防腐管运输 | 直管段（运距27km） | km | | | | 运距自测 |
| | | 热煨弯头（运距27km） | 个 | | | | 运距自测 |
| | | 冷弯管（运距27km） | 个 | | | | 运距自测 |
| 4 | 直管段安装 | φ1219×18.4 | km | | | | |
| | | φ1219×22 | km | | | | |
| 5 | 热煨弯管安装 | φ1219×22 | 个 | | | | |
| | | φ1219×27.5 | 个 | | | | |
| 6 | 冷弯管安装 | φ1219×18.4 | 个 | | | | |
| | | φ1219×22 | | | | | |
| 7 | 阀室工艺安装 | 普通阀室及RTU阀室 | 座 | | | | 阀室全部工艺安装 |
| | | 分输 | 座 | | | | 阀室全部工艺安装 |
| 8 | 管段现场坡口 | | 口 | | | | |
| 9 | 管沟上方开挖 | | m³ | | | | |
| 10 | 管沟石方开挖 | | m³ | | | | |
| 11 | 细土回填 | | m³ | | | | 管底20cm至管顶30cm选 |
| 12 | 原土回填 | | km | | | | |
| 13 | 弃渣处理 | | 顶 | | | | |
| 14 | 管线分段清扫、试压 | | km | | | | 含定向钻 |
| 15 | 管线干燥 | | km | | | | 含定向钻 |
| 16 | 中、小型河流、沟渠穿越 | φ1219×18.4 | m/条 | / | | | |
| | | φ1219×22 | m/条 | / | | | |

| 序号 | 项 目 名 称 | | 单位 | 工程量 | 综合单价 | 合价 | 备注 |
|---|---|---|---|---|---|---|---|
| 17 | 水塘、鱼塘穿越 | φ1219×18.4 | m/条 | / | | | |
| | | φ1219×22 | m/条 | / | | | |
| 18 | 顶管穿越公路（非单出图） | 顶混凝土套管 | m/处 | / | | | 套管型号 JC/T 640 1800×2000 |
| | | 管道安装 φ1219×18.4 | m/处 | / | | | |
| | | 管道安装 φ1219×22 | m/处 | / | | | |
| 19 | 不带混凝土套管公路穿越（非单出图） | 路面工程（碎石路面） | m/处 | / | | | |
| | | 加盖板路面工程（水泥或沥青路面） | m/处 | / | | | |
| | | 管道安装 φ1219×18.4 | m/处 | / | | | |
| | | 管道安装 φ1219×22 | m/处 | / | | | |
| 20 | 带混凝土套管公路穿越（非单出图） | 路面及套管（水泥或沥青路面） | m/处 | / | | | RC1800X2000－Ⅱ—GB11836 |
| | | 管道安装 φ1219×18.4 | m/处 | / | | | |
| | | 管道安装 φ1219×22 | m/处 | / | | | |
| 21 | 单出图公路顶管穿越 | 顶混凝土套管 | m/处 | / 1 | | | RC1800X2000－Ⅱ—GB11836 |
| | | 管道安装 φ1219×18.4 | m/处 | / 1 | | | |
| | | 管道安装 φ1219×22 | m/处 | / 1 | | | |
| 22 | 单出图铁路顶箱涵穿越 | 混凝土箱涵 | m/处 | / 1 | | | 不报价 |
| | | 管道安装 φ1219×22 | m/处 | / 1 | | | |
| 23 | 单出图河流穿越 φ1219×22 | | m | | | | |
| 24 | 水土保护 | 混凝土压重块（马鞍式） | 套 | | | | |
| | | 混凝土连续覆盖层 | m³ | | | | |
| | | 石笼 | m³ | | | | |
| | | 石灰土 | m³ | | | | |
| | | 各类浆砌石 | m³ | | | | 护岸、护坡、挡土墙、过水面、排水沟等 |
| | | 各类干砌石 | m³ | | | | |
| | | 草袋装土护坡 | m³ | | | | |

| 序号 | 项目 名 称 | | 单位 | 工程量 | 综合单价 | 合价 | 备注 |
|---|---|---|---|---|---|---|---|
| 25 | 地下障碍物穿越 | 管道 | 处 | | | | |
| | | 电缆、光缆 | 处 | | | | |
| 26 | 三桩安装 | 里程桩（测试桩） | 个 | | | | |
| | | 标志桩、转角桩 | 个 | | | | |
| 27 | 施工便道与施工便桥 | | 项 | | | | 自测 |
| 28 | 警示牌 | | 个 | | | | |
| 29 | 警示带敷设（宽0.5m） | | km | | | | |
| 30 | 地貌恢复 | | km | | | | |
| 31 | 穿越通过权及赔付费 | | 项 | | | | |
| 32 | 临时阴极保护 | | 项 | | | | |
| 33 | 联合试运投产保镖 | | 项 | | | | 自测 |

2）招投标价格

工程招标投标定价程序是我国用法律方式规定的一种定价方式，是由招标人编制招标文件，投标人进行报价竞争，中标人中标后与招标人通过谈判签订合同，以合同价格为建设工程价格的定价方式。

（1）标底价格。标底价格是招标人对拟招标工程事先确定的预期价格，而非交易价格。招标人以此作为衡量投标人的投标价格的一个尺度，也是招标人控制投资的一种手段。

（2）投标报价。投标人为了得到工程施工承包的资格，按照招标人在招标文件中的要求进行估价，然后根据投标策略确定投标价格，以争取中标并通过工程实施取得经济效益。因此投标报价是卖方价格，如果中标，这个价格就是合同谈判和签订合同确定工程价格的基础。

目前，管道工程招投标通常采用的是最低价中标，招标时通常不设立标底价格。最低价中标就要求投标人要根据自身的技术、管理和财务实力，在投标时努力采取措施，使标底最具竞争力（最低价），又能使报价不低于成本，使之能获得理想的利润。

# 第六节 施工阶段的价款结算与投资控制

## 一、管道工程价款结算概述

### 1. 工程价款结算的方式

（1）按月结算与支付。此种方式即先预付工程预付款，在施工过程中按月结算工程进度款，竣工后进行竣工结算。管道工程通常实行这种按月结算与支付的方式。

（2）分段结算与支付。即当年开工、当年不能竣工的工程按照工程形象进度，划分不同阶段支付工程进度款。分段结算可以按月预支工程款。

（3）结算双方约定的其他结算方式。

### 2. 工程价款约定的内容

（1）工程预付款的数额、支付时限及抵扣方式。

（2）工程进度款的支付方式、数额和时限。

（3）工程施工中发生变更时，工程价款的调整方法、索赔方式、时限要求及金额支付方式。

（4）发生工程价款纠纷的解决方法。

（5）约定承担风险的范围及幅度以及超出约定范围和幅度的调整方法。

（6）工程竣工价款的结算与支付方式、数额及时限。

（7）工程质量保证金的数额、预扣方式及时限。

（8）安全措施和意外伤害保险费用。

（9）工期及工期提前或延后的奖惩办法。

（10）与履行合同、支付价款相关的担保事项。

## 二、工程预付款的支付

### 1. 工程预付款的概念

施工企业承包工程，一般都实行包工包料，这就需要有一定数量的备料周转金。在工程承包合同条款中，一般要明文规定发包人在开工前拨付给承包人一定限额的工程预付款。此预付款构成施工企业为该承包工程储备主要材料等所需的流动资金。

工程预付款仅用于承包人支付施工开始时与本工程有关的动员费用。如承包人滥用此款，发包人有权立即收回。

### 2. 工程预付款的数额

工程预付款的预付比例原则上不低于合同金额的 10%，不高于合同金额的 30%。但在实际工作中，工程预付款的数额，要根据各工程类型、合同工期、承包方式和供应体制等不同条件而定。

管道工程预付款的预付比例一般为合同金额的 10%。

### 3. 工程预付款的支付时限

在《建设工程价款结算暂行办法》中规定，在具备施工条件的前提下，发包人应在双方签订合同后的一个月内或不迟于约定的开工日期前的 7 天内支付工程预付款。

管道工程的工程预付款的支付实现工程承包合同中有专用条款进行约定。

### 4. 工程预付款的扣回方法

（1）由发包人和承包人通过洽商用合同的形式予以确定，采用等比率或等额扣款的方式。管道工程大部分采用此种方法扣回工程预付款，按照建设部《招标文件范本》的规定，在承包人完成金额累计达到合同总价的 10% 后，由承包人向发包人还款，发包人从每次应付给承包人的金额中扣回工程预付款，发包人至少在合同规定的完工工期前三个月将工程预付款的总计金额按逐次分摊的办法扣回。

（2）从未施工工程尚需的主要材料及构建的价值相当于工程预付款数额时扣起，从每次中间结算工程价款中，按材料和构建比重扣抵工程价款，至竣工之前全部扣清。

## 三、工程进度款的支付（中间结算）

### 1. 工程进度款的支付步骤

图 8-7 给出了工程进度款的支付步骤。

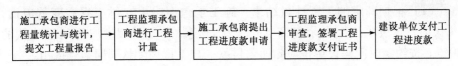

图 8-7 工程进度款的支付步骤

## 2. 工程计量

1）工程计量的依据

（1）质量合格证书。

（2）工程量清单前言，技术规范。

（3）设计图纸。

2）工程计量的程序

（1）施工承包商统计经工程监理承包商质量验收合格的工程量，按照合同的约定填报工程量清单和工程款支付申请表。

（2）工程监理承包商进行现场计量，按照施工合同约定审核工程量清单和工程款支付申请表。

（3）工程监理承包商签署工程款支付证书，并报建设单位。

3）工程计量的主要规定

（1）施工承包商应当按照合同约定的方法和时间，向工程监理承包商提交已完工程量报告。工程监理承包商接到报告后 14 天内核实已完工程量，并在核实前 1 天通知施工承包商，施工承包商应提供条件并派人参加核实，施工承包商收到通知后不参加核实，以工程监理承包商核实的工程量作为工程价款支付的依据。工程监理承包商不按约定时间通知施工承包商，致使施工承包商未能参加核实，核实结果无效。

（2）工程监理承包商收到施工承包商报告后 14 天内未核实完工工程量，从第 15 天起，施工承包商的工程量即视为被确认，作为工程价款支付的依据，双方合同另有约定的，按合同执行。

（3）对施工承包商超出设计图纸（含设计变更）范围和因施工承包商原因造成返工的工程量，工程监理承包商不予计量。

## 3. 工程进度款的支付

管道工程进度款的支付，一般按当月实际完成工程量进行结算，工程竣工后办理竣工结算。在工程竣工前，施工承包商收取的工程预付款和进度款的总额一般不超过合同总额的 95%，其余 5% 尾款，在工程竣工结算是除保修金外一并清算。工程进度款支付的主要规定如下：

（1）根据确定的工程计量结果，施工承包商提出支付工程进度款申请，14 天内，建设单位应向承包商支付工程进度款，支付额度应为工程价款的80%。按约定时间建设单位应扣回预付款，与工程进度款同期结算抵扣。

（2）建设单位超过约定的支付时间不支付工程进度款，施工承包商应及时向建设单位发出付款通知，建设单位收到施工承包商通知后仍不能按要求付款，可与施工承包商签订延期付款协议，经施工承包商同意后可延期付款，协议应明确延期支付的时间和从工程计量结果去人后第 15 天起计算应付款的利息。

（3）建设单位不按合同约定支付工程进度款，双方又未能达成延期协议，导致施工无法进行，施工承包商可停止施工，由建设单位承担违约责任。

# 四、工程竣工结算的方式及审查

### 1. 工程竣工结算的定义

工程竣工结算是指施工企业按照合同规定的内容全部完成所承包的工程，经验收质量合格，并符合合同要求之后，向发包单位进行最终工程价款结算。工程竣工结算分为单位工程竣工结算、单项工程竣工结算和建设项目竣工总结算。

### 2. 工程竣工结算的编制

（1）单位工程竣工结算有施工承包商编制，工程监理承包商审查，建设单位确认；实行 EPC 总承包的工程，由具体施工承包商编制，在 EPC 承包商审查的基础上，工程监理承包商审查，建设单位最终确认。

（2）单位工程竣工结算或建设项目竣工总结算由 EPC 总承包商编制，工程监理承包商审查，建设单位进行确认。

### 3. 工程竣工结算的审查要点

竣工结算的审查，一般从以下几个方面入手：

（1）核对合同价款。

（2）检察隐蔽验收记录。

（3）落实设计变更签证。

（4）按图核实工程数量。

（5）认真核实单价。

（6）注意各项费用计取。

（7）防止各种计算误差。

4. 工程竣工价款结算规定

（1）建设单位收到竣工结算报告及完整的结算资料后，按规定的时限对结算报告及资料没有提出意见，则视同认可。

（2）施工承包商如未在规定时间内提供完整的工程竣工结算资料，经建设单位催促后 14 天内仍未提供或没有明确答复，建设单位有权根据已有资料进行审查，责任由施工承包商自负。

（3）根据确认的竣工结算报告，施工承包商向建设单位申请支付工程竣工结算价款。建设单位应在收到申请后 28 天内支付结算款，到期没有支付的应承担违约责任；施工承包商可以催告建设单位支付结算价款，如达成延期协议，建设单位应按银行贷款利率支付拖欠工程价款的利息。如未达成协议，施工承包商可以与建设单位协商将该工程折价或拍卖，施工承包商就该工程折价或拍卖的价款优先受偿。

## 五、工程签证价款的确定

1. 工程签证概述

工程签证种类分为：工程变更、工程索赔和工程确认三大类。

工程签证的发生通常是因为在工程项目的实施过程中，由于多方面的情况变更，经常出现工程量变化、施工进度变化，以及发包方与承包方在执行合同中的争执等许多问题。这些问题的产生，一方面是由于勘察设计工作不细，以致在施工过程中发现许多招标文件中没有考虑或估算不准确的工程量，因而不得不改变施工项目或增减工程量；另一方面是由于发生不可预见的事件，如自然或社会因素引起的工程改线、停工或工期拖延等。由于工程变更所引起的工程量变化，承包商索赔等，都有可能是项目投资超出原来的预算投资，因此必须严格予以控制，密切关注其对未完工程投资支出的影响及对工期的影响。

工程签证根据发起人的不同，分别由设计单位、建设单位、施工单位提出并附有必要的文字说明材料及预算。

2. 工程签证价款的确定方法

（1）合同中已有适用于签证工程的价格，按合同已有的价格变更合同价款。

（2）合同中只有类似于签证工程的价格，可以参照类似价格变更合同价款。

（3）合同中没有适用或类似于签证工程的价格，由施工承包商提出适当的变更价格，经建设单位确认后执行。

3. 签证预算书的组成

（1）施工图预算书的组成内容。

（2）施工组织设计及审批意见。

（3）与批准的施工组织设计相比发生变化的施工方案及审批意见。

（4）涉及工程量或费用增减的会议纪要。

（5）各类变更，如设计变更、施工变更、工程变更等。

（6）各种确认。

（7）各种索赔。

（8）与施工单位签订的施工合同。

4. 签证预算的审核

（1）设计承包商现场配合施工的设计工程师代表设计单位对签证单审核。

（2）工程监理承包商对签证单所报内容、数量、质量或其他需签证的数字真实性、合理性进行审核。

（3）先由业主现场代表对签证单所报内容、数量、质量等内容的真实性、合理性进行初审；再由业主管理部门领导审核，最后报项目经理审核批准。

# 六、施工阶段投资控制方法简介

1. 投资控制措施简介

（1）组织措施，包括：落实投资控制人员，明确任务分工及管理职能分工；确定投资控制的流程。

（2）经济措施，包括：编制投资切块、分解的规划和详细计划；编制资金使用计划并控制其执行；投资的动态控制；付款审核。

（3）技术措施，包括：挖掘节约投资的潜力，这些潜力分别在设计、施工、工艺、材料与设备之中；作技术经济比较论证。

（4）合同措施，包括：确定合同的结构；合同中有关投资条款的审核；参与合同谈判；处理合同执行中的变更与索赔。

2. 资金使用计划简介

1) 资金使用计划的作用

（1）通过编制资金使用计划，合理确定工程造价施工阶段目标值，使工程投资控制有所依据，并为资金的筹集和协调打下基础。

（2）通过资金使用计划的科学编制，可以对未来工程的资金使用和进度控制有所预测，消除不必要的资金浪费和进度失控，也能避免在今后工程项目中由于缺乏依据而进行轻率判断造成的损失，减少了盲目性，使现有资金充分发挥作用。

（3）在管道工程的进行过程中，通过资金使用计划的严格执行，可以有效地控制工程造价上升，最大限度地节约投资，提高投资效益。

2) 资金使用计划的编制方法

（1）按不同子项目编制资金使用计划。

（2）按时间进度编制资金使用计划。

（3）按投资构成分解编制资金使用计划。

3. 施工阶段投资偏差分析简介

1) 投资偏差与进度偏差的概念

施工阶段投资偏差的形成过程，是由于施工过程随机因素与风险因素的影响形成了实际投资与计划投资，实际工程进度与计划工程进度的差异称为投资偏差与进度偏差，这些偏差即是施工阶段投资控制的对象。

（1）投资偏差。

投资偏差 = 已完工程实际投资 − 已完工程计划投资

结果为正，表示投资超支；结果为负，表示投资节约。

（2）进度偏差。

进度偏差 1 = 已完工程实际时间 − 已完工程计划时间

为了与投资偏差联系起来，进度偏差可以表示为：

进度偏差 2 = 拟完工程计划投资 − 已完工程计划投资

进度偏差为正值，表示工期拖延；结果为负值，表示工期提前。

2) 常用的偏差分析方法

（1）横道图法。

（2）表格法。

（3）时标网络图法。

（4）曲线法。

3）投资偏差的原因分析

一般来讲，引起投资偏差的原因主要有以下四个方面：客观原因、业主原因、设计原因、施工原因。

4）投资偏差的纠正与控制

投资偏差的纠正与控制要注意采用动态控制、系统控制、信息反馈控制、弹性控制、循环控制和网络技术的原理，注意目标手段分心方法的应用。

投资偏差的纠正可采用组织措施、经济措施、技术措施和合同措施等。

# 第七节　竣　工　决　算

## 一、竣工决算概述

### 1. 竣工决算的概念

竣工决算是以实物数量和货币指标为计量单位，综合反映竣工项目从筹建开始到项目竣工交付使用位置的全部建设费用、建设成果和财务情况的总结性文件，是竣工验收报告的重要组成部分，竣工决算时正确核定新增固定资产价值，考核分析投资效果，建立健全经济责任制的依据，是反映建设项目实际造价和投资效果的文件。

### 2. 竣工决算的作用

（1）项目竣工决算是综合全面地反映竣工项目建设成果及财务情况的总结性文件。

（2）项目竣工决算是办理交付使用资产的依据，也是竣工验收报告的重要组成部分。

（3）项目竣工决算是分析和检查涉及概算的执行情况，考核投资效果的依据。

### 3. 竣工决算的内容

竣工决算由以下四部分组成：

1）竣工决算报告情况说明书

（1）工程简介。

（2）概算批复及其执行情况。

（3）资金筹措情况。

（4）资金管理及工程结算情况。

（5）财务竣工决算情况。

（6）交付使用资产情况。

2）竣工决算财务报表

（1）竣工工程概况表。

（2）工程概算执行情况表。

（3）竣工决算财务总表。

（4）竣工工程建设成本表。

（5）交付使用资产表。

（6）交付使用财产表。

3）工程竣工图

4）工程造价比较分析

（1）主要实物工程量。

（2）主要材料消耗量。

（3）考核建设单位管理费、措施费和间接费的取费标准。

## 二、竣工决算的编制

**1. 竣工决算的编制依据**

（1）经批准的可信性研究报告及其投资估算。

（2）经批准的初步设计及其概算。

（3）经批准的施工图设计及其施工图预算。

（4）设计交底或图纸会审记录。

（5）招投标文件、承包合同、工程结算资料。

（6）施工记录或施工签证单，以及其他施工中发生的费用记录。

（7）历年基建资料，历年财务决算及批复文件。

（8）设备、材料调价文件和调价记录。

（9）有关财务核算制度、办法和其他有关资料、文件等。

**2. 竣工决算报告编制步骤**

（1）收集整理有关编制依据性的文件资料。

（2）清理各项财务、债务和结余物资。

（3）核实工程变动情况。

（4）编制竣工决算说明。

（5）填写竣工决算报表。

（6）做好工程造价对比分析。

（7）清理、装订好竣工图。

（8）上报主管部门审查。

## 三、竣工决算的审查

（1）根据批准的设计文件，审查有无计划外的工程项目。

（2）根据批准的概（预）算或包干指标，审查建设成本是否超支，并查明原因。

（3）根据财务制度，审查各项费用开支是否符合规定。

（4）报废工程和应核销的其他支出中，各项损失是否经过有关机构审批同意。

（5）历年建设资金投入和结余资金是否真实准确。

（6）审查和分析投资效果。

（7）新增资产价值确定。

# 第九章 进度控制

进度管理是管道工程建设项目管理的重要工作之一，工程项目能否在预定的时间内交付使用，直接关系到项目经济效益的发挥，因此，通过对工程项目进度的有效控制，达到预期目标，是工程项目管理的目标之一。项目管理人员应采用科学的管理方法和手段来控制工程项目的建设进度。

## 第一节 进度控制概述

### 一、进度控制的概念

建设工程进度控制是指对工程项目建设各阶段的工作内容、工作程序、持续时间和衔接关系根据进度总目标及资源优化配置的原则编制计划并付诸实施，然后在进度计划的实施过程中经常检查实际进度是否按计划要求进行，对出现的偏差情况进行分析，采取补救措施或调整、修改原计划后再付诸实施，如此循环，直到建设工程竣工验收交付使用。建设工程进度控制的最终目的是确保建设项目按预计的时间动用或提前交付使用，建设工程进度控制的总目标是建设工期。

建设工程项目是在动态条件下实施的，因此进度控制也就必须是一个动态的管理过程，它包括：

（1）进度目标的分析和论证，其目的是论证进度目标是否合理，进度目标是否有可能实现。如果经过科学的论证，目标不可能实现，则必须调整目标。

（2）在收集资料和调查研究的基础上编制进度计划。

（3）进度计划的跟踪检查与调整。包括定期跟踪检查所编制进度计划的执行情况，若其执行有偏差，则采取纠偏措施，并视必要调整进度计划。

## 二、进度控制的目的

进度控制的目的是通过控制以实现工程的进度目标。如只重视进度计划的编制，而不重视进度计划必要的调整，则进度无法得到控制。为了实现进度目标，进度控制的过程也就是随着项目的进展，不断调整进度计划的过程。

多数管道工程项目，特别是大型重点建设的管道工程项目，工期要求十分紧迫，业主等参建各方的工程进度压力非常大。施工承包商是工程实施的一个重要参与方，工期紧张的项目有时数天连续施工，一天两班制施工，甚至24小时作业时有发生。如果不是正常有序地施工，而是盲目赶工，难免会导致工程质量问题和安全问题的出现，给工程建设造成不可估量的损失。因此，施工进度控制不仅关系到施工进度目标能否实现，还直接关系到工程的质量和安全。在工程实施过程中，必须树立和坚持一个最基本的工程管理原则，即在确保工程质量的前提下，控制工程进度。

为了有效地控制施工进度，尽可能摆脱因进度压力而造成工程组织的被动，项目相关管理人员应深化理解：

（1）整个建设工程项目的进度目标如何确定。

（2）有哪些影响整个建设工程项目进度目标实现的主要因素。

（3）如何正确处理工程进度和工程质量的关系。

（4）EPC、施工承包商在整个工程项目进度目标实现中的地位和作用。

（5）影响施工进度目标实现的主要因素。

（6）施工进度控制的基本理论、方法、措施和手段等。

## 三、进度控制的任务

业主方进度控制的任务是控制整个项目实施阶段的进度，包括控制设计准备阶段的工作进度、设计工作进度、施工进度、物资采购工作进度，以及项目动用前准备阶段的工作进度，如管道项目核准和征地等。在进度计划编制方面，业主方应根据项目的特点，编制深度不同的目标、里程碑和控制性进度计划。

设计方进度控制的任务是依据设计任务委托合同对设计工作进度的要求控制设计工作进度，这是设计方履行合同的义务。另外，设计方应尽可能使设计工作的进度与招标、施工和物资采购等工作进度相协调。设计方应编制各设计阶段的设计图纸出图计划，做为设计方进度控制的依据，也是业主方控制设计进度的依据。

施工方进度控制的任务是依据施工任务委托合同对施工进度的要求控制施工进度，这是施工方履行合同的义务。在进度计划编制方面，施工方应视项目的特点和施工进度控制的需要，编制深度不同的控制性、指导性和实施性施工的进度计划，以及按不通计划周期（年度、季度、月度和周）的施工计划等。

# 第二节　进度计划系统

## 一、工程进度计划系统含义

管道建设工程项目进度计划系统是由多个相互关联的进度计划组成的系统，它是项目进度控制的依据。由于各种进度计划编制所需要的必要资料是在项目进展过程中逐步形成的，因此项目进度计划系统的建立和完善也有一个过程，它是逐步形成的。

## 二、不同类型的工程进度计划系统

根据项目进度控制的不同需要和不同用途，业主方和项目各参建方可以构建多个不同的建设工程项目进度计划系统，如：

（1）由多个相互关联的不同计划深度的进度计划组成的计划系统，包括一级进度计划、二级进度计划、三级进度计划、四级进度计划等。

（2）由多个相关关联的不同计划功能的进度计划组成的计划系统，包括目标（里程碑）进度计划、控制性进度计划、指导性进度计划、实施性（操作性）进度计划等。

（3）由多个相关联的不同项目参建方的进度计划组成的计划系统，包括业主方编制的进度计划、设计进度计划、施工和设备安装进度计划、采购和供货进度计划等。

（4）由多个相关联的不同计划周期的进度计划组成的计划系统，包括年度进度计划、季度进度计划、月度进度计划、周进度计划等。

## 三、工程进度计划系统的内部关系

在建设工程项目进度计划系统中，各进度计划和子系统进度计划编制调整时必须注意其互相间的联系和协调，如：

（1）一级进度计划、二级进度计划和三四级进度计划之间的联系和协调。

（2）目标（里程碑）进度计划、控制性进度计划、指导性进度计划和实施性（操作性）进度计划之间的联系和协调。

（3）业主方编制的进度计划、设计方编制的进度计划、施工和设备安装方编制的进度计划与采购和供货方编制的进度计划之间的联系和协调等。

# 第三节　进度计划编制

## 一、管道项目总体进度计划编制

对于管道建设项目而言，通常进度计划分为前期与定义阶段进度计划和项目实施阶段进度计划两阶段内容，在这里仅简单介绍项目实施阶段部分。目前，在我国管道建设项目，是在工作分解结构（WBS）的基础上对项目实施中各项工作实施的先后顺序及其起止时间所作的整体安排，一般工程总体进度计划编制分为三级，计划层级的定义以及编制原则如下：

### 1. 一级进度计划

一级进度计划是指项目建设各阶段所包含的重点工作的开始和完成时间，也称里程碑计划，项目前期阶段主要包括可研、专项评价、项目核准；定义阶段主要包括物资提前采购、控制性工程提前开工、初步设计；实施阶段主要包括干线、支干线、支线等；验收阶段主要包括专项验收、初步验收、竣工验收。

### 2. 二级进度计划

二级进度计划是在一级进度计划的基础上，进一步分解，详见表 2-6 管道工程 WBS 分解结构示例，以管道项目实施阶段为例，其内容包括施工图设计、外部协调、物资采购、工程施工等。

### 3. 三级进度计划

三级进度计划是在二级进度计划的基础上，进一步分解；大型管道项目需在总体进度计划基础上，进一步分解编制四级进度控制计划，详见表2-6。工程以管道项目实施阶段为例，其内容如下。

1）施工图设计

（1）技术规格书与数据表。

（2）线路施工图。

（3）控制性工程施工图。

（4）阀室施工图。

（5）站场施工图。

（6）伴行路及其他施工图。

2）外部协调

（1）征地资料准备。

（2）补偿标准确定。

（3）用地准备。

（4）用地进场。

3）物资采购

（1）线路物资。

（2）阀室、站场工艺物资。

（3）阀室、站场机械物资。

（4）阀室、站场仪表物资。

（5）阀室、站场通信物资。

（6）阀室、站场电力物资。

（7）阀室、站场热工物资。

（8）阀室、站场阴保物资。

（9）阀室、站场给排水与消防物资。

（10）阀室、站场采暖通风与空调物资。

4）施工

（1）一般线路施工。

（2）三穿工程施工。

（3）控制性工程施工。

（4）隧道工程施工。

（5）线路试压、干燥施工。

（6）阀室施工。

（7）站场施工。

（8）调试与投产。

## 二、周期性进度计划及进度报告

### 1. 周期性进度计划

管道工程项目各参建方应依据四级进度计划和工程实际情况，每年、季、月和周编制周期性进度计划，以 EPC 总承包商月施工计划为例，要求涵盖设计计划、采办计划（中转站或乙供物资）、征地协调计划和施工计划，对本月重点和难点施工段要求单独列项说明。周期性进度计划编制完成后，需报业主方审核批准后实施。

### 2. 进度报告

1）日报

工程日报应准确地报告当日完成量和累计完成量，并说明当日的工作进展情况及进度偏差原因，以及一些特殊工程情况。

2）周、月、季、年报

本周、月、季、年的施工准备和进展情况，当前工程总体进展情况，重点、难点、三穿、敏感地段进展情况，各参建方资源部署等。

与进度计划进行对比，找出实际完成与计划发生偏差的状况和原因，考虑施工组织部署、人员、设备、征地、采办、环境、天气等多方面因素，实事求是，简洁明了，提出切实可行的纠偏措施，并提出不可预见因素和评估进度风险，提前预警。

提出需业主方解决的问题和下周、月进度计划。

3）专题报告

在业主方或工程需要时，各参建方应按要求报送工程专题报告。

## 三、进度计划表示方法

工程进度计划的表示方法有多种，在管道工程建设中通常有横道图和网络图两种表示方法。

### 1. 横道图

横道图也称甘特图，由于其形象、直观，且易于编制和理解，因而长期以来被广泛应用于建设工程进度控制之中。

用横道图表示的工程进度计划，一般包括两个基本部分，即左侧的工作名称及工作的持续时间等基本数据部分和右侧的横道线部分。能够明确表示出各项工作的划分、工作的开始时间和完成时间、工作的持续时间、工作之间的相互搭接关系，以及整个工程项目的开工时间、完工时间和总工期。

### 2. 网络图

管道建设工程进度计划用网络图表示，可以使工程进度得到有效控制。除了普通的双代号网络计划和单代号网络计划以外，还根据工程实际的需要，派生出时标网络计划、搭接网络计划和多级网络计划等。作为项目进度管理人员，必须熟练掌握和应用网络计划技术，在这里不再赘述。

## 四、计算机辅助进度计划编制

国外有很多用于进度计划编制的商业软件，近年来我国管道工程项目常用的软件有 P3 （Primavera Project Planner） 和 Microsoft Project 两款软件，尤其是 P3 系列软件在西气东输管道工程的成功应用，为计算机辅助进度控制在管道工程项目的应用带来新的起点。计算机辅助工程网络计划编制意义如下：

（1）解决工程网络计划计算量大，而手工计算难以承担的困难。

（2）确保工程网络计划计算的准确性。

（3）有利于工程网络计划及时调整。

（4）有利于编制资源需求计划等。

# 第四节　进度监测、调整与控制

## 一、进度监测与调整

### 1. 进度监测

在建设工程实施过程中，进度计划管理人员应经常地、定期地对进度计划的执行情况进行跟踪检查，发现问题后，及时采取措施加以解决。

1）进度计划执行中的跟踪检查

为了全面、准确地掌握进度计划的执行情况，进度计划管理人员应认真做好以下三方面工作：

（1）定期收集进度报表资料。进度报表是反映工程实际进度的主要方式之一。进度计划执行单位应按照要求制度规定的时间和报表内容，定期填写进度报表。进度管理人员通过收集进度报表资料掌握工程实际进展情况。

（2）现场实地检查工程进展情况。派项目代表常驻现场或经常巡线，随时检查进度计划的实际执行情况，这样可以加强进度监测工作，掌握工程实际进度的第一手资料，使获取的数据更加及时、准确。

（3）定期召开现场会议。定期召开现场会议，通过与进度计划执行单位的有关人员面对面的交谈，既可以了解工程实际进度状况，也可以协调有关方面的进度关系。

2）实际进度数据的加工处理

为了进行实际进度与计划进度的比较，必须对收集到的实际进度数据进行加工处理，形成与计划进度具有可比性的数据。例如，对检查时段实际完成工作量的进度数据进行整理、统计和分析，确定本期累计完成的工作量、本期已完成的工作量占计划总工作量的百分比等。

3）实际进度与计划进度的对比分析

将实际进度数据与计划进度数据进行比较，可以确定建设工程实际执行状况与计划目标的差距。为了直观反映实际进度偏差，通常采用表格或图形进行实际进度与计划进度的对比分析，从而得到实际进度比计划进度超前、滞后，还是一致的结论。

2. 进度调整

在建设工程实施进度监测过程中，一旦发现实际进度偏离计划进度，即出现进度偏差时，必须认真分析产生偏差的原因及其对后续工作和总工期的影响，必要时采取合理、有效的进度计划调整措施，确保进度总目标的实现。

（1）分析进度偏差产生的原因。通过实际进度与计划进度的比较，发现进度偏差时，为了采取有效措施调整进度计划，必须深入现场进行调查，分析产生进度偏差的原因。

（2）分析进度偏差对后续工作和总工期的影响。当查明进度偏差产生的原因之后，要分析进度偏差对后续工作和总工期的影响程度，以确定是否应采取措施调整进度计划。

（3）确定后续工作和总工期的限制条件。当出现的进度偏差影响到后续工作或总工期而需要采取进度调整措施时，应当首先确定可调整进度的范围，主要指关键节点、后续工作的限制条件以及总工期允许变化的范围。这些限制条件往往和合同条件有关，需要认真分析后确定。

（4）采取措施调整进度计划。采取进度调整措施，应以后续工作和总工期的限制条件为依据，确保要求的进度目标得以实现。

（5）实施调整后的进度计划。进度计划调整之后，应采取相应的组织、经济、技术措施执行，并继续监测其执行情况。

## 二、进度控制的措施

为了取得目标控制的理想效果，应该从多方面采取措施。管道工程建设项目目标控制的措施通常可以概括为组织措施、管理措施、经济措施、技术措施四个方面。

1. 组织措施

组织措施是目标能够实现的决定性因素，为实现项目的进度目标，应充分重视健全项目管理的组织体系。在项目组织结构中应有专门的工作部门和符合进度控制岗位资格的专人负责进度控制工作。

进度控制的主要工作环节包括进度目标的分析和论证、编制进度计划、定期跟踪进度计划的执行情况、采取纠偏措施，以及调整进度计划。这些工作任务和相应的管理职能应在项目管理组织设计的任务分工表和管理职能分工表中标示并落实。

2. 管理措施

进度控制的管理措施涉及管理的思想、管理的方法、管理的手段、承发包模式、合同管理和风险管理等。目前，管道工程项目进度控制在管理观念方面存在的以下几个问题：

（1）缺乏进度计划系统的观念。分别编制各种独立而互不联系的计划，形成不了计划系统。

（2）缺乏动态控制的观念。只重视计划的编制，而不重视及时进行计划的动态调整。

（3）缺乏进度计划多方案比较和优选的观念。合理的进度计划应体现资源的合理使用、工作面的合理安排、有利于提高建设质量、有利于文明施工、有利于合理地缩短建设周期。

### 3. 经济措施

管道建设项目进度控制的经济措施涉及资金需求计划、资金供应的条件和经济激励措施等。为确保进度目标的实现，应编制与进度计划相适应的资源需求计划（资源进度计划），包括资金需求计划和其他资源（人力和物力资源）需求计划，以反映工程实施各时段所需的资源。通过资源需求的分析，可发现所编制的进度计划实现的可能性，若资源条件不具备，则应调整进度计划。

在工程预算中应考虑几块工程进度所需要的资金，其中包括为实现进度目标将要采取的经济激励措施所需要的费用。

### 4. 技术措施

管道建设项目进度控制的技术措施涉及对实现进度目标有利的设计技术和施工技术的选用。不同的设计理念、设计技术路线会对工程进度产生不同的影响，在设计工作的前期，特别是在设计方案评审和选用时，应对设计技术与工程进度的关系作分析比较。在工程进度受阻时，应分析是否存在设计技术的影响因素；在实现进度受阻时，应分析是否存在设计技术的影响因素，为实现进度目标有无设计变更的可能性。

施工方案对工程进度有直接的影响，在决策其选用时，不仅应分析技术的先进性和经济合理性，还应考虑其对进度的影响。在工程进度受阻时，应分析是否存在施工技术的影响因素，为实现进度目标有无改变施工技术、施工方法和施工机械的可能性。

## 三、进度控制的方法

进度控制的方法随控制目标的不同而不同，管道工程项目目标的常用控制方法有 S 曲线法、香蕉曲线法、前锋线比较法、列表法等，举前三种例子如下：

### 1. S 曲线法

对于一个管道工程项目而言，如果以横坐标表示时间，纵坐标表示累计完成的工程数量或造价，即可形成一条形如"S"的曲线，S 曲线因此得名，其控制程序如下：

（1）根据工程项目进度计划安排，在以横坐标表示时间，纵坐标表示累计完成的工程数量的坐标体系中，回执工程数量的计划累计 S 曲线。

（2）根据工程进展情况，在同一坐标体系中绘制工程数量或造价的实际累计 S 曲线。

（3）将实际 S 曲线与计划 S 曲线进行比较，以此判断工程进度偏差。

（4）如果出现较大偏差，则应分析原因，并采取措施进行调整。

（5）如果投资计划或进度计划做出调整后，需要重新绘制调整后的 S 曲线，以便在下一步控制过程中进行对比分析。

上述步骤重复进行，从而使工程得到有效控制。

2. 香蕉曲线法

香蕉曲线法的原理与 S 曲线法的原理基本相同，其主要区别在于：香蕉曲线是以工程网络计划为基础绘制的。由于在工程网络计划中，工作的开始时间有最早开始时间和最迟开始时间两种，如果按照工程网络计划中每项工作的最早开始时间绘制整个工程项目的计划累计完成工程量，即可得到一条 S 曲线（ES 曲线）；而如果按照工程网络计划中每项工作的最迟开始时间绘制整个工程项目的计划累计完成工程量，又可得到一条 S 曲线（LS 曲线），两条曲线组合在一起，即成香蕉曲线。

根据工程进展情况，在同一坐标系中绘制工程数量的实际累计 S 曲线。将实际 S 曲线与计划香蕉曲线进行比较，以此判断工程进度偏差。如果实际 S 曲线落在香蕉图曲线范围之内，说明实际进度处于控制范围之内。否则，说明工程进度出现偏差，需要分析原因，并采取措施进行调整。

3. 前锋线比较法

前锋线比较法是通过绘制某检查时刻工程项目实际进度前锋线，进行工程实际进度与计划进度比较的方法，它主要适用于时标网络计划。所谓前锋线，是指在原时标网络计划上，从检查时刻的时标点出发，用点划线依次将各项工作实际进展位置点连接而成的折线。前锋线比较法就是通过实际进度前锋线与原进度计划中各工作箭线交点的位置来判断工作实际进度与计划进度的偏差，进而判断该偏差对后续工作及总工期影响程度的一种方法。进度比较步骤如下：

（1）绘制时标网络计划图。工程项目实际进度前锋线是在时标网络图上标示，为清楚起见，可在时标网络计划图的上方和下方各设一时间坐标。

（2）绘制实际进度前锋线。一般从时标网络计划图上方时间坐标的检查日期开始绘制，依次连接相邻工作的实际进展位置点，最后与时标网络计划图下方坐标的检查日期相连接。

（3）进行实际进度与计划进度的比较。前锋线可以直观地反映出检查日期有关工作实际进度与计划进度之间的关系。对某项工作来说，其实际进度与计划进度之间的关系可能存在以下三种情况：

①工作实际进展位置点落在检查日期的左侧，表明该工作实际进度拖后，拖后的时间为二者之差；

②工作实际进展位置点与检查日期重合，表明该工作实际进度与计划进度一致；

③工作实际进展位置点落在检查日期的右侧，表明该工作实际进度超前，超前的时间为二者之差。

## 四、预测进度偏差对后续工作及总工期的影响

通过实际进度与计划进度的比较确定进度偏差后，还可根据工作的自由时差和总时差预测该进度偏差对后续工作及项目总工期的影响。由此可见前锋线比较法既适用于工作实际进度与计划进度之间的局部比较，又可用来分析和预测工程项目整体进度状况。

# 第五节　设计阶段的进度控制

## 一、设计阶段进度控制的意义

（1）设计进度控制是管道建设工程进度控制的重要内容。管道建设工程进度控制的目标是建设工期，而工程设计作为工程项目实施阶段的一个重要环节，其设计周期又是建设工期的组成部分。因此，为了实现建设工程进度总目标，就必须对设计进度进行控制。

（2）设计进度控制是施工进度控制的前提。在管道建设工程实施过程中，必须是先有设计图纸，然后才能按图施工。只有及时供应图纸，才可能有正常的施工进度；在实际工作中，由于设计进度缓慢和设计变更多，使施工进度受到牵制的情况是经常发生的，为了保证施工进度不受影响，应加强设计

进度控制。

（3）设计进度控制是设备和材料供应进度控制的前提。实施工程所需要的设备和材料是根据设计而来的。设计单位必须提出设备清单，以便进行加工订货或购买。由于设备制造需要一定时间，尤其是管道工程的长周期设备生产周期有时达 9 个月以上。因此，必须进行设计进度控制，以保证设备和材料供应的进度，进而保证施工进度。

## 二、影响设计进度的因素

管道工程设计工作属于多专业协作配合的智力劳动，在设计过程中，影响其进度的因素很多，主要归纳为以下几个方面：

（1）建设意图及要求改变的影响。管道工程设计是本着业主的建设意图和要求而进行的，所有的工程设计必然是业主意图的体现。因此，在设计过程中，如果业主改变其建设意图和要求，就会引起设计单位的设计变更，必然影响设计进度。

（2）设计审批时间的影响。管道工程设计是分阶段进行的，如果前一阶段（如初步设计）的设计文件不能顺利得到批准，必然会影响到下一阶段（如施工图设计）的设计进度。因此，设计审批时间的长短，在一定条件下将影响到设计进度。

（3）设计各专业之间协调配合的影响。如前所述，管道工程设计是一个多专业、多方面协调合作的复杂过程，如果业主或监理方、设计方、大型设备供应方（有的设备需要厂家返回设计资料）等各单位之间，以及线路、工艺、土建、电气、通信、仪表等专业之间没有良好的协作关系，必然会影响工程设计工作的顺利实施。

（4）工程变更的影响。当管道工程实行分段设计、分段施工时，如果在已施工的部分发现一些问题，而必须进行工程变更的情况下，也会影响到设计工作进度。

（5）材料代用、设备选用失误的影响。材料代用、设备选用的失误将会导致原有工程设计失效而重新进行设计，这也会影响设计工作进度。

## 三、相关参建方的设计进度控制

1. 设计方的进度控制

（1）为了履行设计合同，按期提交施工图设计文件，设计单位应采取有效措施，控制管道工程设计进度。

（2）建立计划部门，负责设计单位年度计划的编制和项目设计进度计划的编制。

（3）实行设计工作技术经济责任制，将职工的经济利益与其完成任务的数量和质量挂钩。

（4）编制切实可行的设计总进度计划、阶段性设计进度计划和设计进度作业计划。在编制计划时，加强与业主或监理、科研单位及承包商的协作与配合，使设计进度计划积极可靠。

（5）认真实施设计进度计划，力争设计工作有节奏、有秩序、合理搭接地进行。在执行计划时，要定期检查计划的执行情况，并及时对设计进度进行调整，使设计工作始终处于可控状态。

（6）坚持按基本建设程序办事，尽量避免进行"边设计、边准备、边施工"的"三边"设计。

2. 业主或监理方的进度监控

管道建设工程设计阶段进度控制的主要任务是出图控制，也就是通过采取有效措施使工程设计方如期完成初步设计、技术设计、施工图设计等各阶段的设计工作，并提交相应的设计图纸及说明。为此，业主或监理方应落实项目班子中专门负责设计进度控制的人员，对设计工作进度进行严格监控。

对设计进度的监控应实施动态控制，在设计工作开始之前，首先应该审查设计单位的进度计划和各专业的出图计划。在设计计划实施过程中，跟踪检查这些计划的执行情况，定期将实际进度与计划进度进行比较，进而纠正或修订进度计划。若发现进度拖后，业主或监理方应督促设计单位采取有效措施加快进度。

# 第六节　施工阶段的进度控制

施工阶段是管道建设工程实体的形成阶段，对其进度实施控制是建设工程进度控制的重点。做好施工进度计划与项目建设总进度计划的衔接，并跟踪检查施工进度计划的执行情况，在必要时对施工进度计划进行调整，对于建设工程进度控制总目标的实现具有十分重要的意义。

业主或监理方作为项目的管理者，在建设工程施工阶段实施管理时，其进度控制的总任务就是在满足工程项目建设总进度计划要求的基础上，编制或审核施工进度计划，并对其执行情况加以动态控制，以保证工程项目按期竣工交付投产运行。

# 一、施工阶段进度控制目标分解

保证工程项目按期建成交付使用，是建设工程施工阶段进度控制的最终目的。为了有效地控制施工进度，首先要将施工进度总目标从不同角度进行层层分解，形成施工进度控制目标体系，作为实施进度控制的依据。

管道建设工程不但要有项目建成交付使用的确切日期这个总目标，还要有各单项、单位工程交工动用的分目标以及按承包单位、施工阶段和不同计划期划分的分目标。其中，下级目标受上级目标的制约，下级目标保证上级目标，最终保证施工进度的实现。

（1）按项目组成分解，确定各单位工程开工及动用日期。各单位工程的进度控制目标在工程项目建设总体进度计划有体现，在施工阶段应进一步明确各单位工程的开工和交工动用日期，以确保施工总进度目标的实现。

（2）按承包单位分解，明确分工条件和承包责任。在一个单位工程中有多个承包商参加施工时，应按承包商将单位工程的进度目标分解，确定出各分包商的进度目标，并列入合同，以便落实责任，并根据各专业工程交叉施工方案和前后衔接关系，明确不同承包商工作面交接的条件和时间。

（3）按施工阶段分解，划定进度控制分界点。根据工程项目的特点，应将其施工分成几个阶段，如线路工程可以分为一般线路施工、三穿工程施工、线路试压、干燥等阶段。每个阶段的起止时间都要有明确的标志。特别是管道工程的标志性里程碑节点，如线路主体、线路试压干燥、控制性工程、站场土建、站场工艺及机械完成、调试投产等，更要明确划定时间分界点，以作为形象进度的控制标志，使工程动用目标具体化。

（4）按计划期分解，组织综合施工。将工程项目的施工进度控制目标按年度、季度、月进行分解，并用实物工程量、货币工作量及形象进度表示，将更有利于业主方对承包商的进度要求。同时，还可以据此监督其实施，检查其完成情况。

# 二、管道工程施工进度控制工作内容

管道建设工程施工进度控制工作从审核承包商提交的施工进度计划（三、四级计划）开始，直至工程保修期满为止，其工作内容主要有：

## 1. 编制施工进度控制工作相关管理办法

施工进度控制管理办法是业主或监理方在建设工程项目管理相关管理办法的指导下，由进度计划管理人员负责编制的更具有实施性和操作性的项目管理文件。它是对建设工程项目管理中有关进度控制内容的进一步深化和补充，对项目进度计划管理人员的进度控制实务工作起着具体的指导作用。

## 2. 编制和审核施工进度计划

为了保证建设工程的施工任务按期完成，业主或监理方必须审核承包商提交的施工进度计划。对于大型管道建设项目，由于单位工程较多，施工工期长，这就需要业主或监理方编制施工总进度计划，即项目三级控制计划；在 EPC 管理模式下，由 EPC 负责将三级控制计划进一步细化到四级执行计划，业主或监理方审核批准后实施。

施工进度计划审核的具体内容在这里不再赘述。应当说明，编制和实施施工进度计划是承包商的责任。承包商之所以将施工进度计划提交给业主或监理方审查，是为了听取建设性意见。因此，业主或监理方对施工进度计划的审查或批准，并不接触承包商对施工进度计划的任何责任和义务。此外，对业主或监理方来讲，其审查施工进度计划的主要目的是为了防止承包商计划不当，以及为保证实现进度目标提供帮助，如果强制地干预承包商的进度安排，也是不合适的。

## 3. 按年、月、周编制工程综合计划

在按计划期编制的进度计划中，业主或监理方应着重解决各承包商施工进度计划之间、施工进度计划与资源（包括资金、设备、机具、材料及劳动力）保障计划之间及外部协作条件的延伸性计划之间的综合平衡与相互衔接问题。并根据上期计划的完成情况对本期计划作必要的调整，从而作为承包商近期执行的指令性计划。

## 4. 协助承包单位实施进度计划

业主或监理方要随时了解施工进度计划执行过程中所存在的问题，并帮

助承包单位予以解决，特别是承包商无力解决的内外关系协调问题。

### 5. 监督施工进度计划的实施

监督施工进度计划的实施是工程施工进度控制的经常性工作。业主或监理方不仅要及时检查承包商报送的施工进度报表和分析资料，同时还要进行必要的现场实地检查，核实所报送的已完项目的时间及工程量，杜绝虚报现象。

在对工程实际进度资料进行整理的基础上，业主或监理方应将其与计划进度相比较，以判定实际进度是否出现盘查。如果出现进度偏差，应进一步分析此偏差对进度控制目标的影响程度及其产生的原因，以便研究对策、提出纠偏措施。必要时还应对后期工程进度计划作适当的调整。

## 三、影响管道工程施工进度的因素

### 1. 工程建设相关单位的影响

影响施工进度的单位不只是施工承包商，只要是与工程建设有关的单位，其工作进度的拖后必将对施工进度产生影响。因此，控制施工进度必须充分发挥业主或监理方的作用，协调各相关单位的进度关系。

### 2. 物资供应进度的影响

施工过程中需要的材料、构配件、机具和设备等如果不能按期运抵施工现场或者到施工现场后发现质量不合格，都会对施工进度产生影响。因此，不管是甲供还是乙供物资，必须严格把关，采取有效的措施控制好物资供应进度。

### 3. 设计变更的影响

在施工过程中出现设计变更是难免的，或者是由于原设计有问题需要整改，或者是由于业主提出了新的要求。对于业主方而言，应该加强图纸的审查力度，严格控制随意变更，特别是业主方提出的变更要求，需充分论证。

### 4. 施工条件的影响

管道工程多为野外施工作业，受天气影响很大。特别是在施工过程中一旦遇到气候、水文、地质及周围环境等方面的不利因素，必然会影响到施工进度。

**5. 施工承包商自身管理水平的影响**

管道施工现场的情况千变万化，如果承包商的施工方案不当，计划不周，管理不善，解决问题不及时等，都会影响建设工程的施工进度。承包商应通过分析、总结吸取教训，及时改进。

# 四、施工进度的动态检查

在施工进度计划的实施过程中，由于各种因素的影响，常常会打乱原始计划的安排从而出现进度偏差。因此，业主或监理方必须对施工进度计划的执行情况进行动态检查，并分析进度偏差产生的原因，以便为施工进度计划的调整提供必要的信息。

**1. 施工进度的检查方式**

（1）定期地、经常地收集由承包商提交的有关进度报表资料。工程施工进度报表资料不仅是业主或监理方实施进度控制的依据，同时也是其核对工程进度款的依据。通常，进度报表格式由业主或监理方提供给施工承包商，施工承包商按时填写完后提交给监理方核查。

（2）由驻地监理人员现场跟踪检查建设工程的实际进展情况。为了避免施工承包商虚报已完工程量，驻地监理人员有必要进行现场实地检查和监督。目前管道工程的现场监理基本采取巡视的模式，至于每隔多长时间检查一次，应视工程类型、规模、范围及施工现场的条件等多方面因素而定。

除上述两种方式外，由业主或监理方定期组织现场施工负责人召开现场会议，也是获得建设工程实际进展情况的一种方式，通过这种面对面的交谈，可以从中了解到施工过程中的潜在问题，以便及时采取相应的措施加以预防。

**2. 施工进度的检查方法**

施工进度检查的主要方法是对比法。即将经过整理的实际进度数据与计划进度数据进行比较，从中发现是否出现进度偏差以及进度偏差的大小。

通过检查分析，如果进度偏差比较小，应在分析其产生原因的基础上采取有效措施，解决矛盾，排除故障，继续执行原进度计划。如果经过努力，确定不能按原计划实现时，再考虑对原计划进行必要的调整。即适当延长工期，或改变施工速度。计划的调整一般是不可避免的，但应当慎重，尽量减少变更计划性的调整。

# 第七节　进度控制实例

以某管道工程为例，简单总结其进度管理工作。

建立工程进度计划管理控制系统，下发进度控制管理程序，明确各方进度管理界面，规定进度计划、执行报告和分析制度，调配各方资源投入，及时解决现场存在问题。进度控制工作有组织、有计划、有步骤地按照 PDCA 循环持续改进，工程整体进度实现有效管理和控制。

## 一、建立控制系统，编制管理文件

从建立管理体系、统一管理程序、统一管理标准入手，其中进度计划是管理工作的主线。首先，为明确各方职责，规范工程建设行为，着手编制《项目协调手册》、《总体部署》等指导性文件，明确工程部署和参建各方进度控制界面、职责。在工程正式开工以前对工程进行统一部署并明确分工，使得工程参建各方统一思想，从资源的调配和工程调度上实现步调一致，为下一步工程建设打下坚实基础。

总结类似工程建设经验，梳理工程建设的工作流程，编写《工程进度计划管理程序》。程序中明确工程计划将分级进行计划管理，业主组织编制工程三级控制计划；四级执行计划和月度计划由 EPC 承包商负责编制。程序中规定了日报告、周（或月、季、年）计划执行报告、专题进度报告分析制度，为进一步规范进度计划管理，做好基础工作。

## 二、以三级控制计划为纲，推动各级工程计划编制——Plan

三级控制计划是项目建设综合计划，包括了项目管理、设计、物资采购和供应、地方协调、工程施工和投产运行计划等。业主下发三级控制计划后，EPC 承包商以三级计划为纲编制四级执行计划：首先是"横向到边"，涵盖设计、物资采购、征地协调和施工计划，各项计划要建立系统联系，要协调好资源和工期安排；其次是"纵向到底"，各项计划要涵盖三级控制计划中相关的每个工作单位，并分解到每月，分解到关键工序。

以三级计划为纲，结合项目四级执行及当前工程进展情况，指导监督各项目分部审批 EPC 承包商下月（或季或年）施工进度计划，该计划相对四级计划更为详尽，能够指导现场施工。同时要求各施工承包商将批准的月（或季、年）施工进度计划分解到周（或日），做到从上到下，每个单位、每个班组、每个人都有工作计划。从而有力地推动了各级工程计划编制，使工程建设计划做到月安排、周控制、日落实。

## 三、按计划实施，保证进度控制活动围绕项目执行计划进行——Do

工程项目各级执行计划确定后，各参建单位严格按照既定的计划实施，保证所有进度控制活动围绕四级执行计划进行，并全部控制在三级控制计划范围内。监理承包商配合业主协调各相关部门按照三级控制计划做好项目管理工作，全力协调促进初步设计和设计审查进度，保证管材等物资按时间节点供应，提前做好各省征地协调、土地赔偿、手续办理等相关工作，为各参建单位的后续工作提供有力保障。

监督 EPC 承包商按照四级执行计划进行资源调配，设计按计划节点出图纸，各单位人力、设备资源按计划节点部署，乙供物资按计划节点到场，各线路标段、三穿工程、光缆工程及伴行路工程按计划节点开工完工。同时，指导各项目分部对所辖地区计划执行情况进行监督。监督监理总部指导各监理分部对各施工承包商计划执行情况进行监督，各施工承包商必须围绕工程建设目标，合理、有效进行施工组织，按照四级控制计划、月计划和周计划完成施工任务。

审查 EPC 管材分配计划，对全线管材进行合理平衡调配。要求 EPC 每月15 日以前向监理总部报送下月管材中转站分配计划，监理总部协调采办处根据资源和现场施工情况，及时合理对各中转站管材进行平衡调拨，保证在有限管材资源情况下的现场施工用管合理最大化。

## 四、对计划执行情况监督检查，及时采取纠偏措施
## ——Check、Action

监理总部负责监控各监理分部对工程进度执行情况进行检查，并规定日报告、周（或月、季、年）计划执行报告、专题进度报告制度，采用工程权

重和计划系统平台等先进管理措施，进行计划控制。对于执行滞后计划的偏差进行重点关注，从人、机、料、法、环五大方面入手，找出计划偏差的直接原因，认真分析总结，确定切实可行的纠偏措施，贯彻执行解决，使施工进度直接纠偏恢复原计划执行或是小范围内调整施工计划。对于解决不了的问题，及时向上级领导报告，导致影响三级控制计划节点的，及时对三级控制计划进行升版。

日例会和周例会制度是进度管理的一项重要内容，监理总部在每日、周组织召开西二线协调会，业主相关领导参加。会议先由监理总部通报工程项目管理、进度、QHSE 等方面内容，通报计划偏差和解决措施，并提出相关问题。然后由业主共同解决处理问题，并协调相关各方面关系，确定近阶段各部分工作任务。通过例会沟通协调，确定并采取了很多促进工程进度的相关措施，起到良好效果，如协调平衡管材、解决征地问题、直缝代螺旋、保护区协调、促进综合进度，等等。

# 第十章　质量控制

## 第一节　工程质量的有关概念

### 一、质量和工程质量

**1. 质量**

根据我国国家标准《质量管理体系　基础和术语》（GB/T 19000—2008），质量的定义是"一组固有特性满足要求的程度"。其中"明确需要"一般是指在合同环境中，用户明确提出的要求或需要，通常是通过合同及标准、规范、图纸、技术文件作出明文规定。"隐含需要"一般是指非合同环境（即市场环境）中，用户未提出明确要求，是通过市场调研、识别与探明的要求或需要。如住宅实体能满足人们最起码的居住功能就属于"隐含需要"。

**2. 工程质量**

工程质量定义：建设工程质量简称工程质量。工程质量是指工程满足业主需要的，符合国家法律、法规、技术规范标准、设计文件及合同规定的综合特性。

工程质量包括工程产品实体和服务这两类特殊产品的质量。

工程实体的质量是指工程产品适合于某种规定的用途，满足人们要求其所具备的质量特性的程度。

服务质量是指企业在服务过程中满足用户要求的程度。

### 二、质量控制

质量控制是指"为达到质量要求所采取的作业技术和活动"。这就是说，质量控制是为了通过监视质量形成过程，消除所有阶段引起不合格或不满意效果的因素。以达到质量要求，获取经济效益，而采用的各种质量作业技术和活动。在企业领域，质量控制活动主要是企业内部的生产现场管理，它与是否有合同无关，是指为达到和保持质量而进行控制的技术措施和管理措施方面的活动。质量检验从属于质量控制，是质量控制的重要活动。

## 三、质量保证

质量保证是指"为了提供足够的信任表明实体能够满足质量要求，而在质量体系中实施并根据需要进行证实的全部有计划和有系统的活动"。

# 第二节　质量管理体系

## 一、相关概念

质量管理体系是指"为实施质量管理所需的组织结构、程序、过程和资源"。

任何组织都需要管理。当管理与质量有关时，则为质量管理。质量管理是在质量方面指挥和控制组织的协调活动，通常包括制定质量方针、目标以及质量策划、质量控制、质量保证和质量改进等活动。实现质量管理的方针目标，有效地开展各项质量管理活动，必须建立相应的管理体系，这个体系就称为质量管理体系。

## 二、组织机构及职责分工

1. 管道工程建设项目质量管理体系的组织机构

（1）业主负责宏观质量控制，属于决策层。

（2）监理负责监督、检查，属于监督（控制）层。

（3）参建单位负责工程实施与质量自检，属于执行层。

（4）无损检测单位作为独立的第三方，负责实施专项质量检验，反馈质量信息。

（5）质量监督机构负责对工程实施过程中工程实体质量、各方质量行为的合规性（法律法规、标准规范）进行监督（图 10-1）。

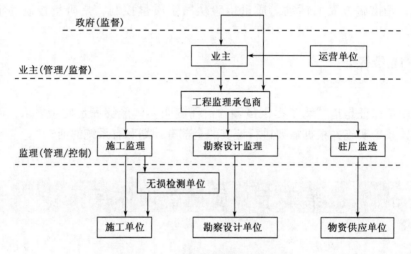

图 10-1　质量控制体系组织结构

### 2. 质量管理体系职责分工

1）业主

负责通过招标选定勘察设计、施工、监理、检测等单位，并在合同中明确质量条款，规定明确的质量责任。

负责向有关勘察设计、施工、监理、无损检测等单位提供与管道工程建设项目有关的真实、准确、完整的原始资料。

负责在开工前办理开工报告、工程施工许可证、工程质量监督手续，组织设计和施工单位进行设计交底和图纸会审。

有权监督、检查工程实体质量、参建各方行文质量，特别是质量问题，有权拒绝一切不合格产品。

组织质量事故的调查与处理。

2）勘察设计服务商

按照合同约定完成规定的设计内容，达到规定的设计深度，对设计水平、设计质量和执行法规、标准全面负责。

应确保设计组织、技术接口、设计输入、设计输出、设计评审、设计验证和设计确认等设计活动始终处于受控状态。

配合处理施工过程中出现的设计问题。

负责按照规定的程序和要求处理设计变更，并有记录。

3）物质装备、材料供应商

包括物资生产加工单位、代表业主执行物资采购合同的单位等，是物资（设备、材料）质量的直接责任者，负责向业主提供质量满足合同要求、符合技术规范以及国家和行业质量标准的合格产品，对物质质量负责。

4）工程监理承包商

在业主授权范围内，负责对施工承包商的工程质量情况进行监督、检查、确认与验收，协调处理业主与施工承包商之间的争议，向业主承担因施工质量监督把关不严而出现的质量问题的责任。

负责审查施工组织设计、施工计划、施工技术方案和设计变更。

负责审查、验收用于工程的材料、设备质量，保证其符合标准要求。

负责施工现场（含预制场）各道工序质量监督、检查和控制。

参加业主组织的各阶段验收，并编写质量评估报告。

参与质量事故处理。

5）检测承包商

承担工程焊接施工无损检测任务，对无损检测结果负责。

当发现重大质量问题时，有向监理提出停止焊接施工的建议权。

6）施工承包商

施工单位是工程质量的直接责任者，严格按照设计要求施工，在工程保修期满前向业主承担因施工原因所造成的一切质量问题的责任（尽管整个施工过程始终处于业主、监理、质量监督的连续监督之下，但这并不解除施工单位的任何质量责任）。

接受业主、监理、质量监督机构的监督、检查。

施工单位应实施所有防止不合格品发生的质量管理控制活动，制定有效的纠正和预防措施，验明并改正施工中的不足。

7）质量监督机构

负责对工程实体质量、参建各方行为质量情况进行监督。

有权制止违背设计、标准、规程、规范和使用不合格产品。

发现重大问题时，有向监理直至业主提出停止继续施工的权力。

有对发生质量争议的裁决权和质量否决权。

## 三、构成文件

质量管理体系文件由以下三个层次的文件构成（图 10 - 2）：

第一层次，质量管理手册。

第二层次，程序文件。

第三层次，作业指导书、图纸、标准、技术规范等。

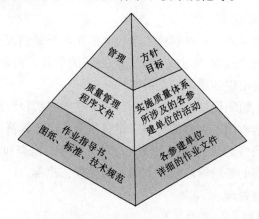

图 10 - 2　管道工程建设项目质量体系文件框架

# 第三节　管道工程质量的全面控制

在管道工程建设项目的实施过程中，影响工程质量的因素主要包括：参与项目的人员、材料、机械以及施工方法等资源情况，以及项目的环境因素。

完整的管道工程质量应该是功能、设施完善，能满足寿命期间正常的使用，能够充分发挥工程的投资价值。要全面控制工程质量，需从全方位和全过程两方面进行。

## 一、全方位控制

管道工程建设项目质量的全方位控制，无论工程建设的规模大小，都有五个方面的控制内容，即人、机、料、法、环。

1. 人

在所有因素中，人是最关键、最具决定性的因素。包括个人执业资格，和单位从业资质两方面的内容。国家现行的建设体制，对施工单位、设计单位、监理单位、勘察单位等都有资质等级的要求。从业单位不得超越资质等级承接工程项目，也不得允许其他单位以自己的名义承接工程项目。建设体制也对个人执业进行规范，推行监理工程师、建筑师、结构师、造价师等方面的注册执业制度，无相应执业资格人员不得从事相关的工作。

2. 机

投入到管道工程上的机械设备。很多管道工程建设项目规模大、技术新、精度高，须依靠先进的施工机械才有可能进行施工，有些工程项目要借助专业化的设备，否则很难胜任和开展此项工作，更不要说保证质量。有针对性地配备齐全工程所需的机械设备，工程质量也将会水到渠成。

3. 料

管道工程建设，是一个不断投入、产出的循环过程，投入原材料、半成品，到中间过程产品直至成品。而且管道工程建设的特点是：上道工序将被下道工序所覆盖，其间的质量问题难以被发现，如果质量问题有所表现，则往往是较为严重且难于补救，或产生费用过高。而且质量问题不会随着时间的推移而自动消除。以上管道工程建设的质量特点，按规定技术标准控制合格的原材料，严把各道工序质量关就非常重要。

4. 法

法指操作工艺、方法。管道工程建设是一个复杂的生产过程，而且新的工艺方法不断涌现。工艺对质量有重大的影响。如管道防腐工艺，先是石油沥青，到粘胶带，到现在由环氧树脂和挤压聚乙烯涂层相结合形成的三层聚烯烃管子涂层新型的防腐方法，它综合了环氧树脂和挤压聚乙烯两种涂层的优良性质，显著改善了传统的两层防腐涂层的性质，特别是提高了抗阴极剥离能力和附着力。

5. 环

环就是环境。管道工程建设总是在一些特定的环境中，环境有力地影响工程的质量。风、雨、温度、湿度等自然环境，与焊接质量高低有着一定的关系。低温度下管道的焊接比较容易出现冷脆，所以要保质证量就需要设置热处理装置。气温低，湿度大对防水工程施工就不利，人无法控制环境，但人可以有选择地避开不利的环境影响，最大程度地保证质量。

## 二、管道工程质量的全过程控制

管道工程建设一般要经过决策、可行性研究、设计、施工、运行、保修等阶段。

### 1. 决策

管道工程项目建设首先是投资意向，寻找投资项目，决策考虑是否要上项目。它是项目的源头，也是项目的基调，以后的项目均由此引发。一个决策失误的项目，就已经决定了奔向失败的方向。

### 2. 可行性研究

有了投资意向考虑上项目后，需进行项目的可行性研究。仔细分析、预测项目的经济效益、社会效益、环境效益，初步确定规模、整体规划、标准等大的方向问题，基本上能为后期的建设定下总体框架。可行性研究是最终确定项目"上"还是"不上"的决策文件，编制质量的高与低，决定着项目的生死存亡。

### 3. 设计

设计根据可研决定的基本纲要统一安排项目的功能、总体布置、造型、设备选型、用料等，施工图出来以后，管道工程项目就已经完全确定。据国内外工程界的统计数据：设计费用虽然只占工程建设费用的1%，但是设计质量的高低决定了整个项目另外的99%。

### 4. 施工

设计图决定了工程项目的全部内容，工程实体是否能够完整地体现设计的意图，把图上的工程变成可触摸的工程，产生效益，施工的质量是关键手段。特别是工业建设项目，往往存在由于施工质量不到位，不能达到设计生产能力，最终导致项目没有效益或效益低下。

### 5. 运行和保修阶段

管道工程项目投入使用后要按设计的使用标准合理使用，并妥为保护，方可正常发挥工程的价值，不正当、超负荷、超强度使用工程，将会加快工程的磨损导致工程的提前损坏。要让工程按照人们的意愿充分发挥价值就需加强运行和保修阶段的控制。

# 第四节　施工质量控制

## 一、施工质量控制的特点和原则

1. 施工质量控制的特点
(1) 影响质量的因素多。
(2) 容易产生质量变异。
(3) 质量检查不能解体、拆卸。
(4) 质量要受投资、进度的制约。

2. 施工质量控制的原则
(1) 坚持"质量第一，用户至上"。
(2) "以人为核心"。
(3) "以预防为主"。
(4) 坚持质量标准，严格检查，一切用数据说话。
(5) 贯彻科学、公正、守法的职业规范。

## 二、施工质量控制的过程和阶段

1. 施工质量控制的过程
施工质量控制是从工序质量控制开始，到检验批、分项工程、分部工程、单位工程的系统质量控制过程，也是一个由对投入原材料的质量控制开始，直到完成工程质量验收为止的全过程的系统质量控制过程。

2. 施工质量控制的阶段
施工质量控制分为事前控制、事中控制和事后控制三个阶段。

1) 事前质量控制
控制重点就是施工准备工作，且该工作要贯穿于施工全过程。内容包括：
(1) 组织准备。建立项目组织机构，制定管理制度，配备管理人员、质检人员；策划施工机组投入，组织入场教育等。

（2）技术准备。熟悉施工图纸、设计交底与图纸会审；编制施工组织设计（方案）、施工技术措施（如冬季、与在役管线并行施工、爆破等）、焊接工艺工程、技术交底与培训。

（3）机具准备。施工机械设备准备、计量检测工器具准备及检定。

（4）物资准备。原材料、构配件、预制件加工准备和设备准备。

（5）施工现场准备。施工、生活临时设施等的准备，控制网、水准点标桩的接收与复测，水、电、通信、道路以及施工场地平整完成，组织施工机械设备、计量检测工器具、材料进场，组织机组进场。

2）事中质量控制

事中质量控制的策略是：全面控制施工过程，重点控制工序质量。

事中质量控制的具体措施是：质量预控有对策；施工内容有方案；技术措施有交底，设计交底与图纸会审有记录；材料有质量证明文件；工序交接有检查；隐蔽工程有验收；设计变更有手续；质量问题处理有验证；成品保护有措施；行使质控有否决；质量文件有档案（凡是与质量有关的技术文件，如水准、坐标位置，测量、放线记录，沉降、变形观测记录，图纸会审记录，材料合格证明、试验报告，施工记录，隐蔽工程记录，设计变更记录，调试、试压运行记录，试车运转记录，竣工图等都要编目建档）。

3）事后质量控制

事后质量控制的具体工作内容有：

（1）试运投产。

（2）检验批、分项、分部、单位工程质量验收。

（3）竣工资料编制与检查。

## 三、施工质量控制的方法、措施

施工质量控制的方法包括审核有关技术文件、报告，现场检查或必要的试验等，措施包括开工审查、例会协调、报告、问题整改登记与分析。

1. 审核有关技术文件、报告或报表

（1）审核企业资质文件。

（2）审核施工组织设计、施工方案和技术措施。

（3）审核进场人员、机械设备报验材料。

（4）审核有关材料、半成品的质量证明文件（合格证、检验或试验报告）。

（5）审核开工报告，并现场核实。

（6）审核反映工序质量动态的统计报表。

（7）审核设计变更。

（8）审核有关质量问题的调查、处理报告。

（9）审核有关应用新工艺、新材料、新技术、新结构的技术鉴定书。

（10）审核有关工序交接检查，检验批、分项、分部工程质量验收报告。

**2. 现场质量检查**

1）质量检查分类

（1）开工（复工）前检查。检查是否具备开工（复工）条件，开工（复工）后能否连续正常施工，能否保证工程质量。

（2）工序交接检查。对于关键工序或对工程质量有重大影响的工序，在自检、互检的基础上，还要组织专职质检人员进行工序交接检查。

（3）质量巡视检查与旁站监督检查。

（4）质量专项检查。针对某一工序或某些特定的工程内容或某一特定的工程环境实施的质量检查，如焊接质量检查、电气工程质量检查、冬季施工质量检查等。

（5）隐蔽工程验收。凡是隐蔽工程，均应在验收合格后方能隐蔽。

（6）质量验收。检验批、分项、分部工程完工后，应组织质量验收，并签署验收记录。

2）质量检查方法

质量检查方法包括目测法、实测法和试验法三种。

**3. 质量控制措施**

（1）建立开工审查制度，严把开工关。

（2）建立工程例会制度，通过会议，交流质量控制经验，分享好的质量控制措施和方法，协调解决质量控制过程中存在的问题，部署下一阶段的质量控制工作。

（3）建立报告制度，参建单位及时汇总施工过程中出现的问题，形成问题报告，上报业主。

（4）建立质量检查制度，业主、监理、参建各方按照职责分工和管理程序要求，按计划实施质量检查，及时发现问题、解决问题。

（5）建立质量问题或不合格项整改登记制度，施工单位应组织整改指出的质量问题，业主、监理应进行监督，参建各方均应建立台账，对质量问题

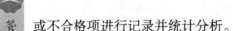

或不合格项进行记录并统计分析。

## 四、施工质量控制的内容

**1. 施工准备阶段**

1）监理单位

（1）审查施工单位项目组织机构、人员配置以及规章制度建立情况。

（2）审查施工单位是否建立、健全了质量管理体系，体系文件是否按照本工程项目的性质和特点进行了整合和调整，对工程质量是否能起到控制作用。

（3）审查施工单位的资质，特别是特殊工种人员的资质，包括项目经理、质量工程师、质检员、焊工、测量工等，控制施工人员素质和人员构成。

（4）审查施工组织设计、施工方案、施工技术措施等，应重点审查施工方法与机械选择、施工顺序、进度安排及平面布置等是否能保证工程连续施工及所采取的质量保证措施。

（5）监控施工机械设备，特别是焊接设备、吊管机等管道工程专有设备，审查机械设备配备的数量及其运转状态。

（6）监控计量检测工器具，审查检定证书，确认处于有效期内。

（7）监控进场的原材料、构配件和设备的质量，审查质量证明文件，核查实体质量，不合格的不能进入现场，更不能在施工中使用。

（8）协助业主组织设计交底会议，督促施工单位准备齐全的技术标准、图册、规范、规程等文件。

（9）设置关键质量控制点。

（10）审查施工现场准备情况。施工、生活临时设施等的准备；控制网、水准点标桩的接收与复测；水、电、通信、道路以及施工场地平整完成；施工机械设备、计量检测工器具、材料进场。

2）施工单位

（1）组建项目部，配置质量控制职能人员，建立质量管理规章制度。

（2）编制质量管理体系文件（包括质量管理手册、程序文件、作业指导书）。

（3）编制施工组织设计、施工方案及施工质量控制措施的施工质量控制技术文件，内容必须有施工工艺流程图、质量管理点明细表、特殊工序作业指导书、关键工序的施工技术方案或施工技术措施。

（4）准备人员资质材料。

（5）维护保养机械设备、检定计量检测工器具。

（6）准备原材料、构配件和设备以及相关质量证明材料。

（7）组织图纸会审，参加设计交底。

（8）准备工程所涉及的技术标准、图册、规范、规程等文件。

（9）组织人员培训、技术交底。

（10）进行现场准备。施工、生活临时设施建设；控制网、水准点标桩复测；水、电、通信、道路以及施工场地平整；组织施工机械设备、计量检测工器具、材料进场。

2. 施工过程阶段

施工质量控制应坚持"计划、执行、检查、处理"PDCA 循环工作方法，不断改进过程控制。

1）监理单位

（1）监控施工单位质量管理体系的运行状况以及持续改进能力。

（2）监控施工单位施工组织设计、施工方案和施工技术措施的落实与执行情况。

（3）监督检查施工人员、施工机械、设备是否到位，是否处于良好状态。

（4）材料质量控制。材料是否合格，是否质量证明文件齐全，对于需要取样送检的，监理要对施工单位取样、送实验室检验过程进行见证监督。

（5）检查施工单位质检员、技术员的到位情况，检查"三检制"的落实情况。

（6）审查施工分包情况（资质、业绩与施工能力）。

（7）测量工作的质量控制。审查测量人员的技术水平，对测量结果进行复核和确认。

（8）对焊接机组、防腐补口机组进行考核。

（9）重点跟踪监控关键质量控制点的质量控制情况、措施到位情况。监督检查的方式有：旁站检查、巡视检查，平行检查；对于重要的工序和部位、质量控制点，应实施旁站监督与控制。

（10）对于完成的各工序和重要部位，监理单位应在施工单位自检合格的基础上组织质量验收检查，合格后才能进入下一道工序施工。

（11）工程质量问题和质量事故的处理。当施工出现质量问题时，应立即向施工单位发出通知，要求其对质量问题进行补救处理。当出现不合格产品时，监理应要求施工单位采取措施整改，并跟踪检查，直到合格为止。交工后在质量责任期内出现问题，监理应要求施工单位进行修补或返工，直到业主满意为止。

（12）下达停工和复工指令，确保工程质量。施工现场出现质量异常情况又未采取有效措施，隐蔽工程作业未经检验而擅自封闭，未经同意擅自修改设计或图纸，使用不合格的原材料、构配件等，发现上述情况之一者，监理工程师应下达停工指令，纠正之后下达复工指令。

（13）编制质量报表，内容应包括施工单位质量管理体系建立与运行情况、特殊工种资格审查情况、分包单位资质的审查情况、实施的质量活动、检查的项次和结果，对出现的质量问题进行分析、纠正、预防、验证，提出下月质量工作的重点和目标。

2）施工单位

（1）施工单位应建立质量管理的职能机构，领导、监督各级施工组织加强质量管理。

（2）应建立项目质量责任制和考核评价办法，项目经理应对项目质量控制负责，过程质量控制应由每一道工序和岗位的责任人负责。

（3）建立人员考核准入制度，在施工过程中，有些岗位和工种需要较高的技术，特别是一些特殊工种、关键工种，如焊工、防腐工、检测工、爆破工、测量工等，要严格实行培训、考核、持证上岗制度。

（4）加强进场材料、构配件和设备的检验，凡是进入现场的材料、构配件和设备，物资供应单位都要提供质量合格文件，即产品合格证、技术说明书、质量检验证明等；施工单位要对现场的材料、构配件和设备进行逐项检查，凡是不符合设计文件和图纸要求的、不符合合同质量条款要求的，一律不能使用。

（5）施工单位必须严格执行监理批准的工程施工质量控制文件，并按规定和要求进行控制。

（6）施工过程均应按要求进行自检、互检和交接检，隐蔽工程、指定部位和检验批未经验收或验收不合格的，严禁转入下道工序。

（7）施工单位应对工程质量和质量保修工作向业主负责，分包单位接受施工单位的质量管理，分包工程的质量由分包单位向施工单位负责，同时施工单位对分包单位的工程质量向业主承担连带责任。

（8）施工质量控制应满足工程施工技术标准和业主的要求。

（9）编制质量报表，对质量控制情况进行分析，对出现的质量问题进行分析、纠正、预防、验证，提出下月质量工作的重点和目标。

（10）建立质量记录资料管理程序；质量记录资料包括：施工现场质量管理检查记录资料，工程材料、半成品、构配件、设备等的质量证明资料，施工过程作业活动质量记录资料。质量记录资料应当真实、齐全、完整。

3. 投产验收阶段

1）监理单位

（1）组织检验批、分项、分部、单位工程质量验收。

（2）组织竣工资料检查、验收。

（3）监督投产条件检查问题的整改与关闭。

2）施工单位

（1）组织检验批、分项、分部、单位工程质量验收前自查并组织对存在的问题进行整改。

（2）编制竣工资料。

（3）组织投产条件检查问题整改与关闭。

# 第五节　施工质量问题分析与处理

## 一、施工质量问题的特点

施工质量问题具有复杂性、严重性、可变性和多发性的特点。

1. 复杂性

施工质量问题的复杂性，主要表现在引发质量问题的因素复杂，从而增加了对质量问题的性质、危害的分析、判断和处理的复杂性。

2. 严重性

施工质量问题，轻者影响施工顺利进行，拖延工期，增加工程费用；重者，给工程留下隐患，影响安全使用，甚至不能使用，更严重的是造成人民生命财产的巨大损失。

3. 可变性

许多工程质量问题，还将随着时间不断发展变化。

## 4. 多发性

有些施工质量问题，就像"常见病"、"多发病"一样经常发生，而成为质量通病，如常说的"低、老、坏"问题。

# 二、施工质量问题分析的目的

（1）正确分析和妥善处理所发生的质量问题，以创造正常的施工条件。

（2）保证管道工程的运行安全，减少事故损失。

（3）总结经验教训，预防事故重复发生。

# 三、施工质量问题分析和处理的程序

## 1. 质量问题的调查

事故发生后，应及时组织调查处理。调查的主要目的是要确定事故的范围、性质、影响和原因等，通过调查为事故的分析与处理提供依据。调查要形成事故调查报告，其内容包括：

（1）工程概况，重点介绍事故有关部分的工程情况。

（2）事故情况，事故发生时间、性质、现状及发展变化的情况。

（3）是否需要采取临时应急防护措施。

（4）事故调查中的数据、资料。

（5）事故原因的初步判断。

（6）事故涉及人员与主要责任者的情况等。

## 2. 质量问题原因分析

事故的原因分析，要建立在事故情况调查的基础上，避免情况不明就主观分析判断事故的原因。尤其是有些事故，其原因错综复杂，往往涉及勘察、设计、施工、材质、使用管理等几个方面，只有对调查提供的数据、资料进行详细分析后，才能去伪存真，找到造成事故的主要原因。

## 3. 质量问题的处理

事故的处理要建立在原因分析的基础上，事故处理的基本要求是：安全可靠，不留隐患，满足管道工程运行安全，技术可行，经济合理，施工方便；在事故处理过程中，必须加强质量检查和验收。

## 四、质量问题处理的鉴定

质量问题处理是否达到预期的目的，是否留有隐患，需要通过检查验收作出结论。事故处理质量检查验收，必需严格按施工验收规范中有关规定进行；必要时，应通过实测、试验等方法来获取可靠的数据。

事故处理结论的内容有以下几种：

（1）事故已排除，可以继续施工。

（2）隐患已经消除，结构安全可靠。

（3）经修补处理后，完全满足使用要求。

（4）基本满足使用要求，但附有限制条件。

（5）对事故责任的结论等。

事故处理后，必须提交完整的事故处理报告，其内容包括：事故调查的原始资料、测试数据；事故的原因分析、论证；事故处理的依据；事故处理方案、方法及技术措施；检查验收记录；事故无需处理的论证；事故处理结论等。

## 五、质量问题处理的基本要求

对质量问题处理的基本要求是：

（1）处理应达到安全可靠，不留隐患，满足管道运行安全要求，施工方便，经济合理的目的。

（2）重视消除事故的原因。这不仅是一种处理方向，也是防止事故重演的重要措施。

（3）应防止原有事故的处理引发新的事故。

（4）正确确定处理范围。除了直接处理事故发生的部位外，还应检查事故对相邻区域及整个结构的影响。

（5）正确选择处理时间和方法。发现质量问题后，一般均应及时分析处理，但并非所有质量问题的处理都是越早越好，应尽量避免重复处置；处理方法的选择，应根据质量问题的特点，综合考虑安全可靠、技术可行、经济合理、施工方便等因素，经分析比较，择优选定。

（6）加强事故处理的检查验收工作。从施工准备到竣工，均应根据有关规范的规定和设计要求的质量标准进行检查验收。

（7）认真复查事故的实际情况。在事故处理中若发现事故情况与调查报告中所述的内容差异较大时，应停止施工，待查清问题的实质，采取相应的措施后再继续施工。

# 第六节　管道工程质量验收

## 一、工程质量验收项目划分

为便于控制、检查和鉴定工程质量，需将工程划分为若干单项工程，每个单项工程划分为若干单位工程，每个单位工程划分为若干分部工程；每个分部工程，又划分为若干个分项工程，每个分项工程划分为若干检验批。检验批是工程的最小单元，检验批验收是工程质量验收的基础。

## 二、检验批质量验收

按现行《石油天然气建设工程施工质量验收规范　通则》（SY 4200—2007），检验批质量验收的主要内容为主控项目和一般项目，验收分为合格与不合格两种。

主控项目经抽样检验，应全数符合专业工程施工质量验收规范的规定。

一般项目的质量经抽样检验有80%及其以上的检查点（处、件）应符合相应专业工程施工质量规范的规定，其余检查点（处、件）也应基本接近相应专业工程施工质量验收规范的规定。

具有完整的施工操作依据、质量检查记录。

## 三、工程质量验收方法

工程质量的验收是按照工程合同规定的质量要求，遵循现行的质量验收规范，采用相应的手段对工程分阶段进行质量认可与否的过程。

1. 隐蔽工程验收

隐蔽工程是指那些下道工序施工会掩盖上道工序，致使无法对上道工序质量进行复查的部位。因此，对这些工程在下一工序施工以前，质量管理人员应及时请监理人员按照设计要求和施工规范，采用必要的检查工具，对其进行检查与验收。如果符合设计要求及施工规范规定，监理人员应及时签署隐蔽工程记录手续，以便承包单位继续下一工序的施工；如不符合有关规定，监理人员应以书面形式告诉施工单位，按期处理，处理符合要求后监理人员应进行隐蔽工程验收与签证。

2. 检验批验收

在检验批验收过程中，必须严格按有关验收规范要求对主控项目、一般项目进行抽样检验，并记录检验结果，同时应核查施工操作依据、质量检查记录的完整性，从而确定能否验收。

3. 分项工程验收

在检验批验收的基础上，汇总各检验批质量验收结论，核查检验批质量验收记录是否完整，以便决定可否验收。

4. 分部工程验收

在分项工程验收的基础上，汇总各分项工程质量验收结论，核查质量控制资料的完整性，以便决定可否验收。

5. 单位工程验收

在前述检验批、分项、分部工程验收的基础上，汇总分部工程质量验收结论，核查质量控制资料的完整性，以便决定可否验收。

另外，对单位或分部土建工程完工后转交安装工程施工前，或其他中间过程，均应进行中间验收。承包单位得到监理工程师中间验收认可的凭证后，才能继续施工。

# 第十一章　文控管理

## 第一节　文控管理概述

　　文件控制与管理简称文控管理正如前面章节所讲，是项目管理的一部分，在社会经济不断发展的今天，它在工程项目管理中扮演的角色越来越重要。管道工程建设亦如此，随着国际项目的扩展，国内与国际管理模式的接轨，作为完整而有效的项目管理一部分的文控管理，在管道工程建设项目的实施过程中成为了不可或缺的一部分。文控工作的任务除了其管理的职能外，其另一项重要的功能就是使工程项目的文件资料处于有效有序的合理状态中，便于查阅，便于查找，便于控制。

　　根据国际有关文献资料介绍，工程建设项目实施过程中存在的诸多问题，其中三分之二与信息交流（信息沟通）问题有关：工程建设项目 10% ~ 33%的费用增加与信息交流存在的问题有关，在大型工程建设项目中，信息交流问题导致工程变更和工程实施的错误约占工程总成本的 3% ~ 5%。由此可见信息管理的重要性。

### 一、文控管理的定义

　　顾名思义文控管理是指对信息的载体——文件、资料、影像图片等的流转、归档等，按照一定规则进行全过程的追踪和控制，以达到预期的目标。文件控制是在一定范围内的动态控制。

### 二、文控管理的重要性

　　随着管道工程建设的迅猛发展，在信息全球化的今天，文控管理作为项目管理中一个不可缺少的步骤，对管道工程建设项目生产的运作及工程质量的控制与管理都起到了重要作用，在项目管理中的地位不容忽视。管道工程建设项目越大，对文控工作的依赖性就越强，有效的文控管理，不仅能提高项目的管理质量，而且能使项目的文件资料处于一种有序合理状态。

### 1. 规范了工程建设项目文件收发流程

在过去的管道工程建设项目中，由于信息化程度不高，办公设备落后，文件从产生到传递至最后的收集整理比较无序，许多文件在流转过程中遗失或延误、每天文控人员忙于和各种文件打交道，却因为流转的不规范产生许多重复工作。在如今的管道工程项目中，文控管理的应用、现代化办公设备和工程文控管理软件的使用使文件流转越来越规范。

### 2. 为管道工程建设项目提供强大的信息支持

文控工作在文件资料和信息的交流方面起到了重要作用。文控部门犹如一个巨大的图书馆，承载着众多的技术资料、管理信息，掌握着项目各个阶段最为全面的信息。在管道工程建设项目各个阶段，文控管理对文件和信息进行控制与管理，通过一定的方式、方法和管理手段，使大量的各类工程文件和信息达到分类清晰、条理有序、传递顺畅、处理规范、存档完整、方便检索的目的，为管道工程建设的顺利进行提供了文件支持和信息保障。

### 3. 更有助于工程建设项目资料信息的安全性

在如今信息化的社会中，工程建设项目要想在竞争中占据领先地位，信息的安全至关重要。文控部门作为文件资料的接收和发送中心，掌握着工程建设项目的技术资料信息，通过对资料的重要程度进行合理的密级划分，针对不同职责的人释放不同的文件资料，做好文件资料释放的内部控制，同时加强文件资料的保管。通过文件控制的相关流程，使不同部门间的技术资料的借阅成为可能，既确保了资料的安全性，又实现了资料信息的共享。

### 4. 有助于工程建设项目资料的同步归档

文控工作在规划、协调项目文件资料，对各部门文件资料的归集整理方面起着把关作用。由于文件控制管理贯穿于工程建设项目整个过程，在工程结束时，需同时与工程一起提交的竣工资料也能在最短的期限内同时生成，保持了资料和工程的同步性、一致性。

### 5. 促使工程建设项目管理更加高效

管道工程建设项目的信息及时准确的传递是管道工程项目有效管理的关

键。众所周知，今天的文控工作，不再仅仅是对文件资料进行收集、整理，更重要的是对这些文件资料的规范性予以监督和检查，审核其完整性，并对相关部门文件资料的规范性和完整性予以指导，确保了信息传递及时、准确、顺利地进行。

### 6. 提升工程项目管理形象

文控管理工作是项目质量管理形象的重要体现。文控工作的好坏，文件资料的规范与否直接影响着项目的质量管理形象。在项目质量体系内审与外审时，文件资料的规范与否还直接影响着审核的效果，及外审人员对项目质量管理的整体印象。因此，准确、及时地将相关资料信息传达不仅是文控人员的职责，更是提高项目形象的重要方面。

经济与信息全球化的今天，文控工作的重要性也越来越多地得到体现。文控工作在规范项目资料管理、确保信息安全、监督审核资料规范性的同时，不断开发着自身强大的功能，服务于其他各方，服务于整个项目。

## 第二节　管道工程建设项目中的文控管理

管道工程建设项目的信息包括在项目前期定义阶段、实施阶段（设计准备、设计、施工和物资采购过程等）和运行阶段中产生的信息，以及其他与项目建设有关的信息，它包括：项目的组织类信息、管理类信息、经济类信息、技术类信息和法规类信息。项目的信息管理则是通过对各个系统、各项工作和各种数据的管理，使项目的信息能方便有效地获取、存储、存档、处理和交流。那么如何对工程建设项目的文件进行控制和管理呢？

### 一、编制文件控制程序，建立文件控制流程

业主、工程监理承包商、施工承包商各方任何性质的来往联系要按程序执行，首先按照文件控制程序中规定的文件编码进行编码，由项目各方负责人批准，项目各方文控或项目文控部作为项目来往文件和资料等信息的归口管理人员和部门，负责项目文件输入、输出接口的管理，实现项目信息传达准确、沟通及时。文件控制流程图如图 11 -1 所示。

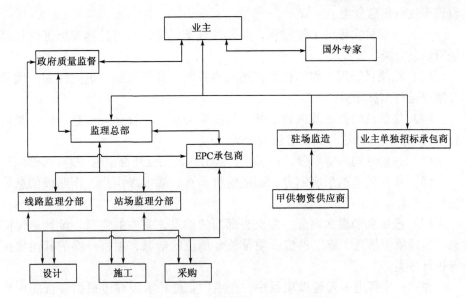

图 11 - 1　EPC 管理模式下文件控制流程

## 二、明确文件管理任务分工和管理职能分工

工程建设项目文件管理不是单纯某一个人或某一个部门应完成的工作，业主、监理和施工承包商各方的项目部从项目负责人到部门负责人、各部门兼职文控管理员，以及最终的文控部和文控工程师都具有不同的任务分工和管理职责。

通常业主、工程监理承包商、施工承包商项目负责人负责各自项目部管理文件的签发；项目总工程师负责项目部发往业主技术文件的签发；部门负责人负责本部门报批文件的签发；各部门负责本部门报批文件、信函、传真等的编制与管理；文控部负责建立项目文件信息管理体系，制订文件编码系统，同时负责项目运行中所有文件的传递、处理和最终归档。

## 三、确定项目文件分类，进行文件编码

1. **不同文件分类形式**

可以从不同的角度对管道工程建设项目的信息进行分类，如：

（1）按项目管理工作的对象，即按项目的分解结构，如子项目一、子项

目二等进行信息分类。

（2）按项目实施的工作过程，如设计准备、设计、招投标和施工过程等进行信息分类。

（3）按项目管理工作的任务，如成本控制、投资控制、进度控制、质量控制等进行信息分类。

（4）按信息的性质及内容属性，如组织类信息、管理类信息、经济类信息、技术类信息和法规类信息进行分类。

（5）按信息的来源划分，如工程内部信息、工程外部信息等进行分类。

（6）按照信息的层次划分，如战略级信息、战术级信息、作业级信息等进行分类。

（7）按级别和层次划分，如上级部门的信息、业主的信息、设计单位信息、监理单位信息、施工单位及质量监督单位的信息、项目外部的其他信息等进行分类。

在同一个管道工程建设项目中，业主、监理和承包商应根据各自的项目管理需求，按照一定的原则和方法确定其文件管理的分类，但为了信息交流的方便和实现部分信息共享，三方应尽可能对文件进行统一的分类，统一编码，如项目的分解结构应保持统一。

例如，在某工程的承包商文控管理中，其文件分类和编码就是按照与业主统一的项目分解结构和项目管理工作任务将文件进行分类的。

如项目文件按四级分类，分别是：

第一级：项目阶段，分为初步设计和施工图设计阶段。

第二级：文件类别，分为设计文件和管理文件。

第三级：专业和部门类别。在此分级阶段，根据本项目的性质和实际情况，将设计文件划分为勘察、线路、工艺、电力、通信、经济等19个专业类别，将管理文件划分为控制、质量和文控等3个部门类别。当然不同的项目根据各自的项目情况、工作阶段和工作内容应有不同的类别划分。

第四级：文件类型。这一层就是具体文件类型的划分了。根据项目实践经验，此文件类型的划分不是越粗越好，也不是越细越好。因为过粗致使文件分类不细，管理不到位，文件查询不方便；过细也会使文件分类缺乏系统和整体性，给项目文件管理人员额外增加工作量。因此文件类型要充分考虑各专业设计工作的内容，一方面考虑自己文件管理的需要，另一方面也要满足业主对设计文件测量控制的要求。这一层次，划分为目录、图纸、变更、技术规格书、说明书等14个类别。通过实践，这样的划分还是很有效果的。

2. 项目各个阶段的分类文件

管道工程建设项目各个参建方会有大量文件产生，通常可以按照管道工程建设项目的各个阶段对文件进行分类。

1）项目前期阶段文件

（1）立项文件：

①项目建议书；

②项目建议书审批意见及前期工作通知书；

③可行性研究报告及附件；

④可行性研究报告审批意见；

⑤与立项有关的会议纪要；

⑥专家建议文件；

⑦调查咨料及项目评估研究等资料。

（2）建设用地、征地、拆迁文件：

①主要有选址申请及选址规划意见通知书；

②用地申请报告及县级以上人民政府城乡建设用地批准书；

③拆迁安置意见、协议、方案；

④建设用地规划许可证及其附件；

⑤划拨建设用地文件；

⑥国有土地使用证等资料。

（3）勘察、测绘、设计文件：

①工程地质勘察报告；

②水文地质勘察报告；

③自然条件，地震调查，地形测量和拨地测量成果报告；

④申报的规划设计条件和规划设计条件通知书；

⑤初步设计图纸和说明；

⑥技术设计图纸和说明；

⑦审定设计方案通知书及审查意见；

⑧有关行政主管部门批准文件或取得的有关协议；

⑨施工图及其说明设计计算书；

⑩政府有关部门对施工图设计文件的审批意见。

（4）开工审批文件：

①主要有建设项目工程规划许可证及其附件；

②建设工程开工审查表；

③建设工程施工许可证；

④投资许可证；

⑤审计证明；

⑥工程质量监督手续。

（5）前期财务文件：

①工程投资估算材料；

②工程设计概算材料；

③施工图预算材料；

④施工预算。

（6）建设、施工、监理机构及负责人。建设单位业主、工程监理承包商、工程施工承包商及各自负责人名单。

2）项目定义阶段文件

项目定义阶段文档主要以物资采购文档和初步设计文件为主。

（1）物资采购文档主要有：

①物资采购合同；

②物资选用资料技术规格书及料表；

③物资采购清单；

④物资（或设备）质量证明材料；

⑤进口物资的报关资料（货物的物权凭证、发票、装箱单、合同、原产地证、质检证书、包装声明等）；

⑥供货商资料；

⑦物资（或设备）发票；

⑧现场交接清单等。

（2）初步设计文件：

①总说明书；

②专项报告；

③计算书（内部存档）；

④主要工程量清单汇总表；

⑤设备和材料的汇总表；

⑥主要设备和材料技术规格书和数据单；

⑦施工图及图纸；

⑧概算文件（概算说明书、总概算书、单项工程概算书、单位工程概算书）。

3）项目实施阶段主要文件

（1）施工承包商方文档主要有：

①开、停工报审；

②施工现场准备文件；

③施工安全措施；

④施工环保措施；

⑤工程图纸变更记录文件（设计会议会审记录、设计变更记录、工程洽商记录）；

⑥施工材料预制构件质量证明文件及复试试验报告；

⑦隐蔽的工程检查记录；

⑧施工记录；

⑨工程质量事故处理记录；

⑩工程质量检验记录；

⑪质量监督报告及单位工程质量评价报告；

⑫质量监督月报；

⑬入库验收单；

⑭出库调拨单等。

（2）监理承包商文件主要有：

①监理规划；

②监理细则；

③监理通知、指令及回执；

④监理日周月报；

⑤监理工程师巡视记录；

⑥停工令、复工令；

⑦施工质量检查评估报告；

⑧会议纪要；

⑨现场记录；

⑩索赔文件资料；

⑪审核变更资料；

⑫监理工作总结等。

4）项目验收阶段主要文件

项目验收阶段包括专项验收、预验收和竣工验收三方面内容，依据每个阶段的不同验收内容产生不同的文件资料。

（1）专项验收阶段主要文件：

①环境保护验收包括：

环境保护验收申请；

与建设项目有关的各项环境保护措施；

环境影响报告书（表）；

环境影响登记表；

有关项目设计文件规定应采取的其他各项环境保护措施。

②安全验收包括：

安全验收申请；

生产安全事故的预防措施及应急预案；

特种设备操作人员资格证明等。

③水土保持验收包括：

水土保持验收申请；

水土保持审批文件；

水土保持的方案和措施；

水土保持整改报告等。

④职业卫生验收包括：

职业卫生验收申请；

职业卫生防护措施或方案。

⑤土地利用验收包括：

地貌恢复批复；

青苗赔偿文件；

建设用地规划许可；

建设用地批准书等。

⑥消防验收包括：

消防验收申请；

消防设施技术测试报告等。

⑦档案验收：

项目前期管理性文件；

隐蔽工程文件；

设备文件；

竣工文件；

质检文件；

重要合同（协议）、招投标文件等。

⑧竣工决算审计：

初步验收文件；

竣工决算文件；

资产交付清单；

移交文件资料。

（2）预验收阶段主要文件：

①施工承包商自检报告及验收申请；

②已完成工程清单；

③未完成工程清单；

④现场检查用表；

⑤存在问题清单；

⑥试运行前预验收签证。

（3）竣工验收阶段主要文件：

①竣工图；

②竣工决算报告；

③审计报告；

④竣工验收申请报告；

⑤消防、环保、规划、地勘、设计、施工、监理单位单项验收评估报告；

⑥工程质量监督报告；

⑦建设单位工作总结；

⑧初步验收总结；

⑨竣工验收报告书；

⑩竣工验收鉴定书；

⑪工程监理工作总结；

⑫初步设计阶段勘察设计总结；

⑬外事工作总结；

⑭工程施工工作总结；

⑮生产准备及试运考核总结等；

⑯生产技术准备及试运行工作总结；

⑰物资（设备）采办工作总结；

⑱项目建设总结；

⑲工程现场声像资料（包括光盘、照片、底片、录音、录像）；

⑳工程审计文件；

㉑工程决算报告；

㉒竣工验收会议决议文件、验收证书及验收委员会名册、签字；

㉓验收备案文件；

㉔环境保护、劳动安全卫生、水土保持、劳动安全卫生、消防、人防、规划、档案等专项验收审批文件；

㉕项目评优报奖申报文件、批准文件及证书等。

### 3. 文件编码

管道工程建设项目有不同类型和不同用途的信息，为了便于对各种信息进行分类、汇总，易于识别和控制，为了有组织地存储信息，方便信息的检索和信息的加工整理，必须对项目的信息进行编码。

通常编码由一系列符号（如文字）和数字组成，编码是信息处理的一项重要的基础工作。文件编码有许多方法，依据工程规模、特点和特殊需要，依照标准编码系统给不同的管道工程建设项目建立编码系统。

在信息管理中，用字母或数字标识一个被管理对象，这个字母或数字就称为代码。代码的作用有两个，一是可以给事物提供一个精练而不含糊的记号，二是可以提高数据处理的效率，节约存储空间。代码具有唯一性。

依据管道工程建设项目特点，以文档标准编码系统为基础，建立适合本管道工程建设项目用的编码系统。编码系统是由项目代码、文件起源单位代码、文件接收单位代码、文件或图纸类别码、文件序号代码等 5 个子系统组成，如图 11 - 2 所示。

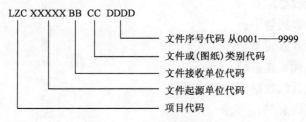

图 11 - 2　文件编码排列

图 11 - 2 中的文件编码排列为：项目代码—文件起源单位代码—文件接收单位代码—文件（或图纸）类别代码—文件序号代码。各级编码的组成分解表如表 11 - 1 所示。

项目中的所有人员必须严格按照信息的标准编码系统进行编码，对每一份经手的文件进行准确的编码，并分类存档。存档一般按同一类文件的时间顺序倒排，即最近时间的文件在最上面。

**表 11 - 1　各级编码组成分解表**

| 项目代码 | 文件起源单位代码 | | 文件接收单位代码 | | 文件（或图纸）类别代码 | |
|---|---|---|---|---|---|---|
| LZC | XXX 项目部 | 10000 | XXX 项目部 | XXXXMB | 文件索引 | WJSY |
| | XXX 监理 | 20000 | XXX 监理 | XXXJL | 手册 | SC |
| | XXX 监理 | 30000 | XXX 监理 | XXXJL | 程序文件 | CXWJ |
| | XXX 隧道监理 | 40000 | XXX 隧道监理 | XXXJL | 采办技术文件 | CBJSWJ |

例：XXX 监理向 XXX 项目部上报传真，其文件编码为 LZC - 20000 - XXXXMB - CZ - 0001。

　　随着项目的深入，已获批准的项目管理文件、设计文件等可能需要不断进行修改和升级，版本号的设立可以使资料使用者辨别出最新版本的文件，避免错误使用旧版本。例如，当已获批准的设计文件根据项目需要进行修改升级，获得批准后，文档控制工程师负责将旧版本设计文件原件留底。所有新版设计文件发送时一律附有"文件版本变更通知单"，文件接收方应根据"通知单"上所列内容及时停止使用和回收作废的设计文件。设置在各部门内的文档管理人员负责跟踪和回收作废的设计文件，由文档控制工程师集中管理，同时向文档控制工程师发送新版本及文件的电子版用于存档文件电子版的更新。

　　报批文件的版本编号，批准前按英文字母表顺序（A、B、C、D……）排列；批准版本为 0 版；批准后的修订版本按数字顺序（1、2、3、4……）排列升版。

　　举例见图 11 - 3。

| 编号：LZC-7000-LZCXMB-001 |
|---|
| 版次：B |
| 发布日期： |
| 实施日期： |

"B"代表 此程序
文件第二次报批。

图 11 - 3　过程版报批程序文件部分封面

## 四、明确文件的发放和接收流程

　　管道工程建设项目的文件发放和接收是一个闭合过程。在发放和接收文件时都要注意文件是否闭合。文件的发放中无论是报告还是通知等，当确认对方收到（收到签收回执）后，才可认为文件发放完成。文件接收后需及时给对方返回签收回执，接收后的审批过程需被及时跟踪，并按轻重缓急进行处理（批复、回复、签转等），处理后才可被认为文件接收完成。

1. 文件发放流程

（1）发放流程按照一定的原则，依照各部门职责进行发放。

（2）稿件由拟稿人经申请按照统一格式进行书写，并由文控管理人员进行审核无误后方可发送。

（3）文件发送一般包括拟稿→送审→签发→登记→复印→盖章→发送几个环节，文控管理人员负责文件发送。

（4）在文件发放流转过程中，必须遵照及时、准确、严肃等原则，严格按照文控程序发放文件，如图11-4所示。

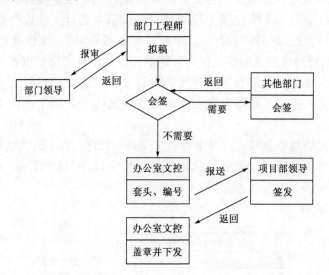

图11-4 IPMT模式下项目部文件审批发放流程

2. 文件接收流程

文件接收包括各类来文的签收、编号、登记、审阅、归档等，是对文件的直接利用过程。

（1）接收的文件要先进行辨识，确认是否有效，在确认有效后进行收文的各个流程。

（2）文控管理人员根据来件内容界定文件属性后，交收件人或相关资格领导进行批示。

（3）文控管理人员根据领导批示进行文件的下步处理（或批办、或转办、或传阅）。

（4）办文期间，文控人员要负责催办、督查和上报需要的有关情况。

（5）文控人员对文件进行合理分类、归档，以便日后文件能够快速检索查阅，如图 11－5 所示。

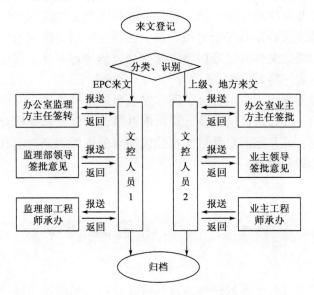

图 11－5 IPMT 模式下项目部文件接收流程

## 五、严格控制文件状态

无论是收到还是发出的管理文件和技术文件，文控人员都要对其进行状态标识，其状态标识分为有效版本、作废版本两种。对有效版本和作废版本分别加盖印章标识，对一般资料只进行收发文登记备查。

## 六、注重文件的安全与保密

管道工程建设项目信息保密与安全工作应严格按照国家、单位、项目规定执行，应分别对信息及信息工作设密级。密级分为国家秘密与企业商业秘密。

国家秘密按照秘密、机密、绝密三个等级填写。

企业商业秘密按照油商密★、油商密★★、油商密★★★填写。

应明确管道工程建设项目中信息管理和所涉及的信息系统保密措施，签订信息保密与安全工作责任书，成立信息保密监督委员会，确保项目建设信息安全、受控。

各参建单位文控人员都有保守工程秘密的义务，在进行文件管理时，要根据密级采取相对应的保密措施。对所拥有的工程文件应依据工程参加者对文件的需要程度来确定其安全等级。对于已经过时的、作废的或其他一切原因引起的需销毁的文件必须按照国家保密法规的规定，及工程建设项目的规定，按照特定程序将其销毁。

随着信息网络化程度的提高，网络安全也越来越重要，应用在管道工程建设中的通信、办公室自动化及计算机信息系统的建设都要符合国家安全保密的相关规定，并且能满足管道工程建设项目的密级需要。应有专人对涉密的事项进行管理和检查。

# 第三节　文控管理制度

为使文控管理有序高效进行，制定适合管道工程建设项目的文控管理制度很重要，工程项目各方文控管理部门要结合自己的实际情况，编制相应的文件管理制度，并定期、不定期进行检查，确保文控管理有序，更好地为管道工程建设项目服务。

## 一、文控管理制度的内容

文控管理制度主要包括：

（1）文件借阅制度（对文件的借阅进行规定，避免丢失）。

（2）工程报表制度（对工程进度、质量、HSE 管理等动态情况进行记录、分析，定时定期汇总并上报或发布，为工程管理者动态管理工程提供基础）。

（3）信息接、达、传制度（电话、口头通知等）。

（4）台账制度（主要用于签认报审文件）。

（5）安全及保密制度。

（6）文件分发和归档制度。

（7）文件备份制度。

（8）电子、纸张双籍制度。

## 二、文控管理的检查和考评

文控管理的检查分为内部检查和外部检查。制定内部审查制度明确内部审查程序及内审记录表格，以此做为外部检查的一个考核依据。检查可以定期进行，在定期检查文控管理情况的基础上，还可以不定期进行抽查，抽查文控人员贯彻执行文控程序、制度情况，以确保检查工作的到位和效果。检查、抽查的目的就是要确认文控程序是否有效进行。

在检查过程中发现的不合格项，需要被检查方书面答复，所有的不合格报告应得到迅速处理，不能由于行动迟缓而影响工程进度，以保证管线的完整性。

# 第四节　文控人员及办公设备要求

在管道工程建设项目中，各信息管理人员素质高低是保证项目建设信息传递和处理的重要环节，在项目建设开始前应使每名参与者均能熟知信息管理过程中的职责、工作内容及标准、方法和措施等。而工程建设项目文控管理的现代化程度直接影响着工程建设项目的经济效益和社会效益，现代化的文控管理可以为项目建设增值。

## 一、文控人员要求

为了保持工程建设项目资料的完整性、连续性，工程建设项目各方在岗文控人员需为专职人员，一般工程项目的竣工资料人员为不可替换人员。

文控人员应具有较强的人际关系技巧和协调沟通能力，需有一定的写作基础知识（如语法、修辞、逻辑等）。应具有较强的口头表达能力，包括口齿清楚、表达准确、条理分明和说话得体。需能熟练使用办公设备、办公软件，

掌握工程项目文件流转系统及相关办公软件的使用。

文控人员应定期进行业务培训和考核。熟知文控管理过程中的职责、工作内容及标准、方法和措施。明确各参建方文控管理的职责,制定各自的培训计划和内容。

## 二、办公软件、硬件要求

配置齐全、性能良好的硬件设施是提高文控人员工作效率的基础,是及时、安全和完整地传递信息的保障;便于各参建机构及时掌握准确、完整的信息,以便妥善处理和解决工程项目建设中出现的各种问题。管道工程建设项目各方需按照各自实际需要配置不同的办公软件和硬件,保证管道工程建设的顺利进行。

1. 硬件要求

计算机:台式机 CPU P Ⅲ 800 以上,硬盘 40G 及以上,内存 256M 及以上,10/100M 自适应网卡。随着电脑的更新换代,手提电脑也越来越多地应用于管道工程的建设中。

网络:可以接入 Internet 网络;并可以项目办公室为单位设立局域网。

传真机:A4 普通纸张传真机,性能良好。

打印复印机:可打印 A4、A3 普通打印纸,性能良好。

扫描仪:分辨率不小于 150dpi。

数码相机:性能良好,主要用于记录工程影像资料。

摄像机:记录工程视频资料。

高容量存储设备:U 盘、移动硬盘等。方便存储资料数据,定期备份。

录音笔:方便召开专题会议、现场会议等的资料收集和整理。

2. 软件要求

根据不同工程选用合适的应用软件和项目管理软件。

统一的软件系统在确保信息传递过程中的兼容性,便于资料、数据的汇总和分析等方面都起着举足轻重的作用。

管道工程建设项目中常用的软件包括 Office2003、Photoshop、照片编辑软件、PDF 格式文件生成软件、Visio2003 流程图软件、VCR 制作软件,等等。

# 第十二章　HSE 管理

## 第一节　HSE 管理体系综述

　　HSE 管理体系是当今国际石油石化行业通行的安全、环境、健康一体化管理体系，也是我国国内石油企业实现项目科学化管理，走向世界市场，实现与国际接轨的准入证。中国石油天然气集团公司（以下简称"集团公司"）提出"建设综合性国际能源公司"的战略目标，要实现这一战略目标，就必须参与国际市场的合作与竞争，这就要求我们必须提高国际竞争能力。进入21 世纪以来，随着经济全球化进程的加快，自觉履行企业社会责任，成为跨国公司提升软实力的重要组成部分。埃克森、美孚、壳牌、BP 等国际大石油公司都积极参与企业社会责任运动，十分注重 HSE 管理体系建设，不断创新HSE 管理模式，创造了优良的安全环保表现。我们应该借鉴国外优秀公司先进的 HSE 管理理念，认真执行有关安全环保法律法规，建立健全安全生产监督管理体制与机制，积极采用先进的安全管理方法和安全生产技术，借鉴国外先进经验，完善 HSE 管理体系，加快推进综合性国际能源公司的建设进程。

### 一、加强领导承诺和责任

　　集团公司于 20 世纪 90 年代末期启动了 HSE 管理体系建设工作。经过近10 年的积极探索和实践，目前已初步搭建起了 HSE 管理体系的基本架构。但也必须清醒地认识到，集团公司各单位 HSE 管理体系建设工作，整体发展还不平衡，覆盖面不全，一些单位仍然存在着认识不到位、要求不严格、执行不得力，以及 HSE 管理体系与实际工作相脱节等问题，安全环保工作从整体上缺乏长效性、基础性的治本措施，管理水平没有得到持续、稳步提升，安全环保形势依然严峻。解决这些问题，要求我们必须站在促进集团公司综合性国际能源公司建设进程的高度，加强领导承诺和责任。因为领导和承诺是

HSE 管理体系的核心，是体系运转的动力，也是最高管理者承担健康、安全与环境责任和义务的公开声明。

高层管理者的承诺、方针和目标是通过运行体系中的其他各级要素来实现的，而各级要素的运行都需要较多的时间和精力，需要选拔合格的人员来进行策划、设计和管理。只有高层管理者的支持才能为体系的建立和运行提供充足的资源保证。在 HSE 管理体系运行过程中，实现 HSE 与传统管理的有机融合，领导干部、特别是各级行政正职的观念、态度和行为的表率作用至关重要。国外石油企业往往都有由总裁做出的 HSE 承诺，向外界公布，阐明企业对 HSE 的认识、理念和责任；而且各级管理者从上到下都做出了明确的承诺。

高层管理者应主动学习 HSE 标准，树立 HSE 理念，认真领会、不断加深对 HSE 相关知识的理解，从而更加清楚自己在企业的健康、安全与环境管理中举足轻重的地位与作用，增强对健康、安全与环境工作的本质认识，提高自身的 HSE 管理能力。高层管理者通过主动查找传统管理中的弊端或不足，结合企业生产经营活动的实际情况，思考如何从根本上改善健康、安全、环保管理水平，研究如何实现企业 HSE 管理体系思想与传统观念的有机融合。通过加强领导承诺和责任，使得集团公司的 HSE 管理体系顺利推进。

## 二、强化员工参与和承诺

企业员工是 HSE 管理的主体，没有全员参与的意识，HSE 管理就无法落实。积极的全员参与氛围，对于企业 HSE 管理体系的建立和健全有着巨大的推动作用。国内石油企业员工对 HSE 管理的参与度还较低，全员参与性差，在现实操作过程中，集团公司要求员工要参与到管理体系中去，积极寻求加强自身能力、知识和经验的机会，通过对话交流、讨论问题和实践活动，增强企业员工的 HSE 管理意识。

高度重视员工 HSE 培训工作，对企业员工进行不间断的滚动式的 HSE 培训。主要内容包括：加强培训基地建设，加快培养专职 HSE 培训师资队伍，统一培训标准，落实培训时间，保证培训效果。同时，进一步提高 HSE 培训的针对性和操作性，注重模拟练习和实战操作，有针对性地开发分专业、岗位和工种的培训教材。强化一线操作人员的岗位操作技能及故障处理和应急突变能力。通过全员不间断地滚动培训，提高企业职工自我保护的意识，并让他们掌握自我保护的正确方法，从而大幅度减少事故的发生，在万一发生事故时也可以将损失减少到最小。

## 三、完善 HSE 管理机构

国外一些优秀石油企业，他们的 HSE 管理机构比较小，人员精，但强调企业的每一个管理者都是 HSE 的领导者，要负责所在业务单元的 HSE 事务，并且为了适用商业重组和组织机构的需要，HSE 机构在不断调整。他们一般单独设有 HSE 管理部门，并在具体部门的设置上考虑有 HSE 审计管理部门、应急响应管理部门、安全管理部门、环境管理部门。

目前我国石油企业的 HSE 管理机构大都不太完善或者权力不够明确，HSE 专职管理人员不多，而且权限不明确，权力不够，即使发现有明显违反HSE 管理规定的行为，甚至可能造成重大伤亡的行为，却无权制止。因此，很多情况下 HSE 管理仅被看做一种辅助性管理工具，以不影响工程进度为管理极限。这种 HSE 管理的缺乏是导致事故多发的重要原因之一。集团公司通过对 HSE 管理重新定位，通过组织机构的调整，把 HSE 管理从辅助工作变成工作的主角，还成立了专门的垂直管理的 HSE 管理团队，并赋予了他们充分的权利，从而保证 HSE 管理体系的有效运转。

## 四、严格执行 HSE 程序和标准

多数的石油企业针对业务活动过程都制定了系统、详细的 HSE 程序和指南。过程管理方法被作为有效的管理办法。例如，BP 公司的 HSE 管理体系中包括详细的安全操作手册，其中最重要的内容就是"安全黄金定律"，即工作许可、高空作业、能源隔离、有限空间作业、吊运操作、变更管理、车辆安全和动土工程。这个定律能够提供最基本的安全指导，包括作业过程中可能存在的风险及相应的防范措施，必需的检查事项，以及从长期实践中提炼出的推荐做法等。BP 公司要求每一位员工都熟知其黄金定律，并且随时随地坚持高标准地遵循这些定律。

HSE 程序和标准是 HSE 管理体系实施和运行的关键之一。HSE 作为科学化、系统化的管理体系，文件化管理是其明显的标志，但是要注意程序文件体系只是载体，HSE 思想才是重点，如果只是把精力放在空洞的文件标准的制定上，过于注重体系的外在形式，做不到严格执行，是无法达到 HSE 管理效果的。挪威的大多数企业，他们的 HSE 文件标准都很简洁明了，易于操作。

另外，还要注意 HSE 管理体系与原有管理体系的融合，使他们协同运作，资源共享，避免出现资源重复浪费甚至"两张皮"的现象。

"两书一表"是实现 HSE 管理体系文件在基层"落地"与"生根"的有效途径之一。HSE"两书一表"的建立与实施可以较好地处理传统规章制度、操作规程及岗位责任制与 HSE 管理体系基层文件之间的关系，使 HSE 管理由文件化管理向基层组织的风险管理转变，使 HSE 风险管理的目的和要求在基层得以实现，真正使基层作业和岗位人员按照"写所做、做所写和记录所做的"体系管理的要求规范其行为。基层必须切实贯彻和落实好"两书一表"，认真编写，严格执行，才能达到 HSE 管理的目的。

## 五、建立严格的安全监督体系

国外优秀石油企业安全监督的作用都非常明显，具有很大的权限和责任，在他们的职权范围内无需向任何人进行汇报和审批，发现任何问题，都有权力直接做出决定，该整改的就整改，该停工的就停工。当然，这对安全监督的素质要求也比较高。国内许多企业也已经引入了安全监督的管理机制，但由于是企业内部的监督，人员组成、人员隶属关系等方面因素决定了安全监督无法发挥独立的工作职能。在目前管理体制下完善独立安全监督制，充分发挥第三方的作用，是加强 HSE 管理的措施之一。

加强现场 HSE 的管理。主要是通过加强生产的全过程控制，建立三级监控机制来实现的。HSE 监督（业主、监理等）的主要职责是严格按照制定的标准，对现场 HSE 管理进行监督、检查、考核和指导，对违反 HSE 规定的现象进行纠正和处罚。同时，强化对承包商的 HSE 管理与监督。将承包商的 HSE 管理纳入到业主的 HSE 管理体系，实行统一标准、统一管理。健全承包商管理程序，实施承包商市场准入和项目招投标 HSE 评估，将承包商 HSE 资质、能力、业绩作为企业市场准入和招投标的首要条件。开展承包商 HSE 表现和业绩考评，建立健全承包商退出机制。督促承包商按规定实施项目 HSE 作业计划，坚决禁止承包商"体外循环、放任自流"和"以包代管、以罚代管"的简单、粗放、低水平管理行为。

挪威的 HSE 管理非常先进，有很多地方值得我们好好学习和借鉴。在事故处理方面，挪威的企业和咨询机构都非常注重对未遂事故进行统计分析，以期找出潜在的联系和规律，提出相应的对策，进行有效改进。这比我们以前所提出的"事故是血的教训"有了很大的进步，没有流血的未遂事故同样可以提供经验教训。

国内对事故的管理多年来也形成了一套有效的管理办法，事故统计、分析事故和事故预防都有很大的提高，但是往往却忽略了对未遂事故的统计分析工作。另外，国内事故的发生往往与处罚相联系，而且这种思想的影响面很大，为了避免或减轻处罚，造成了一些漏报或轻报的现象，导致了一些事故的重复发生。淡化事故与处罚的联系，注重寻找事故发生的真正原因及相应对策，甚至可以学习挪威的大多数企业对上报未遂事故进行奖励的做法，以此可以获得大量真实、有效的基础数据。通过建立详细的事故数据库，不仅对事故管理帮助很大，也为进行理论研究、科学分析提供了基础数据。

# 第二节　HSE 管理范围和措施

## 一、HSE 管理的范围

### 1. 安全管理的范围

安全管理的中心问题，是保护生产活动中人的安全与健康，保证生产顺利进行。

宏观的安全管理包括劳动保护、安全技术和工业卫生，三者是既相互联系又相互独立的三个方面。从生产管理的角度看来安全管理应概括为，在进行生产管理的同时，通过采用计划、组织、技术等手段，依据并适应生产中人、物、环境因素的运动规律，使其积极方面充分发挥，而又利于控制事故不致发生的一切管理活动。

管道工程施工现场中直接从事生产作业的人密集，机、料集中，存在着多种危险因素。因此，施工现场属于事故多发的作业现场。控制人的不安全行为和物的不安全状态，是施工现场安全管理的重点。也是预防与避免伤害事故，保证生产处于最佳安全状态的根本环节。

### 2. 职业健康管理的范围

管道工程建设项目施工线路长，野外作业环境卫生差，施工沿线传染病、地方病、食品卫生、住宿环境、施工区域存在的各类危害因素均会对作业职工的健康构成威胁。为此应建立一套行之有效的健康保障体系，以保障作业工人身体健康、保证工程如期竣工。管道工程建设应本着"以人为本，健康至上"的指导思想，结合我国现有条件及近年来石油企业的 HSE 健康管理经验实施。

### 3. 环境保护管理的范围

环境保护概括地说，就是运用现代环境科学的理论和方法，在更好地利用自然资源的同时，深入认识掌握污染和破坏环境的根源与危害，有计划地保护环境，预防环境质量的恶化，控制环境污染，促进人类与环境协调发展，以不断提高人类的环境质量和生活质量，造福人民，贻惠于子孙后代。

环境保护的内容世界各国不尽相同，同一国家在不同时期的内容也有变化。但其大致包括两个方面：一是保护和改善环境质量，保护居民身心健康，防止机体在环境污染影响下产生遗传变异和退化；二是合理开发和利用自然资源，减少或消除有害物质进入环境，以及保护自然资源，维护生物资源的生产能力，使之得以恢复和扩大再生产。

## 二、HSE 管理措施

### 1. 层层落实责任制

HSE 管理注重全员参与，因此 HSE 管理工作不仅仅是安全总监、HSE 工程师、HSE 监督员的职责，而是所有参与工程建设人员共同的职责，所以要层层落实 HSE 管理责任，逐级签署 HSE 责任状。将不同时间、各个阶段、不同工序的 HSE 管理工作具体落实到人，并针对各级 HSE 管理职责制定相应奖惩措施。

### 2. 实施 HSE 预警机制

HSE 预警机制是针对建设工程的不同阶段，对可能出现的 HSE 问题提前进行预警，达到事前控制和提醒的目的，所谓"警钟长鸣"，因此预警是至关重要的。例如，在管道工程挖沟施工前，下发注意管沟塌方的预警文件，提醒挖沟作业人员做好管沟支护和监护工作，确保挖沟施工安全。预警应有针对性，不能盲目下发一堆文件了事，一定要紧密结合工程进展情况实施预警，才能达到最佳的预警效果。

### 3. 单列 HSE 专项费用

HSE 资源投入不足是导致 HSE 事故发生的因素之一，保证 HSE 资源充分投入的措施之一是要求承包商在投标时对 HSE 拟投入费用进行单列，在业主和承包商签署合同时，在费用部分对承包商 HSE 专项费用进行单列。业主或监理承包商可以以此为凭据检查承包商 HSE 资源投入情况，确保 HSE 资源充分投入。

### 4. 给予 HSE 管理人员相应的权力、权限

目前，建设工程各级 HSE 管理人员权限不足，在管理工作中没有足够的震慑力，从而降低了 HSE 管理效果，也影响到 HSE 管理人员的工作热情。因此应给予 HSE 管理人员相应的权力和权限。目前有的单位已开始实施 HSE 管理人员由上级部门委派，例如，机组 HSE 监督员由项目部委派，项目部安全总监由公司总部委派，尽量减少机组长、项目经理由于考虑进度、费用等方面干预 HSE 工作过多，降低对 HSE 管理的要求。只有给予 HSE 管理人员相对应的责任和权力，才能充分发挥 HSE 管理人员的积极性，达到最佳的管理效果。

### 5. 把事故教训作为培训的内容之一

事故教训是最好的老师，因此应该注重对事故教训的总结，并把事故教训作为培训的内容之一。现在多数培训材料都是理论和经验，很少有反面的教材，即事故案例分析。只有正确面对已发生的事故和教训，认真分析导致事故发生的原因，才能引以为戒，避免类似事故的发生。

# 第三节　管道工程 HSE 管理要点

## 一、准备阶段 HSE 管理要点

（1）对大中型石油化工工程项目，或施工安全风险较大的石油化工工程项目，各单位须配备满足工程需要具备相应资格的专职 HSE 管理人员；对小型工程项目，应设兼职 HSE 管理人员。

（2）各单位应健全安全生产责任制，完善安全生产管理制度，建立人员安全生产教育培训制度，各单位的项目负责人和 HSE 管理人员需经安全生产教育培训后方可上岗。

（3）各单位应编制包括 HSE 管理内容在内的项目规划或方案；对大中型

石油化工工程项目或施工安全风险较大的石油化工分部分项工程，各单位应当编制专项 HSE 方案。

（4）业主或监理承包商应在开工前组织 HSE 管理交底会议，施工承包商和其他参建单位应组织对班组或机组进行 HSE 管理交底。

（5）业主或监理承包商审查勘察设计、设备制造、施工和无损检测及试验等单位的资质是否符合要求，HSE 管理体系是否建立、健全；检查施工承包商安全生产许可证是否合法有效。

（6）业主或监理承包商审查勘察设计文件、设备制造技术文件是否符合工程建设强制性标准要求。

（7）检查设备制造、施工承包商是否建立 HSE 管理机构、制定安全生产规章制度、设置专职 HSE 管理人员。

（8）业主或监理承包商审查施工承包商编制的施工组织设计中的 HSE 技术措施和危险性较大的分部分项工程 HSE 专项施工方案是否符合工程建设强制性标准要求。审查的主要内容应当包括：

①施工承包商项目部 HSE 组织机构；

②HSE 管理人员及特种作业人员配备情况；

③施工承包商项目部安全生产责任制；

④施工总平面布置是否符合安全生产及消防要求，办公、宿舍、食堂、道路等临时设施以及排水、排污（废水、废气、废渣）、防火措施是否符合强制性标准要求；

⑤施工现场临时用电、用水方案是否符合强制性标准要求；

⑥冬季、雨季等季节性施工方案的制定是否符合强制性标准要求；

⑦基础、管沟及水池等土方开挖的支撑与防护，高空作业，起重吊装，脚手架拆装，管道、储罐、换热器和塔类等设备试压，拆除，爆破，动火及有限空间（如管道、储罐、塔及其他容器内）作业等分部分项工程 HSE 专项施工方案或安全措施是否符合强制性标准要求；

⑧石油化工装置、场站改扩建工程的安全防护措施是否符合有关 HSE 规定；

⑨检查施工承包商应急预案情况，并监督其进行演习。

（9）审查施工承包商项目经理和专职 HSE 管理人员是否具备相应资格。

（10）审核施工承包商特种作业人员的特种作业操作资格证书是否合法有效。

（11）审查施工承包商的安全教育培训计划与实施。

（12）检查施工承包商拟投入使用的施工机械设备的安全状况是否符合要求。

（13）检查施工承包商是否制定应急救援预案、建立应急救援体系。

（14）审核施工承包商 HSE 措施费用使用计划。

（15）审查设计文件中 HSE 缺陷，如果在设计文件中有 HSE 方面的缺陷，不仅会影响施工、试运投产，甚至会影响到管道正常运行。只有将设计文件中的 HSE 缺陷降低到最小，施工、试运投产、运行时 HSE 方面的问题才会降低。检查内容如下（不限于）：

①检查设计文件中对项目专项评价中提出的措施是否得到落实；

②检查设计单位是否进行了设计风险管理；

③站场平面布置中安全距离、通道、接地等是否符合要求，建筑材料是否环保等。

## 二、施工阶段 HSE 管理要点

（1）在工程施工过程中，业主或监理承包商应对施工现场安全生产情况进行检查，对发现的各类安全事故隐患，应书面通知施工承包商，并督促其立即整改；情况严重的，监理承包商应及时下达工程暂停令，要求施工承包商停工整改，并同时报告业主。安全事故隐患消除后，监理承包商应检查整改结果，签署复查或复工意见。施工承包商拒不整改的或不停工整改的，监理承包商应当及时向工程建设主管部门（安全监督机构）报告。

（2）检查施工承包商现场 HSE 体系的运行情况。重点检查以下内容：

①检查 HSE 管理人员到岗情况；

②抽查特种作业人员及其他作业人员的上岗资格；

③检查施工现场 HSE 责任制、HSE 检查制度和事故报告制度的执行情况；

④检查 HSE 教育培训记录；

⑤检查 HSE 技术交底记录；

⑥检查风险识别和风险（危险源）初始清单。

（3）依据工程建设强制性标准和专项 HSE 施工方案，重点检查以下危险性较大的施工作业：

①吊装作业：审查大型设备（包括塔架、塔器、大口径管道和压缩机等）的吊装方案并检查落实情况；检查吊装作业人员资质，检查并核对起重机械

设备合格证书和检定证书。

②大型构件设备运输作业：审查承运单位的运输方案和超限货物运输手续，检查承运单位安全警戒标识。

③易燃易爆场所施工作业：在油气区域、管道连头和石油化工装置等危险区域的动火施工过程中，对动火施工审批手续进行确认，审查动火碰头施工技术方案，检查现场动火指挥系统和应急机构的建立和运行情况，检查有害气体置换情况，检查安全区域、警示标识设置情况。

④高处作业：审查作业人员特种作业资格，检查作业人员的安全防护设施配备及落实情况，检查 HSE 标识、安全区域设置情况，排查施工现场各类安全隐患，重点防止高处坠落和物体打击。

⑤工艺管线、设备安装作业：审查工艺管线、设备安装工程方案和设备吊装方案，审查工艺管线设备碰头、容器组对、连接施工方案，核查安装施工承包商资质和特种作业人员资格。

⑥无损检测：核查放射源的存放、使用以及射线作业人员资格和防护情况；检查无损检测作业安全标识、警戒区域是否符合要求。

⑦有限空间作业：检查施工人员有限空间作业 HSE 交底记录，检查有限空间含氧量和有害气体含量，检查通风换气、安全用电、照明、安全监护落实情况。

⑧防腐作业：检查用于防腐作业的易燃、易爆、有毒材料的存储及防腐作业人员的防护用品使用情况，检查作业场所的通风换气情况。

⑨试压作业：审查试压专项方案，检查试压设备上的阀门、法兰盖、压力表是否符合试压条件，检查安全警戒区域和标识是否符合安全要求。

⑩爆破作业：审查施工承包商资质，审查施工专项方案和特种作业人员资格，检查爆破材料的存放、管理制度落实情况，检查安全警戒区域和标识是否符合 HSE 要求。

⑪管沟作业：对于长输管道在特殊地段（如山坡、岩石爆破、峡谷、洪水、陡坡、沼泽、黄土塬等）的开挖、布管、焊接、防腐、下沟的施工，审查特殊地段的施工 HSE 措施和资源配置量是否符合要求，并监督落实。密切关注天气、环境的变化，防止管沟边坡坍塌、滚管事故发生。

⑫环境保护：检查施工现场环境保护情况，重点防止大气污染、水污染、噪声污染和废弃物污染。

（4）施工机械及安全设施的安全管理。要定期或不定期地检查施工承包商对施工机械和安全设施运行保养记录。对于大型设备的拆装，必须审查拆装单位的资质、特种作业人员的资格，审查专项拆装方案。

## 三、试运行阶段 HSE 管理要点

（1）单位工程按设计文件施工完成，并在施工承包商自审、自查、自评合格后，监理承包商应组织对已完单位工程的竣工预验收；对存在的安全隐患或问题，发出监理通知单，要求施工承包商限期整改，经验收合格后，进行单体或系统试运行。

（2）试运行前，业主或监理承包商审查施工承包商编制的试运行方案是否符合相关安全要求；是否对操作人员进行了安全技术交底。

（3）业主或监理承包商审查施工承包商的试运行组织机构、人员安全职责是否健全。审查施工承包商的试运行 HSE 应急预案是否符合规定，并组织有关单位人员进行演习。

（4）检查试运行区域的安全警戒及 HSE 防护措施是否符合规定。

## 四、竣工验收阶段 HSE 管理要点

（1）业主或监理承包商检查施工承包商安全竣工资料，检查工程项目的安全功能是否符合设计要求、法律法规和标准规范。

（2）各参建单位应将有关 HSE 管理的技术文件、验收记录、HSE 规划、HSE 实施细则、HSE 月报、会议纪要及相关书面通知等按规定立卷归档。

# 第四节　管道工程建设项目风险及其管理过程

## 一、风险的概念

风险是影响工程项目实现可能发生的事件。风险包括三个基本要素：一是风险因素的存在性；二是风险因素发生的不确定性；三是风险后果的不确定性。工程项目管理中必然遇到风险，因此要进行风险管理。

# 二、项目风险的特点和分类

1. 项目风险的特点

1）工程项目风险的多样性

工程项目中有许多种类的风险，如政治风险、经济风险、法律风险、自然风险、合同风险、合作者风险等，这些风险之间存在复杂的内在联系。

2）工程项目风险存在于全寿命期

工程项目风险不仅存在于实施阶段，而是存在于项目全寿命期：

（1）在目标设计中可能存在构思的错误、重要边界条件的遗漏、目标优化的错误。

（2）可行性研究中可能有方案的失误、调查不完全、市场分析错误。

（3）技术设计中存在专业不协调、地质不确定、图纸和规范错误。

（4）施工中物价上涨、实施方案不完备、资金缺乏、气候条件变化等。

（5）运行中市场变化、运行达不到设计能力、操作失误等。

3）工程项目风险的影响具有全局性

工程项目风险的影响不是局部的，而是全局的。例如，反常的气候条件造成工程的停滞，会影响整个后期计划，影响后期所有参与者的工作。它不仅会造成工期的延长，而且会造成费用的增加，造成对工程质量的危害。即使是局部的风险，也会随着项目的发展，逐渐扩大其影响面。

4）工程项目风险有一定的规律性

工程项目的环境变化具有一定的规律性，因而使风险的发生和影响也有一定的规律性。许多风险是可以进行预测的，重要的是人们要有风险意识，重视风险，要对风险进行全面的控制。

2. 项目风险的分类

工程项目风险可以从不同的角度进行分类。从技术角度分类，工程项目风险可分为技术性风险和非技术性风险。

1）技术性风险

技术性风险包括以下三种情况：

（1）设计内容不完全，设计缺陷、错误和遗漏，使用规范不恰当，未考虑地质条件和施工场地可能性等造成的风险。

（2）施工工艺落后，不合理的施工方案，施工安全措施不当，应用新技术、新方案的失败，未考虑现场情况等造成的风险。

（3）工艺设计未达到先进性指标，工艺流程不合理，未考虑操作安全性等造成的风险。

2）非技术性风险

非技术性风险包括：

（1）洪水、地震、火灾、台风、雷电等不可抗拒自然力，不明的水文气象条件，复杂的工程地质条件，恶劣的气候，施工对环境的影响等。

（2）法律及规章的变化，战争和骚乱、罢工、经济制裁或法律政策禁运，国际承包中政府项目的债权拒付，没收外资等。

（3）通货膨胀、汇率的变动，市场的动荡，社会各种摊派和征费的变化，国际承包中的延迟付款，换汇控制等。

（4）业主和上级主管部门的协调，业主和设计方、施工方以及监理方的协调，业主内部的组织协调等。

（5）合同条款遗漏，表达有误，承发包模式选择不当，索赔管理不力，合同纠纷等。

（6）业主人员、设计人员、监理人员、施工人员、技术人员、管理人员的素质（能力、效率、责任心、品德）等。

（7）原材料、成品、半成品的供货不足或拖延，数量差错，质量、规格有问题，特殊材料和新材料的使用有问题，损耗和浪费等。

（8）施工设备供应不足，类型不配套，故障，安装失误，选材不当等。

（9）资金筹措方式不合理，资金不到位、资金短缺等。

## 三、管道工程建设项目风险管理过程

管道工程建设项目风险管理是为了最好地达到项目的目标，识别、分配、应对项目生命周期内风险的科学与艺术，是一种综合性的管理活动，其理论和实践涉及自然科学、社会科学、工程技术、系统科学、管理科学等多种学科。管道工程建设项目风险管理的目标可以被认为是使潜在机会或回报最大化、使潜在风险最小化。

管道工程建设项目风险管理的一个主要标志就是建立风险管理的系统过程，从系统的角度来认识和理解项目风险，从系统过程的角度来管理风险。对于风险管理过程的认识、不同的组织或个人是不一样的。

结合管道工程项目特点，将管道工程建设项目风险管理过程分为风险规划、风险识别、风险估计、风险应对、风险监控六个阶段和环节。

# 四、管道工程建设项目风险识别

## 1. 项目风险识别含义

项目风险识别是对偏离项目目标差异及潜伏于项目中的各种风险因素按其产生的背景及原因、表现和预期后果等特征进行定义。它是项目风险管理的基础和重要组成内容。风险识别需要确定三个互相关联的因素：

（1）风险来源：时间、费用、技术、法律等。

（2）风险事件：给项目带来积极或消极的事件。

（3）风险征兆：风险征兆又称触发器，是指实际风险事件的间接表现。

## 2. 项目风险识别过程

1）风险识别的依据

（1）风险管理计划。

（2）项目计划。

（3）风险分类。

（4）历史资料。

2）建设项目风险识别思路

（1）首先要建立风险管理信息系统。跟踪和检测风险信息，这就是风险管理信息系统每天的日常业务。

（2）对风险信号进行分析判断，即对有可能引起风险的迹象与正常标准进行对比，如果发现连续偏离正常标准的现象，则发出风险预警信号。

（3）对风险进行鉴别分类，实际上就是给风险定性。

（4）随后测算风险发生的概率，分析风险发生的原因，分析风险发生的后果，预测风险发展的趋势，都是风险的分析项目。

（5）如果风险因素不止一个，需要在量化分析的基础上进行对比，根据其概率大小和危害程度进行排序，以便集中精力解决引起80%质量风险的20%的关键因素。

在上述所有的鉴别、分析、推断、排序等程序都完成之后，形成文字就是风险识别报告。提交最高决策层参考，同时更新风险识别清单和组织过程资产。风险识别报告可以意味着一个特定的风险识别过程的终结。在管道工程项目风险识别的过程中，主要还得依靠前人留下的信息和专家的经验。或是前面工程项目留下的记录，一直都在作为我们识别风险的参照物。我们可以使用电脑和各种仪器来跟踪风险，但是初始数据的设定最终还是来自人类的大脑。

3）风险识别结果

风险识别的结果可以分为三个层次：

（1）显性风险，即那些已经被识别出来的常规性风险。对常规的显性风险可以用制度性的措施来防范，如财务审计制度、库存盘点制度、事故责任制度、技术保密制度等。

（2）潜在风险，即那些暂时没有形成威胁，而需要特定条件才能诱发的风险因素。潜在的风险就像路上埋的地雷，是可以主动避免的风险。识别潜在的风险就像扫雷，比识别显性风险困难得多，但只要察觉到了地雷的存在，风险就消除了一大半，因为这样就有机会在它爆炸之前避开它或排除它了。

（3）风险征兆，如果潜在的风险是需要特定条件诱发的话，那么风险征兆就是诱发它们的那些特定条件。风险征兆的另一个含义，是预示系统风险降临之前的典型迹象，对于这种外部的系统风险，只能被动地应变，如果能够掌握这些迹象出现的规律，就等于有了预示风险的预警指标，就掌握了提前实施应变措施的主动权。

# 五、管道工程建设项目风险应对

## 1. 风险应对的含义

风险应对就是对项目风险提出处置意见和办法。通过对项目风险识别、估计和评价，把项目风险发生的概率、损失严重程度以及其他因素综合起来考虑，就可得出项目发生各种风险的可能性及其危害程度，再与公认的安全指标相比较，就可确定项目的危险等级，从而决定应采取什么样的措施。

## 2. 风险应对的依据

（1）风险管理计划。

（2）风险排序。将风险按其可能性、对项目目标的影响程度、缓急程度分级排序，说明要抓住的机会和要应付的威胁。

（3）风险认知。指对可放弃的机会和可接受风险的认知。组织的认知度会影响风险应付计划。

（4）风险主体。指项目利益相关者中可以作为风险应对主体的名单。风险主体应参与制定风险应付的计划。

（5）一般风险应付。许多风险可能是由某一个共同原因造成的，这种情况下为利用一种应对方案缓和两个或更多项目风险提供了机会。

**3. 风险应对过程目标**

当风险应对过程满足下列目标时，就说明其是充分的：

（1）进一步级联项目风险背景。

（2）为预见到的风险做好准备。

（3）确定风险管理的成本效益。

（4）确定风险管理的有效策略。

（5）系统地管理项目风险。

**4. 回避风险**

回避风险包括主动预防风险和安全放弃两种。

主动预防风险是指从风险源入手，将风险的来源彻底消除。

回避风险的另一种策略是完全放弃，这种做法比较少见。

**5. 转移风险**

风险转移是指借用合同或协议，在风险事件发生时将损失的一部分或全部转移到有能力承受或控制项目风险的个人或组织。

1）保险风险转移

保险风险转移是指通过购买保险的办法将风险转移给保险公司或保险机构。

2）非保险风险转移

非保险风险转移是指通过保险以外的其他手段将风险转移出去。

（1）合同转移：明确业主与承包商、业主与咨询商、业主与设计方、承包商与分包商的风险责任，从而将风险转移给多方；减少对对方损失的责任；减少对第三方损失的责任。

（2）担保转移：由银行、保险公司或其他非银行金融机构为项目风险负间接责任的一种承诺。

**6. 减轻风险**

减轻风险是通过缓和或预知等手段来减轻风险，降低风险发生的可能性或减缓风险带来的不利后果，以达到风险减少的目的。减轻风险是存在风险优势时使用的一种风险决策，其有效性在很大程度上要看风险是已知风险、可预测风险还是不可预测风险。

对于已知风险，项目管理组可以在很大程度上加以控制，可以动用项目现有资源降低风险的严重后果和风险发生的频率。

对于可预测风险或不可预测风险，这是项目管理组很少或根本不能控制的风险。因此有必要采取迂回策略。

### 7. 预防风险

风险预防是一种主动的风险管理策略，通常采取有形和无形两种手段。

1）有形手段

工程法是一种有行的手段，此法以工程技术为手段，消除物质性风险威胁。工程法预防风险有多种措施：

（1）防止风险因素出现。在项目活动开始之前，采取一定措施，减少风险因素。

（2）减少已存在的风险因素。施工现场若发现各种用电机械和设备日益增多，及时果断地换用大容量变压器就可以减少其烧毁的风险。

（3）将风险因素同人、财、物在时间和空间上隔离。

2）无形手段

（1）教育法。项目管理人员和所有其他有关各方的行为不当可构成项目的风险因素。因此，要减轻与不当行为有关的风险，就必须对有关人员进行风险和风险管理教育。教育内容应该包含有关安全、投资、城市规划、土地管理及其他方面的法规、规章、规范、标准和操作规程、风险知识、安全技能及安全态度等。

（2）程序法。工程法和教育法处理的是物质和人的因素，但是，项目活动的客观规律若被破坏也会给项目造成损失。

### 8. 接受风险

接受风险也是应对风险的策略之一，它是指有意识地选择承担风险后果。觉得自己可以承担损失时，就可用这种策略。接受风险可以是主动的，也可以是被动的。由于在风险规划阶段已对一些风险有了准备，所以当风险事件发生时马上执行应急计划，这是主动接受。被动接受风险是指在风险事件造成的损失数额不大，不影响项目大局时，项目管理组将损失列为项目的一种费用。费用增加了，项目的收益自然要受影响。接受风险是最省事的风险规避方法，在许多情况下也最省钱。当采取其他风险规避方法的费用超过风险事件造成的损失数额时，可采取接受风险的方法。

9. 储备风险

对于一些大型的工程项目，由于项目的复杂性，项目风险是客观存在的。因此，为了保证项目预定目标的实现，有必要制定一些项目风险应急措施即储备风险。所谓储备风险，是指根据项目风险规律事先制定应急措施和制度一个科学高效的项目风险计划，一旦项目实际进展情况与计划不同，就动用后备应急措施。

# 六、管道工程建设项目风险监控

项目风险监控是在实施项目规划过程中对环境和条件，对风险规划、识别、评价、应对等全过程的监视和控制，以保证项目风险管理能达到预期的目标，它是项目实施过程中的一项重要工作。

1. 风险监控的依据

风险监控依据包括风险管理计划、实际发生了的风险事件和随时进行的风险识别结果，主要内容包括：

（1）风险管理计划。

（2）风险应对计划。

（3）项目沟通。多种项目报告可以表述项目进展和项目风险。一般用于监督和控制项目风险的文档有：事件记录、行动规程、风险报告等。

（4）附加的风险识别和分析。随着项目的进展，在对项目进行评估和报告时，可能会发现以前未曾识别的潜在风险事件。应对这些风险继续执行风险识别、估计、量化并制订应对计划。

（5）项目评审。风险评审者检测和记录风险应对计划的有效性，以及风险主体的有效性，以防止、转移和缓和风险的发生。

2. 风险监控的任务

（1）跟踪已识别风险的发展变化情况，包括在整个项目生命周期内，风险产生的条件和导致的后果变化，衡量风险减缓计划的需求。

（2）根据风险变化的情况及时调整项目风险管理计划，并对已发生的风险及其产生的遗留风险和新增风险及时识别、分析，并采取适当的应对措施，根据变化调整监控表。

3. 风险监控过程目标

当风险监控过程满足下列目标时，就说明他是充分的：

（1）监控风险设想的时间和情况。

（2）跟踪监控风险指标。

（3）使用有效的风险技术和工具。

（4）定期报告风险状态。

（5）保持风险的可视化。

### 4. 风险监控过程活动

风险监控过程活动包括监视项目风险的状况，如风险是已经发生、仍然存在还是已经消失；检查风险应对策率是否有效，监控机制是否在正常运行，并不断识别新的风险，及时发出风险预警信号并制定必要的对策措施。其主要内容包括：

（1）监控风险设想。

（2）跟踪风险管理计划的实施。

（3）跟踪风险应对计划的实施。

（4）制定风险监控标准。

（5）采用有效的风险监视和控制的方法、工具。

（6）拔高风险状态。

（7）发出预警风险信号。

（8）提出风险处置新建议。

### 5. 项目风险控制的方法

#### 1）系统方法

风险监控，从过程的角度来看，处于项目风险管理的末端，但这并不意味着项目风险监控的领域仅此而已，风险监控应该面向项目管理的全过程，项目预测目标的实现，是整个流程有机作用的结果。项目管理系统方法有助于避免或减少引起这种不利后果的风险。

#### 2）风险预警

风险预警管理，是指对于项目管理过程中有可能出现的风险，采取超前或预先防范的管理方式，一旦在监控过程中发现有发生风险的征兆，及时采取校正行动并发出预警信号，以最大限度地控制不利后果的发生。因此，项目风险良好开端是建立一个有效的监控或预警系统，及时觉察计划的偏离，以高效地实现项目风险管理过程。

#### 3）风险应急

制定应对各种风险的应急计划是项目风险监控的一项重要工作，也是实行项目风险监控的一个重要途径。应急计划包括风险的描述，完成计划的假设，风险发生的可能性，风险影响以及适当的反应等。

### 6. 项目风险监控要实行动态管理

项目风险监测和控制是项目整个生命周期中一种持续进行的过程，随着项目的进展，风险会不断变化，可能会有新的风险出现，而预期中的风险有可能会自行消失，或由于应对措施有效，风险没有发生或大大降低到可接受的范围内。用动态的观念对风险进行监控，可以为人们提供更多更新的信息，使风险防患于未然。

# 第十三章　试运投产管理

## 第一节　试运投产工作组织

### 一、试运投产基本工作内容

（1）成立试运投产组织领导机构，统一领导和协调试运投产工作。

（2）在项目试运投产前4个月，由业主组织编制完成项目试运投产方案。

（3）业主负责与运行单位沟通，共同对项目试运投产方案进行初审，并负责组织修改。

（4）业主负责组织由相关部门共同参加的试运投产方案审查会。

（5）试运投产方案获得通过后，业主按照批复的试运投产方案组织进行项目试运投产前的准备工作，参加工程建设的 EPC 承包商、工程监理承包商等具体进行投产前的准备工作。

（6）业主应在试运投产前组织开展投产条件检查工作，并负责投产条件检查的组织工作；负责确定投产条件检查内容、检查方案、行程安排以及专家邀请等；工程监理承包商、EPC 承包商、政府质量监督、施工承包商参加检查。

（7）业主负责组织对检查出的问题进行整改，工程监理承包商对问题整改进行监督管理。

（8）业主确认整改完毕后，负责向上级主管部门申请试运投产。

（9）调控中心向业主下发项目试运投产调度令，业主按要求组织进行试运投产；各有关 EPC 承包商、施工承包商进行投产保驾；运营单位参与投产；工程监理承包商配合投产。

（10）业主在项目试运投产72小时考核正常后，向运营方移交调度运行指挥权、管道运营权，移交相关资料。

（11）业主在项目试运投产结束后编写试运投产总结并备案。

## 二、试运投产条件

项目试运投产条件是项目试运投产前检查的依据也是项目试运投产所必须具备的条件，具体条件如下：

（1）完成压力容器安装许可、防雷防静电验收、消防验收、土地使用手续及其他与地方有关的各项取证工作，组织运行单位完成安全生产许可证、压力容器注册以及管道保护、供电、给排水、通信、消防、应急相关手续和协议的办理。

（2）投产方案是否获得批准。

（3）投产介质是否已经落实。

（4）投产组织机构是否健全，各岗位人员配备是否齐全到位，并持证上岗。

（5）规章制度是否完善。

（6）各种必要的设备操作规程和岗位职责是否完备，并使操作人员掌握其操作。

（7）各种设备及系统现场调试是否完成。

（8）各种设备和系统状态是否正常。

（9）计量器具是否检定完成。

（10）投产期间各施工承包商组建的保驾抢修队伍、抢修机具是否配齐到位。

（11）是否完成投产前培训。

（12）技术交底是否完成。

（13）投产所用物资是否全部到位。

（14）后勤保障工作是否满足投产要求。

（15）是否编制应急预案，应急物资是否到位，并进行了应急预案演练。

## 三、典型项目试运投产领导组织机构及职责

在这里简单介绍一下管道工程典型的试运投产组织机构及其内部各部门的职责，因各个管道工程具有不同的特点和要求，其试运投产组织机构可能会有些差异。

**1. 典型项目试运投产领导组织机构**

项目试运投产前应组织成立投产指挥部，全面负责试运投产指挥、管理及协调。投产指挥部下设投产总调度室，统一发布指令、收集汇总信息，进行调度安排。投产总调度室下设站场组、线路组、投产保驾组、电信自消组、物资保障组、HSE 组等专业投产执行小组。组织机构见图 13-1，其中管道投产领导小组与投产指挥部为试运投产领导组织机构，投产总调度室及各专业组为执行机构。

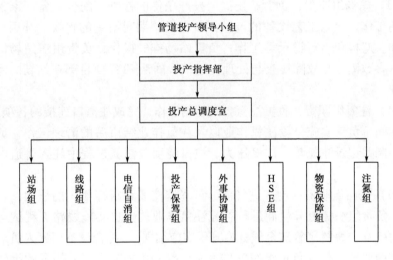

图 13-1 试运投产组织机构

**2. 试运投产领导机构职能**

（1）管道投产领导小组职责：协调上游天然气气源、下游输气计划，制定各相关方工作衔接配合，制定试运投产中重大事项的决策，指导试运投产工作，发布投产指令。

（2）投产指挥部职责：接受管道投产领导小组的领导和工作安排，全面负责管道试运投产组织管理、安全管理、外部协调等工作，组织协调解决投产过程中出现的问题，并向领导小组汇报。投产总指挥对投产指挥部负责，是试运投产的最高指挥员，下达试运投产命令和指挥工作，统管试运投产所有执行机构，并在紧急情况下可以直接发布指挥命令处理应急情况。

**3. 试运投产执行机构及职能**

（1）投产总调度室职责：投产调度室接受投产指挥部指令，负责试运投产过程的具体指挥、协调各站场操作管理，发布实施命令、收集分析整理试运投产情况并向投产指挥部汇报；负责监控参数的记录，负责与现场的沟通联系，及时发现问题并对一些具体问题进行分析和上报。

（2）外事协调组职责：负责组织运行单位对试运投产临时征地等外部相关协议的签订；负责与地方各级政府及相关部门和单位的工作协调，及时处理各种纠纷，保证试运投产顺利进行；在投产前，负责与公安、消防、救护等地方相关部门的接口工作。

（3）站场组职责：负责站场试运投产条件的检查，配合设备厂家人员在站场的工作，参与工艺设备的调试；负责投产期间站场的置换、升压、检漏的操作、巡检和运行记录等工作；负责站场排气操作；负责组织站场设备各项技术参数测定和故障排查与处理；组织、确认 EPC 项目部在站场的保驾抢修工作。

（4）注氮组职责：负责注氮方案编制工作，完成注氮口连接的各项工作。注氮期间，负责实施分段注氮作业以及注氮作业结束后的清理工作；负责监督、控制并记录注氮量、注氮压力、注氮纯度及注氮过程中注入管道内的氮气温度。

（5）线路组职责：投产进气前，负责监控线路封存氮气的压力；在置换期间，负责组织注氮分包商进行补充注氮作业；负责实施线路工程试运投产条件的检查，编制《管道全线置换升压实施细则》，配合设备厂家人员对线路截断阀的调试工作；负责组织安排气头跟踪和置换、升压、检漏的操作、巡检和运行记录等工作；负责线路排气等操作；负责发现漏点后的及时上报工作，组织、确认 EPC 项目部在线路的保驾抢修工作。

（6）电信自消组职责：负责检查电气、通信、自动化、燃气、火灾检测报警系统和消防系统是否符合试运投产条件；负责各系统试运实施细则编制和培训工作；负责组织各系统单机试运、技术参数测定和系统调试工作；负责各系统投产期间单项及全系统联调技术参数测定和故障排查与处理工作；负责燃气、火灾检测报警系统标定工作。

（7）物资保障组职责：负责试运投产过程中所需设备材料、工器具、备品备件等物资保障；负责协调安排国内外设备供货厂商技术人员按投产进度到达现场，指导安装调试并及时处理设备故障；负责投产期间生产和生活物资的供应保障工作。

（8）HSE 组职责：负责编制《试运投产 HSE 实施细则》，组织完成试运投产应急预案演练；负责与沿线地方政府、公安、消防、交警、医疗部门联系协调，包括编制沿线主要公安、消防、交警、医疗部门的联系方式；负责编制投产 HSE 实施细则和培训；负责投产 HSE 管理物资准备；试运投产期间，向线路、站场派驻 HSE 管理人员，按照业主的要求做好试运投产人员的健康保障和应急救护安排；负责投产期间的安全保卫工作。负责在事故状态下的组织与协调工作。

（9）投产保驾组职责：负责组织投产站场及线路保驾队伍，负责落实保驾抢修必需的设备、机具、备件和材料；负责编制《试运投产保驾抢修实施细则》；负责组织实施演练；负责组织各施工分包商对施工标段内设施在投运过程中的巡视、检查工作；负责故障排查并完成整改工作；按照投产指挥部的统一安排，处理投产过程中出现的线路施工、站场安装、设备故障等问题，保证管线投产的顺利进行；保驾任务的时间从试运投产准备期间开始，到进入正常生产结束。投产期间发现各系统出现故障，由设备厂家或相应承包商在接到上级通知后第一时间到达现场处理。

4. 项目投产调度指挥工作流程

图 13-2 给出了具体的项目投产调度指挥工作流程。

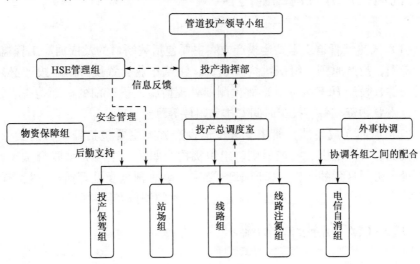

图 13-2  项目投产调度指挥工作流程

# 四、运行人员培训

（1）业主与调控中心、运行单位协商确定培训方案。

（2）业主组织编写培训计划。如采用 EPC 承包模式，培训计划由 EPC 承包商具体编写，监理和运营单位参与培训计划的编制；如采用其他模式，业主负责组织编写。

（3）业主依据培训内容和培训要求，组织编制运行人员培训手册。如采用 EPC 承包模式，由 EPC 承包商具体负责编制，报业主审批；如采用其他模式，业主组织编写。

（4）业主组织进行对运行人员实施培训。具体有常规培训和专项培训，包括设备的操作与维护、自控以及引进设备出国培训，并做好培训中的指导与协调。

# 第二节　　试运投产方案的编制与审查要点

## 一、试运投产方案的编制内容

（1）天然气管道工程试运投产方案主要包括编制目的及依据、工程概况、投产范围、投产原则、组织机构及职责、注氮作业、置换升压、投产必须具备的条件、投产 HSE 要求、事故预测及处理措施、投产前的全面检查、投产通信、主要物资准备、投产时间安排和附件等章节。

（2）原油（成品油）管道工程试运投产方案主要包括编制目的及依据、工程概况、投产范围、投产原则、组织机构及职责、全线充水联合试运、投油、投产必须具备的条件、投产 HSE 要求、事故预测及处理措施、投产前的全面检查、投产通信、主要物资准备、投产时间安排和附件等章节。

## 二、试运投产方案的编制要求

（1）应结合项目实际，对试运投产各个要素、各项工作应通盘考虑，做出具体安排。

（2）试运投产方案中制定的进度、质量等指标要切合实际，要体现其科学性和严肃性。

（3）试运投产方案要有明确的质量、进度以及安全、环保、工业卫生等控制指标，并制定相应的措施，做到切实可行，便于操作。

（4）试运投产方案要结合项目特点制定出合理的进度安排以及试运投产前的检查计划、试运投产物资配备计划和资金需求计划等，各项计划都要与试运投产进度相衔接，以分解目标保证总体目标的实现，并制定出保证进度的主要措施。

（5）试运投产方案的编制要充分注意外部条件的落实。外部条件是指水、电、交通、上游资源供应总体安排和下游销售计划安排等保证条件和国家对劳动、技术监督、环保、安全、消防等的规定。

## 三、试运投产方案的审查要点

（1）投产组织机构和职责分配是否合理。

（2）投产技术方案是否可行。

（3）投产流程是否清晰。

（4）投产人员及资质是否满足投产要求。

（5）投产物资是否满足投产要求。

（6）HSE 管理措施是否满足投产要求。

（7）投产风险识别是否全面，应对措施是否有效。

（8）投产通信及协调方式是否有效。

（9）投产保驾方案是否有效。

# 第三节　移　交　管　理

## 一、移交内容

移交生产调度权、移交运行管理权、实物资产移交、工程资料移交等。

## 二、移交条件

管道试运投产结束，即试运投产 72 小时正常运转之后，即可开始工程移交。其中原油、成品油管道试运投产以管道进油作为试运投产开始，油头到达末站并连续安全运行 72 小时作为试运投产结束。天然气管道试运投产以管道进天然气作为试运投产开始，升压结束并连续运行 72 小时作为试运投产结束。

# 三、移交组织

项目试运投产 72 小时考核合格后，业主组织参加工程建设的工程监理承包商、EPC 承包商等有关单位向调控中心正式移交生产调度权及相关资料；向运营单位正式移交管道运行管理权及相关资料；办理实物资产移交手续。

业主组织编制"交付使用固定资产明细表"及"工器具明细表"，工程监理承包商核实，提交业主审查确认后，作为资产点验交接的基础资料。

业主组织 EPC 承包商、调控中心及运营单位，分别对工程交付的资产逐项进行点验交接，经交接双方核实无误后，在"交付使用固定资产明细表"及"工器具明细表"上签字盖章，作为双方资产移交的依据；工程监理承包商参与实物资产的移交。

业主组织与调控中心及运行单位分别交接操作手册、图纸等各种相关资料，交接双方分别在"资料交接单"上签字确认。

业主组织与调控中心及运行单位，依据"交付使用固定资产明细表"及"工器具明细表"，办理资产划转手续。

工程交付完成后，业主负责办理竣工结算、资产移交、竣工决算和竣工资料的验收与归档工作。

对不影响投产运行的未完工程（尾工）、新增工程，以不影响试运投产和移交为前提，由业主组织与运行单位签订安全施工协议，防止施工对投产后的管道安全造成影响。

项目移交完成后，业主负责与运行单位办理项目移交手续，并办理资产划转手续。

# 第十四章　验　收　管　理

工程验收包括中间验收、单位工程验收、专项验收（包括环境保护验收、安全验收、水土保持验收、职业卫生验收、土地利用验收、消防验收）、档案验收、竣工决算审计、初步验收、竣工验收等。下面按照验收内容、验收依据、验收条件、验收组织、验收结果等几个方面对各类验收分别阐述。

## 第一节　中　间　验　收

### 一、验收内容

中间验收内容包括：检验批验收、分项工程验收、分部工程验收等。

### 二、验收依据

（1）《石油天然气建设工程施工质量验收规范》系列标准。
（2）相关行业专业施工质量验收规范。
（3）工程勘察、设计文件要求。

### 三、验收条件

检验批、分项工程、分部工程施工完毕，具有完整的施工操作依据和质量检查记录，经施工承包商自检评定合格，施工承包商向施工监理申请组织相关单位进行验收。

### 四、验收组织

检验批验收由监理工程师组织 EPC 代表、施工承包商项目专业质量（技术）负责人等进行验收。

分项工程验收由总监理工程师组织 EPC 质量（技术）负责人、施工承包商项目专业质量（技术）负责人等进行验收。

分部工程验收由总监理工程师组织 EPC 质量（技术）负责人、施工承包商项目专业质量（技术）负责人和勘察、设计单位技术、质量负责人等进行验收。

## 五、验收结果

（1）检验批、分项工程、分部工程质量验收记录。
（2）验收中提出的相关整改要求和报告。

# 第二节　单位工程验收

## 一、验收内容

单位工程验收内容包括：
（1）单位工程所含分部工程质量情况。
（2）质量控制资料。

## 二、验收依据

（1）《石油天然气建设工程施工质量验收规范》系列标准。
（2）相关行业专业施工质量验收规范。
（3）工程勘察、设计文件要求。

## 三、验收条件

单位工程所含所有分部工程施工完毕，具有完整的施工操作依据和质量检查记录，经施工承包商自检评定合格，施工承包商向监理申请组织相关单位进行验收。

## 四、验收组织

单位工程验收由监理承包商、施工承包商项目专业质量（技术）负责人和勘察、设计单位技术、质量负责人、质量监督等进行验收。

## 五、验收结果

（1）单位工程质量验收记录。

（2）验收中提出的相关整改要求和报告。

# 第三节 专 项 验 收

专项验收包括环境保护、安全、水土保持、职业卫生、土地利用、消防等方面的验收。

## 一、环境保护验收

1. 验收内容

（1）与建设项目有关的各项环境保护设施，包括为防治污染和保护环境所建成或配备的工程、设备、装置和监测手段，各项生态保护设施。

（2）环境影响报告书（表）或者环境影响登记表和有关项目设计文件规定应采取的其他各项环境保护措施。

2. 验收依据

（1）建设项目竣工环境保护验收管理办法。

（2）工程设计文件要求。

3. 验收条件

业主应当自试生产之日起3个月内，向有审批权的环境保护行政主管部门申请该建设项目竣工环境保护验收。对试生产3个月却不具备环境保护验收条件的建设项目，业主应当在试生产的3个月内，向有审批权的环境保护行政主管部门提出该建设项目环境保护延期验收申请，经批准后业主方可继续进行试生产。试生产的期限最长不超过一年。具备如下条件可验收：

（1）建设前期环境保护审查、审批手续完备技术资料与环境保护资料齐全。

（2）环境保护设施及其他措施等已按批准的环境影响报告书（表）或者环境影响登记表和设计文件的要求建成或者落实，环境保护设施经负荷试车检测合格，其防治污染能力适应主体工程的需要。

（3）环境保护设施安装质量符合国家和有关部门颁发的专业工程验收规范、规程和检验评定标准。

（4）具备环境保护设施正常运转的条件，包括：经培训合格的操作人员、健全的岗位操作规程及相应的规章制度，原料、动力供应落实，符合交付使用的其他要求。

（5）污染物排放符合环境影响报告书或者环境影响登记表和设计文件中提出的标准及核定的污染物排放总量控制指标的要求。

（6）各项生态保护措施按环境影响报告书规定的要求落实，建设项目在建设过程中受到破坏并可恢复的环境已按规定采取了恢复措施。

（7）环境监测项目、点位、机构设置及人员配备，符合环境影响报告书和有关规定的要求。

（8）环境影响报告书提出需对环境保护敏感点进行环境影响验证，对清洁生产进行指标考核，对施工期环境保护措施落实情况进行工程环境监理的，已按规定要求完成。

（9）环境影响报告书要求业主采取措施削减其他设施污染物排放，或要求建设项目所在地地方政府或者有关部门采取"区域削减"措施满足污染物排放总量控制要求的，其相应措施得到落实。

4. 验收组织

工程按照环境影响报告书（表）和设计要求建成并达到验收条件后，提交建设项目环境保护验收申请，向审批该项目环境影响报告书（表）的国家环境保护部申请环境保护验收；环境保护行政主管部组织建设项目所在地的环境保护行政主管部门和行业主管部门等成立验收组（或验收委员会）。业主、监理单位、设计单位、EPC、施工单位、环境影响报告书（表）编制单位、环境保护验收监测（调查）报告表的编制单位参与验收。验收组（或验收委员会）应对建设项目的环境保护设施及其他环境保护措施进行现场检查和审议，提出验收意见。通过验收后，业主与国家环境保护部办理环境保护验收批复文件。

5. 验收结果

批准建设项目竣工环境保护验收申请报告。

## 二、安全验收

1. 验收内容

（1）施工单位的资质条件。

（2）安全设施是否符合设计要求。

（3）安全设施的施工质量。

（4）安全标志及设置。

（5）安全管理机构及安全管理制度。

（6）企业法人及安全管理人员的安全任职资格证书，特种作业人员操作资格证书。

（7）生产安全事故的预防措施及应急预案。

（8）验收评价报告提出问题的落实情况。

（9）安全资金的投入情况。

（10）其他需要验收审查的内容。

2. 验收依据

（1）立项和可行性研究报告批准文件。

（2）安全预评价报告书。

（3）初步设计及安全专篇。

（4）国家法律、法规、条例，以及相关部委管理规定。

3. 验收条件

建设项目安全设施按批准设计文件建成，安全设施竣工并完成竣工验收评价后，应在建设项目竣工验收前，提出建设项目安全设施竣工验收申请。具备下列条件可以验收：

（1）建设项目安全设施按批准设计文件建成。

（2）安全设施安装质量符合国家和有关部门颁发的专业工程验收规范、规程。

（3）编制完成了申请建设项目安全设施验收所应当提交的资料。

（4）验收申请报告及申请表。

（5）安全设施设计经审查合格及设计修改的有关文件、资料。

（6）主要安全设施、特种设备检测检验报告。

（7）施工单位资质证明材料。

（8）施工期间生产安全事故及其他重大工程质量事故的有关资料。

（9）安全生产管理人员及特种作业人员安全资格的有关资料。

（10）安全验收评价报告书。

4. 验收组织

安全设施按照设计要求建成并达到验收条件后，提交建设项目安全设施验收申请报告；向国家安全生产监督管理总局提出验收申请；国家安全生产监督管理总局成立验收组。业主、监理承包商、设计服务商、EPC、施工承包商参与验收。验收组（或验收委员会）应对建设项目的安全设施进行现场检查和审议，提出验收意见。通过验收后，业主与国家安全生产监督管理总局办理环境保护验收批复文件。

5. 验收结果

《建设项目安全设施竣工验收意见》。

# 三、水土保持验收

1. 验收内容

（1）施工单位的资质条件。

（2）水土保持设施是否符合设计要求。

（3）水土保持设施的施工质量。

（4）水土保持标志及设置。

（5）水土保持管理机构及管理制度。

（6）企业法人及管理人员的任职资格证书，作业人员操作资格证书。

（7）验收评价报告提出问题的落实情况。

（8）其他需要验收审查的内容。

2. 验收依据

（1）立项和可行性研究报告批准文件。

（2）水土保持预评价报告书。

（3）初步设计水土保持专篇。

3. 验收条件

建设项目水土保持设施按设计文件建成，业主应当会同水土保持方案编制单位，依据批复的水土保持方案报告书、设计文件的内容和工程量，对水土保持设施完成情况进行检查，编制水土保持方案实施工作总结报告和水土保持设施竣工验收技术报告。对于符合下列验收合格条件的，方可提出水土保持设施验收申请：

（1）开发建设项目水土保持方案审批手续完备，水土保持工程设计、施工、监理、财务支出、水土流失监测报告等资料齐全。

（2）水土保持设施按批准的水土保持方案报告书和设计文件的要求建成，符合主体工程和水土保持的要求。

（3）治理程度、拦渣率、植被恢复率、水土流失控制量等指标达到了批准的水土保持方案和批复文件的要求及国家和地方的有关技术标准。

（4）水土保持设施具备正常运行条件，且能持续、安全、有效运转，符合交付使用要求。水土保持设施的管理、维护措施落实。

4. 验收组织

水土保持设施按照设计要求建成并达到验收条件后，提交建设项目水土保持设施验收申请报告；向国家水利部提出验收申请；国家水利部组织有关单位的代表和专家成立验收组，依据验收申请、有关成果和资料，检查建设现场，提出验收意见。业主、监理承包商、水土保持方案编制单位、监测报告编制单位、设计服务商、EPC、施工承包商参与验收。通过验收后，业主与国家水利部办理环境保护验收批复文件。

5. 验收结果

《水土保持设施验收合格证书》。

# 四、职业卫生验收

1. 验收内容

职业病防护设施。

2. 验收依据

（1）《中华人民共和国职业病防治法》。

（2）《建设项目职业病危害分类管理办法》。

（3）《建设项目职业卫生审查规定》。

（4）《建设项目职业病危害预评价报告审核批复文件》。

（5）《职业病防护设施设计审查批复文件》。

3. 验收条件

建设项目职业病防护设施按设计文件和防护设施严格按职业病危害预评价报告建议施工建成。项目在竣工验收前，应当进行职业病危害控制效果评价，然后提交建设项目职业病防护设施验收申请报告。

4. 验收组织

业主向国家卫生部提出验收申请。国家卫生部组织有关单位的代表和专家成立验收组，依据验收申请、有关成果和资料，检查建设现场，提出验收意见。业主、监理承包商、职业病危害预评价报告编制单位、职业病危害控制效果评价编制单位、设计服务商、EPC、施工承包商参与验收。通过验收后，业主办理环境卫生验收批复文件。

5. 验收结果

卫生行政许可。

# 五、土地利用验收

1. 验收内容

土地利用验收。

2. 验收依据

（1）国家有关土地利用的法律、法规、条例。

（2）建设用地规划许可证。

（3）建设用地批准书及其附件。

3. 验收组织

在管道工程建设项目竣工验收前，业主应组织 EPC 总承包商、施工承包商、监理承包商和村、乡（镇）共同进行地貌恢复、农田复耕检查，合格后办理青苗赔偿及地貌恢复验收证书，然后到县政府土地管理部门办理由县、乡、村三级政府土地管理部门签署的土地利用合格证明。

管道工程建设永久占地应根据国土资源部批准的建设用地规划许可证、

建设用地批准书及其附件等文件内容，请县级以上人民政府土地管理部门、土地规划部门参加进行验收，依法办理土地登记等。

4. 验收结果

（1）青苗赔偿及地貌恢复验收证书。

（2）土地利用合格证明。

（3）土地利用验收手续。

# 六、消防验收

1. 验收内容

（1）建筑类别、总平面布局和平面布置。

（2）建筑内部装修防火。

（3）防火防烟分隔、防爆。

（4）安全疏散与消防电梯。

（5）消防水源、消防电源。

（6）水灭火系统。

（7）火灾自动报警系统。

（8）防排烟系统。

（9）建筑灭火器。

（10）其他灭火设施等。

2. 验收依据

（1）《中华人民共和国消防法》。

（2）国家消防法律法规、技术标准、规范。

（3）《建筑工程消防设计审核意见书》。

3. 验收条件

工程项目已经按照批准的消防设计图纸建成，委托具备资格的建筑消防设施检测单位进行技术测试，取得建筑消防设施技术测试报告，试运投产之前，提交建设项目消防验收申请报告。

4. 验收组织

业主向国家公安部提出验收申请。

国家公安部组织成立验收组，依据验收申请、有关成果和资料，检查建设现场，提出验收意见。业主、监理承包商、消防检测单位、设计服务商、EPC、施工承包商参与验收。通过验收后，业主与国家公安部办理环境保护验收批复文件。

5. 验收结果

《建筑工程消防验收意见书》。

# 第四节　交　工　验　收

## 一、验收内容

（1）按照设计文件和合同检查已完工程是否有漏项。

（2）检查评定工程设计和施工质量是否符合有关标准和设计要求。

（3）审查竣工资料和竣工验收文件是否齐全、完整并符合《建设项目竣工档案编制管理办法》。

## 二、验收依据

（1）《石油天然气建设工程施工质量验收规范》系列标准。

（2）相关行业专业施工质量验收规范。

（3）工程勘察、设计文件要求。

## 三、验收条件

承包商对工程试运投产提出的问题已得到全面解决，工程具备如下条件时，可组织交工验收：

（1）承包商完成合同约定的全部内容，工程所包含的全部单位工程质量验收合格，并经施工、设计、EPC、监理、业主项目部、质量监督签认。

（2）主要工艺设备经连续 72 小时试运考核，能够满足生产的需要。

（3）竣工资料按规定汇编完毕。

（4）项目的环境保护验收、安全验收、土地利用验收、职业卫生验收、水土保持验收、消防验收等通过质量安全环保处组织的专项验收。

## 四、验收组织

承包商提出交工验收申请，经监理审查、业主确认审批后组织编制工程交工验收方案，相关方等对交工验收方案进行审查。

按照审批的工程交工验收方案，业主组织监理承包商、勘察设计服务商、质量监督、物资采购承包商、运营单位及调控中心等人员成立项目交工验收小组，进行项目交工验收。

## 五、验收结果

（1）工程交工验收报告。

（2）交工验收合格证书。

# 第五节　档案验收

## 一、验收内容

项目档案归档的完整性、规范性、齐备性。检查重点为项目前期管理性文件、隐蔽工程文件、设备文件、竣工文件、质检文件、重要合同（协议）、招投标文件等。

## 二、验收依据

（1）《科学技术档案案卷构成的一般要求》（GB/T 11822—2000）。

（2）《国家重大建设项目文件归档要求与档案整理规范》（DA/T 28—2002）。

（3）《中国石油天然气股份有限公司建设项目档案管理规定》（石油办字〔2006〕244号）。

（4）业主有关建设项目竣工档案管理办法。

## 三、验收条件

档案验收应与工程验收的初步验收和竣工验收两个阶段同步进行，重点应放在初步验收阶段。工程具备如下条件时，可申请组织档案验收：

（1）项目主体工程和辅助设施已按照设计建成，能满足生产或使用的需要。

（2）项目试运行指标考核合格或者达到设计能力。

（3）完成了项目建设全过程文件的收集、整理与归档工作。

（4）基本完成了项目档案的分类、组卷、编目等整理工作。

## 四、验收组织

项目档案验收的组织：

（1）受国家发展和改革委员会委托组织验收的项目，由业主组织验收。国家重点建设项目视具体情况，由档案管理机构邀请项目建设所在地的省级档案行政管理部门参加，验收结果报国家档案局备案。

（2）业主审批管理的项目，由业主组织验收，或由业主出具委托函委托各单位档案机构组织验收，验收结果报业主文档处备案。

（3）验收组的构成。验收组的成员分别由业主和各单位档案机构的档案人员参加。验收组人数为不少于 5 人的单数，验收组组长由验收组织单位人员担任，必要时可邀请有关专业人员参加验收组。

## 五、验收结果

项目竣工档案专项验收意见。

# 第六节　竣工决算审计

## 一、审计内容

（1）项目基本建设程序和基本建设管理制度的执行情况。

（2）项目各项工程和设备招标标底的合理性，合同的合法性、合规性。

（3）按照有关招标文件、执行定额、取费文件和施工合同情况，对业主报送的概算、预算、竣工决（结）算进行审核，审核确定项目的概算、预算、竣工结算、竣工决算投资情况。

（4）建设项目财政性资金使用、管理情况，重点审查财务、会计制度执行情况，财政资金使用的安全性、合法性、合理性。

## 二、审计依据

（1）国家、工程所在地的有关法律、法规、政策、规定。

（2）企业有关规定。

（3）工程预（结）算审计结果。

（4）工程设计文件、施工图纸、设备技术说明书、现行施工技术验收规范及工程技术资料、竣工图、竣工资料、竣工及初验资料，以及符合规定的现场签证单。修改设计联络单、招标文件、各类合同等。

## 三、审计条件

工程建设项目必须具备以下条件，审计机构才能进行竣工决算审计：

（1）已经完成初步验收。

（2）已经编制出竣工决算和资产交付清单，并办理移交。

（3）竣工工程决算已经审计部门审查。

## 四、审计组织

业主向上级主管部门申请竣工决算审计，由国家发展改革委员会委托相关审计部门对该项目进行竣工决算审计，并出具审计意见书。

## 五、审计结果

（1）审计意见书。

（2）审计决定。

# 第七节 初步验收

## 一、验收内容

（1）检查、核实准备移交给项目（分）部的所有档案文件的完整性、准确性，审查竣工资料是否符合归档要求。

（2）检查项目实体质量是否符合设计规范和质量评定标准，对隐患和遗留问题提出处理意见。

（3）审查、核实交工证书和专项验收报告有关内容。

（4）检查试运行情况和生产准备情况。

（5）检查财务账表是否齐全，数量是否真实，使用资金是否合理。

（6）督促返工、补做工程和收尾工程的完工情况。

## 二、验收依据

（1）批准工程项目的设计任务书、初步设计、施工图、设备技术说明书。

（2）现行施工技术验收规范。

（3）项目主管部门有关的审批、修改和调整文件等。

（4）业主有关竣工验收管理办法。

## 三、验收条件

工程达到下列竣工验收标准，应及时组织初步验收：

（1）生产性工程和辅助工程、公用设施，以及必要的生活设施已按批准的设计文件内容建成，能够满足生产的需要，经试运投产达到设计能力。

（2）主要工艺设备经连续 72 小时试运考核，主要经济技术指标和生产能力达到设计要求。从国外引进的建设项目，试运投产后，应按合同及时进行生产考核。

（3）生产操作人员配备、抢修队伍及装备、生产性辅助设施、备品备件和规章制度等能适应生产的需要。

（4）环境保护、劳动安全、工业卫生、消防和节能降耗设施已按设计要求与主体工程同时建成使用，各项指标达到国家规范或设计规定的要求。

（5）竣工资料（含竣工决算）和竣工验收文件按规定汇编完毕。

（6）竣工决算审计按有关规定已经完成。

（7）管道工程建设项目尚未全部达到以上竣工验收标准，可按照相关规定处理。

## 四、验收组织

业主组织地方有关部门，勘察、设计、监理、施工承包商、运营单位及调控中心等有关单位进行初步验收。

## 五、验收结果

工程初步验收报告。

# 第八节　竣　工　验　收

## 一、验收内容

（1）召开预备会议，协商组成竣工验收委员会（或验收组），确定会议日程。

（2）听取和审议业主关于工程初步验收情况的报告。

（3）听取和审议关于工程竣工验收报告书；设计、施工单位关于工程设计、施工情况的总结；生产单位关于生产准备和试运考核情况的总结；引进成套项目还应有外事工作和对引进设备、材料的接、保、检、运工作的总结；监理工作总结。

（4）审议、审查竣工资料。

（5）现场查验工程建设情况。

（6）对审议、审查和查验中发现的问题提出要求，由地区公司组织建设、生产、设计，并由施工单位落实整改措施和限期完成的安排。

（7）签署和颁发竣工验收鉴定书。

（8）对竣工验收会议进行总结。

## 二、验收依据

（1）批准工程项目的设计任务书、初步设计、施工图、设备技术说明书。

（2）现行施工技术验收规范。

（3）项目主管部门有关的审批、修改和调整文件等。

（4）业主有关工程竣工验收管理办法。

## 三、验收条件

达到初步验收中提到的竣工验收条件的项目，并征求和听取地方环保、土地、规划、工业卫生、消防、劳动安全和档案等部门对竣工工程的意见，按国家规定办理有关手续后，向业主提出竣工验收的申请。

竣工验收标准见上面初步验收部分。

## 四、验收组织

业主组织项目竣工验收，监理承包商等参加项目竣工验收工作，施工承包商做竣工验收配合。

## 五、验收结果

（1）竣工验收报告书。

（2）竣工验收鉴定书。

# 第十五章　项目后评价

## 第一节　项目后评价概述

### 一、项目后评价的定义

根据世界银行、亚洲开发银行和工业发达国家进行的后评价，以及国内开展建设项目后评价的具体实践，后评价可作如下表述：对已经实施完成的或当前正在实施的社会经济活动，以及相关工作人员的绩效，按不同层次、不同内容、不同要求进行回顾、检查和总结分析，对照原定目标，判断其合理性、有效性，从中得出经验与教训，并预测未来前景，提出改进措施与建议，向决策部门反馈，用以改善管理、指导未来决策的活动。

建设项目后评价，其基本含义可归纳为：在建设项目实施过程中的某一阶段或竣工验收后的某一时点，对其进行全面系统的回顾和总结，并将建设项目实施过程及项目完成后的最终成果和影响与项目决策时确定的各项计划和目标进行全面系统的对比，找出差异，分析原因，得出经验教训，提出改进建议，反馈给决策部门的工作。

目前，我国对于建设项目后评价有两种看法：比较传统的观点认为，按照项目周期理论和项目建设程序，建设项目后评价应在项目建成投产、竣工验收以后一段时间，项目效益和影响逐步表现出来的时候进行，其时间范围如图 15-1 中的 D 点到 F 点之间的某一时点。另一种看法认为，到建设项目竣工验收以后才进行后评价，总结的经验教训，对被评价项目本身的建设和管理起不到指导作用，特别是对实施过程中发生重大变化的建设项目，得不到及时调整，只对以后类似新的建设项目有决策参考价值，为此，应将评价时点前移，即在建设项目开工之后到竣工验收之间，也可选定某一关键时点，对项目建设过程进行评价，如图 15-1 中的 C 点到 D 点之间的某一时点，称为中间评价。也就是说，项目后评价可包含中间评价（或称中间跟踪评价）和传统的事后评价（可称综合后评价）。从建设项目周期或项目建设程序看，对建设项目决策和实施过程分别进行事前评估（即前评估）、事中评价（即中间评价）和事后评价（即后评价）是合理的。

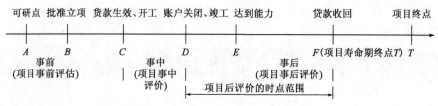

图 15-1　项目周期中的项目后评价

## 二、项目后评价的基本特性

与建设项目可行性研究和前评估相比，建设项目后评价具有以下基本特性：

1. 建设项目后评价内容的全面性

建设项目后评价既要总结、分析和评价投资决策与实施过程，又要总结、分析和评价项目的经济效益、社会效益，而且还要总结、分析和评价经营管理。建设项目后评价的对象具有广泛性，评价内容具有全面性。

2. 建设项目后评价的动态性

建设项目后评价主要是项目竣工投产 1~2 年后的全面系统评价，也包括项目建设中某些中期阶段的事中评价或称中间跟踪评价，具有明显的动态性。

3. 建设项目后评价方法的对比性

只有对比才能找出差异，才能判断决策、实施的正确与否，才能分析和评价成功或失误的程度。对比，是将实际结果与原定目标对比，同口径对比。将已经实施完成的结果或某阶段性结果，与建设项目原批准的可行性报告设定的各项目预期指标进行详细对比，找出差异，分析原因，总结经验和教训。

4. 建设项目后评价依据的现实性

建设项目后评价是对项目已经完成的现实结果进行分析研究，依据的数据资料是建设项目实际发生的真实数据和真实情况，对将来的预测也是以评价时点时的现实情况为基础。

5. 建设项目后评价结论的反馈性

建设项目后评价的目的是为改进和完善项目管理提供建议,为投资决策部门提供参考和借鉴。要实现这个目的就必须将后评价的成果和结论实行有效反馈。通过反馈机制,使后评价总结出来的经验得到推广,教训得以吸取,防止错误重演,使合理建议得到采纳和应用,最终使后评价成果变为社会财富,产生社会效益,实现评价的目的,这是建设项目后评价的最大特点。

## 三、项目后评价的分类

我国将建设项目后评价分为综合后评价和中间跟踪评价两类。

1. 综合后评价

综合后评价是指在已完成竣工验收转入生产运营后的某一时点,对建设项目所进行的全面评价。综合后评价以项目的投资效益为中心,以项目决策和建设实施效果以及生产运营状况为重点。

2. 中间跟踪评价

中间跟踪评价是指在项目从开工到竣工验收前的实施过程中某一时点对项目建设实际状况所进行的阶段性评价。评价以项目实施过程中出现的有可能影响项目建设和预期目标实现的因素为重点。

## 四、项目后评价依据的基础资料

(1)有关项目建设和生产运营的主要文件:

①项目建议书、可行性研究报告、项目评估报告、环境影响评价报告、工程设计文件及概(预)算、开工报告、概算调整报告、招标投标文件、各种合同、竣工验收报告及其相关的批复文件,项目建设实施过程中发生重大变化的相关资料。

②项目运行和企业生产经营情况、财务报表及相关资料。

(2)与项目有关的审计、稽查报告等。

(3)建设项目业主为建设项目后评价准备的文件。

建设项目业主在项目竣工验收后、后评价开始前,应进行全面系统的回顾和总结,并提供《建设项目总结评价报告》,即项目业主的自我评价报告。中间跟踪评价的项目,项目业主在评价开始前也应提供阶段性《建设项目总结评价报告》。上述基础资料均需要建设项目业主提供和编写。由于项目从立项到后评价的间隔时间很长，建设项目业主难免有人员变动和其他外部因素影响，因此需要建设项目业主从项目开始就要注意项目资料的收集、归档和保存，以便提供完整、真实的资料，为保持后评价的现实性和坚持后评价客观、公正的原则打下基础。

# 第二节　项目后评价的范围和内容

## 一、项目后评价的范围

### 1. 按项目周期界定

建设项目后评价的范围是项目建设的全过程，是全过程的各个阶段，即从建设项目的前期决策阶段到竣工验收以及评价时点前的生产经营各阶段。

### 2. 按评价任务界定

建设项目后评价的范围，不仅仅包含对建设项目的工程和技术的评价，还包含对建设项目的经济效益、社会效益和影响的评价。一个项目建成的标志是多方面的，主要包括工程技术评价、项目效益和影响评价两个方面。

1) 工程技术评价

(1) 工程建成，即项目的实物建成。是指按工程设计确定的建设内容，项目的土建完工、设备安装调试完成，装置和设施经过试运行，符合工程设计的质量要求，并已通过竣工验收。

(2) 技术建成，也可称作设计能力建成。主要是指建设项目的设施和设备运行的工艺流程参数达到设计的技术指标，能够产出合格产品并达到设计能力。

2) 项目效益和影响评价

(1) 经济效益建成，也可称作建设项目的经济建成。主要是指建设项目投产运营后，有市场竞争力，经济上有效益，能偿还银行贷款，即预期的各项财务和经济指标，包括生产运营（销售）收入、成本、利税、财务内部收益率、贷款偿还期等，基本实现。

（2）社会效益和影响建成，主要是指建设项目的社会、环境效益目标，包括项目对国民经济、生态环境、社会发展所产生的宏观或长远影响的实现程度。

## 二、项目后评价的内容

（1）项目建设过程评价。即在《建设项目总结评价报告》和现场调查研究的基础上，去伪存真、客观求实地对建设项目各个阶段的实施过程、产生的问题及原因进行全面系统的总结和评价。

（2）建设项目效益评价。就是对建设项目实施的最终效果和效益进行分析评价。即将建设项目的工程技术成果、经济效益、环境效益、社会效益和管理效果等，与建设项目可行性研究和评估决策时所确定的主要指标，进行全面对照、分析与评价，找出变化和差异，分析原因。

（3）建设项目目标和可持续性评价。即在总结和评价的基础上，对建设项目目标的实现程度及其适应性、建设项目的持续发展能力及问题、建设项目的成功度等进行分析评价，得出项目后评价结论。

（4）总结经验教训，提出对策和建议。

## 三、建设项目周期各阶段的总结与评价

建设项目全过程的回顾和总结，一般分四个阶段：建设项目前期决策、建设项目建设准备、项目建设实施、项目生产运营等。

1. 项目前期决策阶段的总结与评价

（1）对建设项目可行性研究的评价。对建设项目可行性研究报告的后评价重点是：建设项目的目的和目标是否明确、合理；是否进行了多方案比较，选择了正确的方案；建设项目的效果和效益是否可能实现；建设项目是否可能产生预期的作用和影响。总结评价的内容包括：市场和需求预测、建设内容和规模、工艺技术和装备、原材料等的配置、建设项目的配套设施、建设项目的投资估算和融资方案、建设项目财务分析和国民经济评价等。

（2）对建设项目评估的评价。对建设项目评估报告的后评价重点是：评估报告中关于建设项目目标的分析与评价；关于效益指标的分析与评价；关于建设项目风险分析与评价等。

（3）对建设项目决策的评价。对建设项目决策的后评价包括：建设项目

决策程序、决策方法的分析与评价，以及投资决策内容的分析与评价三部分内容。

**2. 对项目建设准备阶段的评价**

1）对工程勘察设计的评价

（1）对工程勘察设计单位的选定方式和程序、能力和资信情况以及效果分析评价。

（2）对工程勘测工作质量进行评价，结合工程实际，分析工程测绘和勘测深度及资料对工程设计及建设的满足程度和影响。

（3）对工程设计方案的评价，包括设计指导思想、方案比选、设计参数、设计变更等情况及原因分析。

（4）对工程设计水平的评价，应包括总体技术水平、主要设计技术指标的先进性实用性、新技术装备的采用、设计工作质量和设计服务质量等。

2）对建设项目融资方案的评价

建设项目融资方案直接关系到项目的效益和影响，特别是在当前的投资环境和条件下，对项目融资方案的分析评价更有意义。建设项目后评价主要应分析评价项目的资金结构、融资方式、资金来源的选择、融资担保和融资风险管理等内容。评价的重点是根据项目决策阶段所确定的融资方案，对照实际实现的融资方案，找出差别和问题，分析利弊。同时还要分析实际融资方案对项目原定的目标和效益指标的作用和影响，特别要注意评价融资成本的变化和债务融资对项目发展的影响。在可能和必要的情况下，还应分析是否可以采取更加合理的融资方案。此外，还应该关注与债务融资相关的各种重大承诺对建设项目的影响。

3）对招标投标工作的评价

对招标投标工作的评价，应该包括对招投标公开性、公平性、公正性和合法性、合规性以及招投标效果的评价；对招标文件的质量和水平、合同文本的完善程度的分析和评价；同时要分析该项目的采购招投标是否有更加经济合理的方法。

4）开工准备的评价

建设项目开工准备的评价是建设项目后评价工作的一部分，特别是在项目开工前，当建设内容、厂址、引进技术方案、融资条件等发生变化时，应分析这些变化对建设项目目标、效益、风险可能产生的影响。开工准备工作的评价一般有：建设项目法人的组建；土地征购及拆迁安置工作；按照批准的总图组织"四通一平"；施工组织设计；工程进度计划和资金使用计划的编制，报批开工报告等。

### 3. 项目建设实施阶段的评价

1）合同执行情况的分析与评价

合同是建设项目业主与承包商、供货商、制造商、咨询者之间为明确双方的经济权利和义务，依法签订的具有法律效力的协议文件。这些合同包括勘察设计、设备物资采购、工程施工、工程监理和咨询服务合同等。执行合同是项目实施阶段的核心工作，合同执行和合同管理情况的分析也是项目实施阶段后评价的一项重要内容。评价时，一要分析合同依据的法律规范和程序等；二要分析合同的履行情况和违约责任及其原因。根据合同条款，对照项目实绩，找出问题，分析利弊，分清责任。

2）工程实施及管理评价

工程实施及管理评价主要是对工程的质量、进度和造价等三大控制目标实现程度的分析与评价。工程管理评价是指对管理者在工程三项指标的控制能力及结果方面的分析。这些分析和评价可以从建设项目业主管理和工程监理两个方面分别进行。内容包括：

（1）工程质量控制的评价。

（2）工程进度控制的评价。

（3）工程造价控制的分析评价。

3）建设项目资金筹措和资金使用的分析评价

资金筹措和资金使用情况分析评价的主要内容包括：

（1）资金来源的对比和分析，评价资金来源是否正当。

（2）分析和评价资金供应是否适时适度。

（3）分析建设项目所需流动资金的供应及运用状况。

4）建设项目竣工验收工作评价

（1）建设项目完工评价。

（2）投产运营准备工作的评价。

（3）竣工验收工作评价。

### 4. 项目生产运营阶段的评价

项目生产运营状况，是指建设项目竣工验收投入运营后到评价时点建设项目生产、运行、销售和盈利情况。主要评价指标有：生产能力及变化、市场状况、财务状况、财务效益和经济效益预测等。

建设项目后评价的工作包括两个方面，一是对评价时点前，项目建设和生产运营状况进行评价；二是对评价时点以后项目发展前景进行预测，如图15-2所示。如前所说，评价，是对评价时点 P 之前建设项目已经发生的（工程）相关内容进行分析评价，发现问题，提出对策；预测，是以评价时点 P 为起点，根据对已经发生的内容的分析和项目发展的趋势，预测项目未来的前景。评价预测内容包括：生产能力的现状及预测；市场需求状况及预测；竞争能力状况及预测；项目运营外部条件现状及预测。

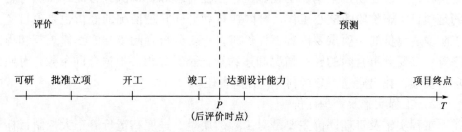

图 15-2　项目后评价的评价和预测功能示意图

# 四、建设项目效果和效益的分析与评价

建设项目效果和效益的分析与评价是建设项目后评价的基本内容，一般有五个方面：技术、经济、环境、社会和管理。

1. 建设项目技术效果评价

技术效果后评价是对建设项目采用的工艺技术与装备水平的分析与评价，主要关注技术的先进性、适用性、经济性、安全性。

（1）工艺技术评价和设备评价。

①工艺技术评价：主要考察工艺技术的可靠性、工艺流程的合理性、工艺技术对产品质量的保证程度、工艺技术对原材料的适应性等。

②设备评价：主要考察各工序、工段设备的生产能力是否符合设计要求；各主要设备是否与设计文件选定的一致，如有变化，分析原因及影响；前后工序、工段的设备能力是否匹配；各种不同渠道引进的设备是否匹配；设备的主要性能参数是否满足工艺要求；设备寿命是否符合经济性要求等。

（2）技术效果评价。建设项目技术水平分析，应对照建设项目立项时的预期水平与实际达到的水平进行对比，开展调查和评价。

（3）技术先进性。从设计规范、工程标准、工艺路线、装备水平、工程质量等方面分析项目所采用的技术达到的水平，并做出评价。

（4）技术适用性。从技术难度、当地技术水平及配套条件、人员素质和掌握技术的程度，分析建设项目所采用技术的适应性，特别是维护保养技术和装备的配套情况。

（5）技术经济性。根据行业的主要技术经济指标，如经济规模、单位能力投资、单位运营成本、能耗及其他主要消耗指标、环境和社会代价等，说明建设项目技术经济指标处于国内同行业的水平，以及处于建设项目所在地的技术进步水平等。

（6）技术安全性。通过建设项目实际运营数据，分析所采用技术的可靠性，主要技术风险，安全运营水平等。

（7）工艺选择和设备制造。选择工艺的原则、工艺路线的水平；设备选型的标准和水平；设备国产化程度以及经验和问题等。

2. 建设项目经济效益评价

（1）财务效益评价。财务效益后评价与前评估中财务分析的内容和方法基本是相同的，都要进行建设项目的盈利性分析、清偿能力分析和外汇平衡分析。需要注意的是在评价时采用的数据不能简单地使用评价时的实际数，应将评价时的实际数中包含的物价指数扣除，使后评价与前评估的各项评价指标都有可比性。

（2）在盈利性分析中，要通过全投资和自有资金现金流量表，计算全投资税前内部收益率、净现值，自有资金税后内部收益率等指标；通过编制损益表，计算资金利润率、资金利税率、资本金利润率等指标，以反映项目和投资者的获利能力。

（3）清偿能力分析主要通过编制资产负债表、借款还本付息计算表，计算资产负债率、流动比率、速动比率、偿债准备率等指标，反映建设项目的清偿能力。

（4）经济效益评价。经济效益后评价的内容，主要是通过编制全投资与国内投资经济效益和费用流量表、外汇流量表、国内资源流量表等，计算国民经济盈利性指标，包括全投资和国内投资经济内部收益率和经济净现值、经济换汇成本、经济节汇成本等指标。

3. 建设项目环境效益评价

环境效益后评价，是指对照建设项目前评估时批准的《环境影响报告书》，重新审查建设项目环境影响的实际结果。实施环境影响评价应遵照国家环保法的规定，根据国家和地方环境质量标准和污染物排放标准以及相关产业部门的环保规定。在审核已实施的环评报告和评价环境影响现状的同时，要对未来进行预测。

对有可能产生突发性事故的项目，要有环境影响的风险分析。如果建设项目生产或使用对人类和生态有极大危害的剧毒物品，或建设项目位于环境高度敏感的地区，或建设项目已发生严重的污染事件，那么，还需要提出一份单独的建设项目环境影响评价报告。环境影响后评价一般包括五部分内容：建设项目的污染控制，区域的环境质量，自然资源的利用，区域的生态平衡和环境管理能力。

### 4. 建设项目社会效益评价

社会效益评价的内容，主要是项目建设对当地经济和社会发展以及技术进步的影响。一般可包含如下七个方面：建设项目对当地就业的影响，对当地收入分配的影响，对居民的生活条件和生活质量的影响，受益者范围及其反映，各方面的参与状况，地区的发展及对妇女、民族宗教信仰的影响。

社会影响评价的方法是定性和定量相结合，以定性为主，在诸要素评价分析的基础上，做综合评价。恰当的社会影响评价调查提纲和正确的分析方法是社会影响评价成功的先决条件，应慎重选择。

### 5. 建设项目管理效果评价

建设项目管理效果的评价重点是项目建设和运营中的组织结构及能力。通常，建设项目业主应对建设项目组织机构所具备的能力进行适时监测和评价，以分析建设项目组织机构选择的合理性，并及时进行调整。建设项目管理效果评价包括：

（1）组织结构形式和适应能力的评价。

（2）对组织中人员结构和能力的评价。

（3）组织内部工作制度、工作程序，及沟通、运行机制的评价。

（4）激励机制及员工满意度的评价。

（5）组织内部利益冲突调解能力的评价。

（6）组织机构的环境适应性评价。

（7）管理者意识与水平的评价。

## 五、目标实现程度评价和可持续性分析

### 1. 建设项目的目标实现程度评价

项目建设目标是一切投资活动必须努力实现的宗旨，没有明确目标的投

资活动是不可能成功的。后评价一定要对建设项目目标的实现程度进行分析评价。

1）目标评价的层次

建设项目的目标评价一般有两个层次，一是建设项目的直接目标，即建设项目产生的直接作用和效果；二是宏观层次目标，即对社会和经济可能产生的影响。建设项目直接目标评价内容通常包括：产品市场及市场占有率、市场竞争力、获利能力、财务或经济效益，资源投入的回报，资源合理配置等；建设项目宏观层次目标评价的主要内容包括：对社会、经济、技术和环境带来的影响。

2）目标评价的内容

建设项目目标实现程度评价，一般按照建设项目的投入产出关系，分析层次目标的合理性和实现可能性以及实现程度，以定性和定量相结合的方法，用量化指标进行表述。

建设项目后评价的目标评价（包括绩效评价），主要分析项目前评估中预定目标的实现程度有哪些变化，产生偏离的主观和客观原因。为达到或接近预定目标和目的，应采取哪些措施和对策。必要时，还要对建设项目预定目标和目的的合理性、明确性及可操作性进行分析和评价，提出调整或修改目标和目的的意见和建议。目标评价的常用分析方法包括目标树法、层次分析法等。国际上通常采用逻辑框架法。

3）建设项目目标实现程度及适应性分析

建设项目目标实现程度评价，主要通过项目的投入产出目标进行分析，要点有：

（1）建设项目投入：资金、物质、人力、资源、时间、技术的投入情况。

（2）建设项目产出：项目建设内容，投入的产出物。

（3）建设项目直接目的：项目建成后的直接效果和作用。

（4）项目宏观目标：主要是经济、社会和环境的影响。

建设项目目标的适应性，是指项目原定目标是否符合全局和宏观利益，是否得到政府政策的支持，是否符合项目的性质，是否符合项目当地的条件等。

2. 建设项目的可持续性分析

建设项目的可持续性，是指在项目的建设资金投入完成之后建设项目的既定目标是否还能继续，是否可以持续地发展下去；建设项目投资人是否愿意并可能依靠自己的力量继续实现既定目标。建设项目可持续性分析要素包括：市场、资源、财务、技术、环保、管理、政策等。可持续性分析应列出制约建设项目可持续发展的主要因素，并分析原因；分析建设项目可持续发展的主要条件，提出合理的建议和要求。

3. 建设项目的成功度评价

建设项目成功度评价可分为五个等级：

（1）完全成功的：建设项目的各项目标都全面实现或超过；相对成本而言，取得巨大的效益和影响。

（2）基本成功的：建设项目的大部分目标已经实现；相对成本而言，达到了预期的效益和影响。

（3）部分成功的：建设项目实现了原定的部分目标；相对成本而言，只取得了一定的效益和影响。

（4）不成功的：建设项目实现的目标非常有限；相对成本而言，几乎没有产生什么正效益和影响。

（5）失败的：建设项目的目标是不现实的，无法实现；相对成本而言，不得不终止。

# 第三节　项目后评价的方法

建设项目后评价的常用方法有对比法、层次分析法、因果分析法和逻辑框架法等。其中对比法是一种相对比较的方法；因果分析法是对造成变化结果的原因逐一进行剖析，分清主次轻重关系，有针对性地提出对策措施的方法；逻辑框架法不是一种机械的方法程序，而是一种综合系统地研究和分析问题的思维框架模式。

## 一、一般原则

（1）动态分析与静态分析相结合，以动态分析为主。

（2）综合分析与单项分析相结合，以综合分析为主。

（3）定量分析与定性分析相结合，以定量分析为主。

（4）对比分析与预测分析相结合，以预测分析为主。

（5）微观效果分析与宏观效果分析相结合。

（6）既要重视项目决策效果评价，又要重视项目实施效果评价。

## 二、对比法

对比法是项目后评价的常用方法。对比法又分为"前后对比法"和"有无对比法"，建设项目后评价更注重"有无对比"。

1. 前后对比法

前后对比法是以建设项目前期的可行性研究和评估预测结论以及工程设计确定的技术经济指标，与项目建成的实际运行结果及在后评价时点所做的预测相比较。采用前后对比法，要注意前后数据的可比性。

2. 有无对比法

所谓"有无对比"（With and Without Comparison），是指将有项目时实际发生的情况与假定无项目时可能发生的情况进行对比，以度量项目的真实效益、影响和作用。采用有无对比时，要注意的重点，一是要分清建设项目的作用和影响与建设项目以外的其他因素的作用和影响；二是要注意参照对比，即与其他类似项目进行对比，可以是同行业对比、同规模对比、同地区对比等。

## 三、逻辑框架法

逻辑框架法是一种概念化论述和评价项目的方法，即用一张简单的框图来清晰地分析一个复杂项目的内涵和关系，将几个内容相关，必须同步考虑的动态因素组合起来，通过分析其间的关系，从设计策划到项目目标等方面来评价项目建设活动和目标的实现程度。

# 第四节　管道工程建设项目后评价的实施

## 一、后评价任务的提出

业主根据下达的管道工程建设项目后评价计划，进行自我评价，委托编制"建设项目后评价报告"。并委托有资质的单位组织对后评价报告进行评审，编制"建设项目后评价评审报告"。将报告结论和信息反馈到有关领导、决策部门、咨询、设计等相关单位。

## 二、建设项目后评价任务的委托

建设项目后评价属建设项目咨询服务范畴，通常由建设项目后评价任务提出单位，择优选择并委托独立的、具有相应资质的咨询评价机构独立完成。建设项目后评价任务提出单位应提出明确的后评价范围、目的、任务和具体要求，双方签订建设项目后评价服务协议或合同，明确各自在后评价工作中的权利和义务。

## 三、建设项目后评价的实施程序

建设项目后评价任务提出单位，应将进行建设项目后评价工作的评价范围、目的、任务和具体要求，通知建设项目业主和建设项目管理机构，要求建设项目业主和项目建设管理者做好准备，并积极配合，提供相关的数据资料。

成立后评价工作小组，制定后评价工作计划。咨询评价单位接受建设项目后评价任务后，应及时任命项目后评价负责人，并成立后评价工作小组，制定项目后评价工作计划。

建设项目后评价工作小组由咨询评价机构内部专家和聘请外部专家组成。为保证建设项目后评价工作客观、公正，参加后评价工作小组的专家，一是必须具有一定的后评价工作经验和专业特长；二是要有独立性，即没有参与被评价项目可行性研究和前评估以及工程设计和工程管理工作，与建设项目没有直接的利益关系的人员。

建设项目后评价工作计划，应按照后评价委托协议（合同），确定评价对象（范围）、评价内容、评价方法、评价时点、工作进度、质量要求、经费预算、专家名单、报告格式等。

查阅项目有关文件，收集资料。建设项目业主按照后评价工作协议要求，提供项目建设的相关项目文件。评价小组专家认真阅读项目文件，并进一步收集与评价有关的资料。如建设项目的工程建设资料，生产运营资料，财务和经济效益资料，经济、社会和环境影响资料，以及国家和行业有关的规定和政策等。

设计调查方案，开展现场调查。调查是评价的基础，调查方案是整个调查工作的行动纲领。一个设计良好的调查方案要有调查对象、调查内容、调查计划、调查方式、调查经费等内容，还应包括科学的调查指标体系，用科学的指标说明所评项目的目标、目的、效益和影响。

一般来说，现场调查需要了解建设项目的真实情况，包括建设项目的宏观情况和建设项目的微观情况。宏观情况是建设项目在整个国民经济发展中的地位和作用，微观情况是建设项目自身的建设情况、运营情况、效益情况、可持续发展以及对周围地区经济发展、生态环境的作用和影响等。

分析资料，进行评价，形成报告。在查阅文件和现场调查的基础上，要对已经获得的大量信息进行分析评价，经后评价专家小组讨论后形成后评价报告草稿，送建设项目后评价执行机构高层领导审查，并向委托单位简要通报报告的主要内容，必要时可召开有关各方参加的小型会议，就后评价中提出的某些重大问题进行专题讨论。建设项目后评价报告的草稿经研讨和修改后定稿。正式提交的报告应有"项目后评价报告"和"项目后评价摘要报告"两种形式，并按建设项目后评价协议，分别报送相关单位。

# 参 考 文 献

[1] 钱福培. 中国项目管理知识体系. 北京：电子工业出版社，2008.

[2] 缪长江. 建设工程项目管理. 北京：中国建筑工业出版社，2007.

[3] 刘伊生. 建筑工程施工项目管理指南. 北京：中国建筑工业出版社，2007.

[4] 张伟. 建设工程项目管理试行办法实施手册. 沈阳：辽宁电子出版社，2004.

[5] 阎文周. 工程项目管理实务手册. 北京：中国建筑工业出版社，2001.

[6] 袁义才. 项目管理手册. 北京：中信出版社，2001.

[7] Raz T, Globerson S. Effective Sizing and Content Content Definition of Work Packages. Project Management Journal, 1998 (9)：17-23.

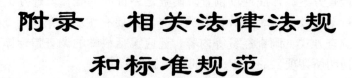

# 附录 相关法律法规和标准规范

## 一、法律法规

1. 石油天然气管道保护条例（2001 年 8 月 2 日中华人民共和国国务院令第 313 号发布）

2. 石油天然气管道安全监督与管理暂行规定（2000 年 4 月 24 日国家经济贸易委员会令第 17 号发布）

3. 建设工程质量管理条例（2000 年 1 月 10 日国务院第 25 次常务会议通过 2000 年 1 月 30 日中华人民共和国国务院令第 279 号发布，自发布之日起施行）

4. 建设工程安全生产管理条例（2003 年 11 月 12 日国务院第 28 次常务会议通过 2003 年 11 月 24 日中华人民共和国国务院令第 393 号公布，自 2004 年 2 月 1 日起施行）

5. 建设项目环境保护管理条例（1998 年 11 月 29 日中华人民共和国国务院令第 253 号发布）

6. 国家重点建设项目管理办法（1996 年 6 月 3 日国务院批准，1996 年 6 月 14 日国家计划委员会发布）

7. 工程建设项目实施阶段程序管理暂行规定（1995 年 7 月 29 日中华人民共和国建设部发布）

8. 关于加强建设项目工程质量管理的通知（国办发明电〔1998〕15 号）

## 二、标准规范

1. 建设工程项目管理规范（GB/T 50326—2006）
2. 输气管道工程设计规范（GB 50251—2003）
3. 天然气管道运行规范（SY/T 5922—2003）
4. 石油天然气管道工程建设监理规范（SY 4116—2008）

5. 石油化工建设工程压力管道安全质量监督检验暂行规定（石化质监〔2004〕23 号）

6. 天然气管道试运投产规范（SY/T 6233—2002）

7. 石油天然气管道安全规程（SY 6186—2007）

8. 成品油管道输送安全规程（SY/T 6652—2006）

9. 项目管理框架（GB/Z 23692—2009）

10. 项目管理知识领域（GB/Z 23693—2009）

11. 输气管道工程设计规范（GB 50251—2003）

12. 输油管道工程设计规范（2006 版）（GB 50253—2003）

13. 油气长输管道工程施工及验收规范（GB 50369—2006）

14. 油气输送管道穿越工程设计规范（GB 50423—2007）

15. 油气输送管道跨越工程设计规范（GB 50459—2009）

16. 液体石油管道压力试验（GB/T 16805—2009）

17. 项目风险管理 应用指南（GB/T 20032—2005）

18. 建设项目工程总承包管理规范（GB/T 50358—2005）

19. 石油天然气安全规程（AQ 2012—2007）